ISBN 978-2-84594-072-7
Mama Éditions, 7 rue Pétion, 75011 Paris (France)

S'OUVRIR AU CHANNELING

Comment se relier à son guide

Sanaya
ROMAN

Duane
PACKER

S'OUVRIR AU CHANNELING

Comment se relier à son guide

Traduction de l'américain
par Dominique Thomas
et Michka Seeliger-Chatelain

MAMA ÉDITIONS

To contact Sanaya Roman or Duane Packer (in English only) write to:
LuminEssence Productions, P.O. Box 1310, Medford, OR 97501, USA.
Visit Orin and DaBen's website at www.orindaben.com for more information.

À vous tous qui vous ouvrez au channeling
— pour le courage que vous avez de grandir
et pour votre contribution à l'humanité tout entière.

NOTE DE L'ÉDITEUR

Tout au long de ce volume, les commentaires, questions et propos des auteurs sont en italique. Seules les paroles transmises en transe sont en texte roman.

AVANT-PROPOS

Le channeling peut changer votre vie

Ce livre a un message: le channeling est un savoir-faire, et vous pouvez l'apprendre. Cela suppose de parvenir à un état élargi de conscience qui vous permette d'entrer en contact avec un guide de haut niveau, ou avec votre moi supérieur, ou le plus intime. Pour pratiquer le channeling, vous n'avez pas besoin d'être spirituellement évolué ni d'avoir été médium durant toute votre vie; vous avez seulement besoin de patience, de persévérance, et d'un fort désir d'établir la connexion.

Nous vous encourageons à être un channel conscient — conscient de ce que dit votre guide. Vous allez apprendre à élever votre vibration pour sentir, voir ou entendre les royaumes supérieurs des guides, et pour transmettre consciemment des messages. Nous appelons cela le « channeling ».

Le channeling est-il une réalité? Il existe des centaines d'histoires de scientifiques qui tentèrent de prouver que les phénomènes paranormaux n'existent pas et qui, par la suite, furent convaincus qu'il y a là plus qu'il n'y paraît au premier abord. Beaucoup devinrent même des défenseurs du channeling ou channels eux-mêmes. Bien qu'il n'y ait peut-être aucun moyen de prouver que le channeling est une réalité au sens habituel du terme, nous avons vu beaucoup de gens l'utiliser pour générer des résultats positifs dans leur vie.

Pendant de nombreuses années, nos guides — Orin et DaBen — et nous-mêmes avons appris à des milliers de personnes à pratiquer le channeling et nous les avons suivies dans le développement de leur pratique. Elles avaient toutes une chose en commun : un fort désir d'être des channels. Immanquablement, elles nous rapportent que cela a amélioré leur vie.

Elles disent que cela leur a permis d'avoir une vision plus large et de percevoir le monde de façon plus positive. Elles expliquent qu'elles ont trouvé davantage de compassion pour elles-mêmes et pour les autres. Pour la plupart, elles ont fait l'expérience d'une plus grande prospérité grâce aux changements qu'elles ont opérés dans leur vie, du fait de nouvelles attitudes, d'une vision plus claire de leur but et d'un niveau de confiance plus élevé à l'égard de leurs messages intérieurs.

Ces personnes racontent que l'épanouissement « semblait leur arriver, tout simplement ». Elles avaient le sentiment d'aller dans le sens du courant au lieu de lutter contre lui. De fil en aiguille, elles ont commencé à trouver que leur vie s'engageait dans une voie plus élevée, prenait davantage de sens et avait une plus grande raison d'être. Beaucoup ont découvert que le channeling était ce qu'elles cherchaient en tant qu'étape majeure vers l'éveil, et véhicule y conduisant.

Nous avons vu maints et maints cas d'immense évolution personnelle et spirituelle après que des gens aient appris le channeling. Nous avons vu non seulement leur vie intérieure se faire plus positive — leurs relations, leurs sentiments et le sentiment qu'ils ont de leur propre valeur —, mais leur vie extérieure également. Des parents prennent davantage conscience de la façon d'aider leurs enfants à développer leurs potentiels. Maris et femmes commencent à communiquer à de nouveaux niveaux et voient des liens plus profonds se développer entre eux. Toutes ces personnes se sont découvert une plus grande facilité à venir en aide aux autres, à comprendre et à pardonner. Elles se sont créé des cadres de vie, des emplois et des carrières plus en adéquation avec qui elles étaient et ce qu'elles aimaient faire.

Le channeling aide les gens à trouver leur direction supérieure et il les aide aussi à y parvenir. Nous n'avons pas encore découvert de limites aux domaines auxquels peuvent accéder les personnes qui le pratiquent, aux découvertes qu'elles peuvent faire, aux informations que le channeling peut révéler, ou au développement personnel auquel il est possible de parvenir.

Orin et DaBen veulent contribuer à écarter du channeling toute peur et tout mystère. Ils proposent une direction, une guidance et des méthodes dont ils ont le sentiment qu'elles vous aideront à rendre votre expérience du channeling sûre et positive. Aucune des personnes auxquelles nous avons enseigné n'a eu d'expérience négative avec un guide. Toutes ont suivi leur intention de se connecter avec des guides de haut niveau. Toutes ont suivi les méthodes données dans ce livre, qui sont destinées à créer une ouverture en toute sécurité.

Nous vous encourageons à utiliser les informations contenues dans ce livre comme un point de départ pour vous aider à faire confiance à votre propre guidance et à y être plus ouvert(e). Utilisez ce qui correspond à votre expérience et écartez le reste. Souvenez-vous que ce que vous lisez est notre vérité telle que nous en avons fait l'expérience. Si vous estimez avoir besoin de davantage de données, interrogez votre guide ou votre moi supérieur et ayez confiance dans l'information que vous recevez.

Les expériences de channeling sont si vastes qu'il est impossible de les inclure toutes dans un seul livre. Certaines personnes souhaitent des informations concernant le channeling pour les aider à explorer et à découvrir ces royaumes supérieurs, et aussi pour y jouer, et c'est la raison pour laquelle nous avons écrit ce livre. Honorez votre propre expérience. Restez fidèle à l'intégrité que vous êtes.

En vous ouvrant au channeling, vous facilitez la démarche de celles et ceux qui suivront. Soyez prêt à être aventureux, joyeux et libre lorsque, à travers votre ouverture au channeling, vous faites entrer en jeu une sagesse supérieure. Nous vous souhaitons la bienvenue dans la merveilleuse aventure qui vous attend.

Comment utiliser ce livre

Vous pouvez utiliser ce livre comme un cours destiné à apprendre à pratiquer le channeling, à canaliser. Il est divisé en quatre parties.

La première, « Introduction au channeling » (chapitres 1 à 5), vous fournit des informations générales concernant cette pratique : à quoi cela va ressembler, qui sont les guides, comment ceux-ci communiquent avec vous et comment savoir si vous êtes prêt(e).

La deuxième partie, « S'ouvrir au channeling » (chapitres 6 à 9), peut être utilisée comme un cours pour apprendre à canaliser. Si vous êtes capable de faire avec succès les deux premiers exercices du chapitre 6 (Parvenir à un état de relaxation, et Maintenir une concentration et une focalisation), vous pouvez passer aux autres exercices de ce même chapitre, puis au chapitre 7 (Se connecter à son guide) et commencer à pratiquer le channeling verbal, en un après-midi. Avancez à votre propre rythme, suivez ce cours à la vitesse de votre choix — en un après-midi ou sur plusieurs semaines.

La troisième partie, « Récits d'ouverture au channeling » (chapitres 10 à 13), raconte comment nous avons commencé le channeling, et retrace aussi l'histoire de certaines des personnes auxquelles nous avons enseigné cette pratique. Ces récits illustrent certains des problèmes courants que rencontrent les gens lorsqu'ils débutent, et les mesures à prendre si vous-même devez faire face à ce genre de situations.

La quatrième partie, « Développer votre channeling » (chapitres 14 à 17), vous propose la guidance d'Orin et de DaBen sur la façon de développer votre pratique ; elle apporte des réponses aux questions, aux doutes ou aux craintes qui peuvent s'élever, et des éclaircissements sur les changements dont vous pouvez faire l'expérience après l'ouverture. Ces changements peuvent comprendre une accélération de l'évolution spirituelle ou prendre place dans le corps physique. Pour vous aider à vous ouvrir au channeling, les livres et enseignements audio d'Orin et DaBen constituent également une bonne source d'informations complémentaires[1]*.*

Sanaya et Duane

---

1. *Les lecteurs qui pratiquent l'anglais peuvent trouver toutes les informations concernant les publications écrites, audio et audiovisuelles, les enseignements et formations d'Orin, DaBen, Sanaya et Duane, ainsi que bien d'autres choses, sur le site internet www.orindaben.com.*

INTRODUCTION

Pourquoi enseigner le channeling ?

SANAYA : *Nous étions le lendemain de Thanksgiving*[2] *et, depuis la veille, jour où avec quelques amis nous avions joué, pratiqué le channeling et médité pour célébrer cette fête, il régnait une atmosphère d'attente. À travers le channeling, nous avions tous reçu des informations disant que, pour chacun d'entre nous, de nouvelles choses étaient en train d'arriver. Il avait été prédit à nos amis Edward et Amerinda que leur bébé naîtrait ce jour-là. Nous nous étions tous accordés intérieurement et avions pris part à la venue de cet enfant dans une incarnation physique. Le thème du week-end semblait être pour nous tous la naissance et la renaissance.*

Duane et moi avions décidé de passer un peu de temps ensemble, juste tous les deux, de nous reposer de tous les cours que nous donnions l'un et l'autre, et d'oublier pendant quelques heures les personnes avec lesquelles nous travaillions. Nous avions prévu d'aller faire un tour sur le lac voisin avec le canot pneumatique de Duane. Le temps était assez chaud pour un jour de novembre en Californie du Nord. Nous nous sentions reposés et calmes, et nous avons décidé de canaliser ensemble avant de sortir. Au cours des

2. Célébré le quatrième jeudi de novembre, le jour de Thanksgiving commémore la fête qu'organisèrent les Pères pèlerins en 1621 pour remercier le ciel et les Indiens qui leur avaient appris à cultiver le maïs de leur première récolte sur le sol américain (N.d.T.).

derniers mois, nous avions longtemps interrogé nos guides, Orin et DaBen, sur le but supérieur de nos vies.

De manière assez innocente, Orin a commencé par nous parler de certaines choses banales d'ordre personnel auxquelles nous pouvions vouloir prêter attention. Puis, il nous a demandé si nous voulions savoir comment nous pourrions vraiment servir l'humanité tout en mettant nos objectifs personnels en adéquation avec notre chemin spirituel. Évidemment, nous voulions en savoir davantage !

Orin commença par nous dire ce qui était en train d'arriver à l'humanité : il parla un certain temps des changements vibratoires à venir dans la galaxie et l'Univers, de l'impact que ceux-ci auraient sur le destin de l'humanité, et de la façon dont les gens pourraient découvrir la joie au sein de toutes ces transformations. Orin s'interrompait parfois et, comme sur un signal, DaBen, le guide de Duane, prenait le relais exactement là où Orin s'était arrêté, sans qu'il y ait la moindre rupture de rythme.

Pour l'essentiel, ils nous dirent qu'un grand nombre de personnes allaient s'ouvrir au channeling dans les années à venir. Ils nous expliquèrent que le moi spirituel de l'humanité s'éveillait, ce qui avait pour résultat un désir accru d'évolution et de développement spirituel. Ils dirent que les gens allaient avoir besoin d'une guidance pour les assister non seulement dans leur ouverture spirituelle, mais aussi pour comprendre et utiliser les nouvelles énergies qui devenaient accessibles. L'aptitude à atteindre de hauts niveaux de conscience et à accéder à l'éveil était en train de devenir possible pour beaucoup plus de gens que par le passé.

Orin et Daben avaient le sentiment que le channeling — le fait qu'un individu se connecte à un guide de haut niveau ou à son moi supérieur et transmette des informations verbales — serait l'une des clés qui aideraient les gens lors de leur ouverture spirituelle. Cela leur permettrait de tirer le meilleur parti de leurs nouvelles expériences.

Ils nous proposèrent de commencer, avec leur soutien, à apprendre aux gens à pratiquer le channeling. Ils précisèrent que le thème des années à venir allait être l'accession de chacun à son pouvoir personnel et à l'expérience directe. Davantage de gens allaient apprendre à faire confiance à leur guidance intérieure, et beaucoup s'ouvriraient naturellement au channeling. De nombreuses personnes verraient leurs enseignants se manifester de l'intérieur ; elles allaient les générer et apprendre par elles-mêmes.

DaBen et Orin voulaient aider les gens qui s'ouvraient pour être le canal d'un guide à se connecter à des guides de haut niveau. Ils souhaitaient également que ces personnes apprennent à reconnaître une guidance élevée et qu'elles fassent usage de leur channeling à des fins spirituelles.

Ils nous suggérèrent de proposer une formation au channeling et nous demandèrent de consacrer les trois prochains mois à sa préparation. Ils allaient nous aider en nous donnant des informations et des méditations guidées destinées à préparer les gens, ainsi que des méthodes à utiliser au cours de la formation proprement dite.

À cette époque-là, j'enseignais le Earth Life, un ensemble de cours consacré à l'évolution spirituelle, donné par Orin et transmis par channeling. Ces cours étaient destinés à m'aider et à aider celles et ceux qui y assistaient à élargir leur conscience. Ils préparaient les gens à ouvrir leur cœur, à se défaire de la négativité et à découvrir leur but supérieur. Ces aptitudes étaient une bonne préparation pour le channeling. Tout le monde n'a pas continué jusqu'à devenir un channel, mais beaucoup de celles et ceux qui suivaient les principes spirituels enseignés par Orin ont commencé à ressentir les guides et leur moi supérieur et ont voulu établir des connexions plus fortes et plus conscientes. Les informations données par Orin dans ces cours sont devenues par la suite les livres d'Orin, Living with Joy, Personal Power Through Awareness *et* Spiritual Growth.

Jusqu'à ce jour-là, le lendemain de Thanksgiving, Duane et moi n'avions pas songé à travailler ensemble et à conjuguer nos talents. Pourtant, plus nous y pensions, plus cela paraissait naturel. Apprendre aux gens à pratiquer le channeling semblait représenter un défi intéressant. Étions-nous capables de le faire ? Nos guides pouvaient-ils le faire ?

Nous savions qu'Orin et DaBen pouvaient aider des individus à se connecter à leur guide et à leur moi supérieur, car tous deux l'avaient déjà fait auparavant, mais ni Duane ni moi n'avions enseigné à tout un groupe à s'ouvrir au channeling. Jusqu'alors, aider les gens à s'ouvrir à cette pratique avait demandé des mois de travail régulier, et voilà qu'à présent Orin et DaBen proposaient d'ouvrir les gens en un stage d'un week-end.

Nous nous demandions s'ils n'étaient pas trop optimistes. Nous savions que beaucoup de monde pensait que le channeling était difficile et que seules quelques rares personnes pouvaient le pratiquer. Certains disaient qu'il fallait des années d'entraînement, ou que cela n'arrivait qu'à celles et à ceux qui avaient toujours su qu'ils étaient médiums. D'autres affirmaient que les grands guides venaient uniquement pour aider des personnes particulières et qu'il valait mieux ne pas demander un guide qui soit un grand maître de guérison.

Orin et DaBen nous assurèrent que, puisque nous sommes dans une période de transition très importante pour la Terre, de nombreux guides avancés sont présents et souhaitent énormément nous prêter assistance. Ils nous dirent également que, dans le passé, le channeling avait exigé des années d'entraînement ou que seuls les individus nés avec ce don y avaient eu accès. De nos jours, pour des raisons diverses — les modifications dans l'aura de l'humanité et les changements vibratoires de la Terre elle-même —, de nombreuses personnes pouvaient se connecter à un guide et devenir channels.

Orin et DaBen nous précisèrent que le channeling était un talent que les gens pouvaient acquérir, s'ils en avaient le désir et l'intention. Il n'était pas nécessaire pour cela qu'ils aient des années de méditation derrière eux, qu'ils soient médiums ou qu'ils aient vécu des vies antérieures en tant que channels.

Orin et DaBen voulaient enseigner à ces personnes comment être conscientes alors qu'elles servaient de channel à un guide, afin qu'elles soient capables d'entendre ce qu'elles transmettaient et qu'elles contrôlent le type de guides auxquels elles se connectaient. Elles pourraient ainsi entendre la sagesse supérieure de leurs guides et évoluer elles-mêmes spirituellement. Ils étaient certains que les gens ne courraient aucun risque en cherchant à se connecter à un guide avancé ou à leur moi supérieur, et en utilisant les méthodes qui leur étaient données.

Duane expliqua à DaBen qu'il voulait pour les gens des résultats qui puissent être vérifiés et éprouvés, « sinon, dit-il, je ne veux pas le faire ». Il voulait être sûr que quiconque souhaitant vraiment pratiquer le channeling pouvait apprendre à le faire, comme l'affirmaient les guides. Nous avons passé un mois à tergiverser. Était-ce possible ? Pouvions-nous apprendre à de nombreuses personnes en même temps, et en un week-end, à ouvrir leur faculté de channel et à se connecter à une guidance de haut niveau ?

Orin et DaBen nous ont laissé le temps de résoudre nous-mêmes nos doutes et nos questions avant de nous fournir d'autres indications. Ils préfèrent nous laisser réfléchir par nous-mêmes et que nous nous tournions vers eux uniquement lorsque nous avons épuisé toutes nos ressources. D'après notre expérience, les guides ne limitent pas l'initiative individuelle, mais ils l'encouragent et la stimulent.

Nous avons donc décidé d'apprendre aux gens à pratiquer le channeling et de voir comment cela se passait. Orin et DaBen affirmèrent qu'il ne faudrait pas longtemps pour que les gens établissent la connexion et que c'était beaucoup plus facile qu'on ne le pensait. Ils voulaient que nous aidions les gens à franchir le cap. À mesure que nous répondions à nos propres questions, les méthodes concrètes et la structure de la formation se mettaient en place avec une grande facilité sous la guidance d'Orin et de DaBen. Nous avons finalement accepté de donner ce cours tant qu'il y aurait des gens intéressés. Nous n'avons jamais fait notre sortie en bateau sur le lac, mais nos amis ont eu leur enfant ce jour-là, le lendemain de Thanksgiving. Pour nous tous, c'était un nouveau départ.

Le premier stage a été un énorme succès. Tout le monde a appris à être un channel et, au cours des deux années qui ont suivi, nous avons ainsi enseigné à plusieurs centaines de personnes comment pratiquer le channeling. Depuis lors, plusieurs milliers d'autres personnes ont appris à canaliser grâce à ce livre et à nos cours audio, où les mêmes méthodes sont reprises.

Aujourd'hui, nous sommes convaincus que le channeling est un savoir-faire qu'on peut apprendre. Les gens qui ont suivi ces stages venaient de tous horizons et avaient toutes sortes de professions. Leur âge allait de dix-huit à quatre-vingts ans. Exactement comme l'avaient affirmé nos guides, tout le monde était capable d'apprendre à être un channel, sans préparation ni années de méditation ou expériences médiumniques antérieures, et même, dans certains cas, sans trop savoir auparavant ce qu'était le channeling. Ce que tous avaient en commun était un fort désir de se connecter à un guide ou à leur moi supérieur.

Ces personnes étaient capables d'être des channels et, ce, beaucoup plus facilement qu'elles ne s'y attendaient. Nous sommes restés en contact avec bon nombre d'entre elles et nous les avons vues évoluer et changer. Elles nous ont posé beaucoup de questions. Elles nous ont permis de voir les doutes, les défis, les résistances, l'éveil spirituel, les espoirs et les rêves qui s'élevaient en elles tandis qu'elles poursuivaient leur pratique. À travers leurs expériences et les nôtres, et avec la guidance continue d'Orin et de DaBen, nous avons découvert beaucoup de choses sur la façon de devenir des channels clairs et conscients.

Par la suite, Orin et DaBen nous ont dit qu'ils voulaient enseigner le channeling aux gens grâce à un livre. Ils voulaient que nous partagions tout ce que nous avions appris et les méthodes qu'ils nous avaient transmises pour que les gens qui souhaitaient canaliser puissent trouver une guidance facilement accessible. Nous partageons donc avec vous les méthodes utilisées dans le cours, et en particulier celles préparées par Orin et DaBen pour ce livre, pour que vous vous connectiez à votre guide ou à votre moi supérieur sans avoir à suivre un stage. Leur énergie vous est accessible simplement en y faisant appel.

Bien que nous ayons douté au départ qu'il soit possible d'apprendre cela à partir d'un livre, Orin et DaBen nous ont assuré que ça l'était. Ils nous ont expliqué que les guides des personnes allaient aider celles-ci à établir les connexions et que les royaumes supérieurs apportaient beaucoup d'aide pour que les gens puissent pratiquer le channeling.

Dans l'avion qui la ramenait chez elle, une femme lisait le livre d'Orin et DaBen S'ouvrir au channeling. *Quelque peu sceptique, elle le posa sur ses genoux et dit: « Si vous êtes réel, guide, dites-moi votre nom. » Elle entendit alors une voix intérieure, provenant de nulle part, et sentit une bouffée d'énergie. En un instant, ses convictions concernant le channeling changèrent et elle commença à suivre un chemin pour se connecter à des guides spirituels.*

Beaucoup d'autres personnes ont utilisé les méthodes exposées ici et se sont connectées à leur guide et à leur moi supérieur.

L'objet de ce livre est la façon dont on canalise un guide. Vous pouvez aussi utiliser toutes ces méthodes pour vous connecter à votre moi supérieur et lui servir de canal. Si vous préférez cette seconde option, demandez cette connexion-là lorsque vous commencez le processus. Dans ce cas, vous pouvez également lire le livre d'Orin, Spiritual Growth : Being your Higher Self, *ouvrage qui, spécifiquement, vous aide à vous connecter à votre moi supérieur et à être réellement votre moi supérieur.*

Vous pouvez apprendre à être le channel d'un guide de haut niveau ou de votre moi supérieur. Vous pouvez recevoir guidance et inspiration, et établir un lien avec cette source de sagesse. Si vous souhaitez cette connexion, commencez à en faire la demande dès maintenant. Nous avons conçu ce livre pour vous apprendre à pratiquer le channeling en partageant avec vous des histoires, des informations transmises par channel, et des méthodes. En le lisant, notez les parties qui vous parlent spécialement ou qui semblent contenir des messages particuliers. Laissez-les être les premiers messages que vous adresse votre guide ou votre moi supérieur pour vous aider dans votre connexion au channeling.

PARTIE I

Introduction au channeling

CHAPITRE 1

Bienvenue dans le channeling

Qu'est-ce que le channeling ?

ORIN ET DABEN : Bienvenue dans le channeling ! Ouvrir vos canaux de réception[3] aux royaumes supérieurs va créer pour vous une opportunité extraordinaire, car il s'agit là d'un puissant moyen de développement spirituel et de transformation consciente. En le pratiquant, vous construisez un pont vers les royaumes supérieurs — une conscience collective aimante, attentionnée et déterminée, une conscience que l'on a appelée Dieu, Tout-ce-qui-est ou la Présence, le Un.

Avec le channeling, vous pouvez avoir accès à toutes les idées, toute la connaissance et toute la sagesse qui sont connues et le seront jamais.

Quand vous « canalisez », vous accédez à ces royaumes supérieurs en vous connectant à un guide de haut niveau, ou

3. *En anglais, le mot* channel *signifie canal, conduit. Il désigne aussi bien les canaux de réception que les chaînes de télévision. Dans le cas présent, ce terme fait donc référence à une faculté de réceptivité et de transmission (N.d.T.).*

à votre moi supérieur, qui abaisse cette vibration supérieure et vous la rend plus facilement accessible. Le channeling suppose d'effectuer consciemment un repositionnement de votre esprit et de votre espace mental afin de parvenir à un état élargi de conscience vous permettant de vous connecter à votre guide.

Pour atteindre cet espace, vous aurez besoin d'apprendre à vous concentrer, à mettre de côté vos propres pensées et à devenir réceptif à une guidance supérieure. Dans cet état de réceptivité, vous devenez le vecteur à travers lequel se manifestent des énergies supérieures que vous pouvez employer à créer le bien.

Vous avez une aptitude innée à parvenir à ces royaumes supérieurs ; vous vous reliez directement à eux dans les moments d'inspiration, de guidance intérieure et de créativité. Si vous n'êtes pas capable d'accéder à ces royaumes aussi facilement et aussi souvent que vous le souhaiteriez, des guides peuvent vous prêter assistance pour développer ce talent naturel à vous connecter aux royaumes supérieurs. Ils le font en stimulant votre énergie, en vous offrant des opportunités d'évoluer dans de nouvelles directions, en agissant comme des enseignants et des interprètes, et en vous montrant comment affiner vos facultés pour naviguer au sein de ces dimensions plus élevées. Grâce à des moyens agréables et en adéquation avec votre objectif supérieur, les guides peuvent vous aider à vous élever.

Votre guide est un ami
qui est toujours là pour vous aimer,
vous encourager et vous soutenir.

Votre guide vous encouragera et vous aidera à découvrir votre propre savoir intérieur. En continuant à vous relier à lui, vous établissez une connexion plus forte, plus ouverte, plus fine et plus constante avec les royaumes supérieurs. À mesure qu'une vibration plus élevée va directement affluer dans votre esprit, vous aurez des visions intuitives, et des expériences de guidance intérieure ou de connaissance plus fiables et plus fréquentes.

Le channeling est une porte d'accès à plus d'amour ; l'amour abonde dans les royaumes supérieurs. Le channeling est une connexion qui va vous stimuler, vous encourager et vous soutenir. Le but de votre guide consiste à faire de vous un être plus puissant, plus indépendant et plus confiant. Les qualités que vous allez trouver en votre guide — un amour constant, une parfaite compréhension et une compassion sans limites — sont celles d'une relation parfaite.

Le channeling vous apportera le maître éclairé
que vous cherchez, celui qui vient
de l'intérieur plutôt que de l'extérieur.

Le channeling peut conduire à une plus grande compréhension, et vous aider à trouver des réponses à des questions telles que : « Pourquoi suis-je ici ? », « Quel est le sens de la vie ? » Pratiquer le channeling, c'est comme grimper au sommet d'une montagne, là où la vue est étendue. C'est une façon d'en découvrir plus sur la nature de la réalité, d'apprendre sur vous-même et sur les autres, et de voir votre vie selon une perspective plus globale qui vous aidera à découvrir le sens plus large des situations dans lesquelles vous vous trouvez.

Qu'il s'agisse des problèmes courants du quotidien ou des questions spirituelles qui constituent les plus grands défis, votre guide va vous aider à y trouver des réponses. Vous pouvez utiliser le channeling pour soigner, enseigner et accroître votre créativité dans tous les domaines de votre vie. En accédant aux royaumes supérieurs, vous pouvez être le vecteur d'une grande connaissance, de la sagesse, de belles inventions et œuvres d'art, de philosophie, de poésie, ainsi que de toutes sortes de découvertes.

Nous, Orin et DaBen, sommes des êtres de lumière. Nous existons dans des dimensions supérieures, et notre but est de vous prêter assistance en ouvrant votre réceptivité à ces dimensions-là, de sorte que vous puissiez évoluer plus rapidement. Nous éprouvons pour vous un grand amour et ce qui compte pour nous, c'est que vous grandissiez et que vous vous éleviez de la façon la plus joyeuse et la plus facile possible. Nous avons mis au point ce cours en ayant pour objectif de vous relier à votre propre guide ou à votre moi supérieur.

Nous voulons vous aider à comprendre ce qu'est le channeling et comment vous pouvez développer cette aptitude naturelle. C'est sans doute plus facile que vous ne le pensez, et, vu que cela paraît si naturel, certaines personnes, lorsqu'elles débutent, ont du mal à croire qu'elles sont entrées en contact avec un guide ou avec leur moi source.

Que vous fassiez partie de celles et ceux qui envisagent pour la première fois de pratiquer le channeling ou que vous vous y soyez déjà essayé en autodidacte pendant des années, les informations fournies dans ce livre vont vous aider. Elles vous permettront d'apprendre à faire la distinction entre les guides de haut niveau et les entités moins évoluées, et à déterminer si le conseil que vous recevez d'un guide est digne de foi ou non. Elles vont vous montrer comment vous connecter au guide le plus élevé auquel vous puissiez avoir accès. Si tel est votre désir, nous voulons mettre tous les moyens possibles en œuvre pour vous donner l'opportunité de devenir vous-même un channel.

Les grands guides vous encouragent à vous appuyer sur votre propre guidance intérieure, plutôt que sur leurs propres conseils.

Pendant que vous lisez ce livre, nous vous encourageons à utiliser uniquement les informations qui trouvent écho en la partie la plus profonde de votre être, et d'écarter toutes les autres. Faites confiance à votre gouverne intérieure et à ses messages. Vous êtes un individu particulier, unique, au potentiel illimité. Nous vous invitons à découvrir plus pleinement votre propre divinité.

Ce que le channeling fera ou ne fera pas pour vous

ORIN ET DABEN : Le channeling peut vous aider à faire évoluer les choses dans le monde. Cela ne veut pas dire que vous allez cesser de lutter, si vous choisissez encore de le faire. Cela signifie que vous pouvez apprendre à faire les choses sans effort, si tel est votre choix. Ce qui ne veut pas dire que tout va vous arriver tout seul, que vous pouvez vous détendre et ne rien faire. Cela signifie que vous pouvez parvenir à un sentiment plus clair de ce que vous voulez créer, et trouver des moyens plus faciles pour le réaliser. Si vous suivez les conseils de votre guide et continuez à pratiquer le channeling, des changements vont se produire dans votre nature affective et vous ressentirez moins souvent la tristesse, l'anxiété ou la peur.

Les guides de haut niveau ne vous dominent pas et ne vous contrôlent pas.

Le channeling ne va pas résoudre tous vos problèmes. Il va vous changer uniquement de la façon dont vous voulez changer. C'est vous qui allez faire usage des paroles de sagesse. C'est vous qui allez agir, faire le travail et veiller à ce qu'il se répercute dans le monde. Vous continuerez à être responsable de votre vie. Le channeling n'est ni un remède universel ni une fin en soi. Comme nous l'avons dit, il ne fait qu'accélérer vos possibilités de développement et d'apprentissage. Vous allez peut-être vous retrouver en train de faire une fois de plus l'expérience de vieux problèmes, pour les résoudre enfin. Bien que certaines de ces expériences puissent ne pas être agréables dans un premier temps, elles vont conduire à terme à une plus grande joie et à un pouvoir accru. Soyez ouvert aux petits changements. Vous verrez vos efforts récompensés au-delà de vos attentes. Vous risquez de découvrir que même l'effort le plus infime allant dans le sens des indications données par votre guide et par vous-même est porteur de grandes transformations et récompenses. Ces dernières ne se présenteront pas toujours sous la forme attendue, alors soyez ouvert à d'agréables surprises.

Le channeling va vous aider à apprendre
à vous aimer davantage.

Le channeling ne garantit pas que les gens vont vous aimer, pas plus qu'il ne garantit la célébrité ou la popularité. Il vous permet cependant de comprendre les autres avec plus de compassion. Vous serez capable de vous observer vous-même avec objectivité, libre de vos préjugés habituels ; cela vous apprendra à vous aimer davantage. Le channeling va vous aider à amplifier et clarifier le chemin de votre âme. En suivant votre chemin supérieur, vous pouvez d'ailleurs faire l'expérience de la renommée, de la reconnaissance publique et de la popularité, mais ces choses-là n'auront plus la même importance.

À quoi peut vous servir le channeling ?

ORIN ET DABEN : Outre le fait d'obtenir une sagesse et une guidance d'ordre supérieur, certaines personnes utilisent le channeling dans leurs démarches créatives telles que l'écriture de pièces de théâtre, de compositions musicales ou de textes de chansons ; et aussi dans la peinture, la sculpture, la céramique et autres œuvres. Certains guides aident leur channel dans leur activité de conseiller, d'enseignant, de thérapeute, de guérisseur ou dans le travail qu'ils font sur le corps.

Certains font aussi appel au channeling et à la vibration supérieure de leur guide pour étendre leur créativité en tant qu'acteurs, réalisateurs et producteurs d'évènements de toutes sortes. Chaque guide — et chaque connexion — est différent(e), spécial(e) et unique, tout comme vous êtes spécial(e) et unique.

Votre guide s'aligne sur votre objectif supérieur, et votre travail en commun améliorera toujours d'une façon ou d'une autre le but de votre vie. Certains guides sont poétiques, d'autres sont inspirants, d'autres encore sont instructifs. Vous allez peut-être découvrir en vous la capacité de transmettre, à travers le channeling, des livres, ou d'en écrire avec une telle aisance que ces ouvrages paraîtront tout simplement « s'écrire » pour vous, car le channeling semble parfaitement convenir à l'écriture. Il vous aide à vous relier à une source permanente et régulière d'inspiration et d'information.

Le channeling accroît énormément la créativité.

Des artistes nous disent qu'en maintenant un état de concentration et de *flow*[4], ils peuvent faire appel à leurs guides et pratiquer le channeling les yeux ouverts. Leurs tableaux ou leurs sculptures semblent apparaître sous forme de visions avant même que leurs mains commencent à se mouvoir. Certains artistes sentent leurs mains agir d'instinct pour réaliser les tableaux qui sont dans leur esprit. Beaucoup ressentent un état de conscience légèrement modifié, dans lequel ils ou elles sont plus détendu(e)s et plus conscient(e)s d'une richesse d'impressions qui va au-delà de leur expérience normale.

De nombreux musiciens trouvent qu'il leur est plus facile de composer après avoir appris à pratiquer le channeling. Ils découvrent plus profondément le style qui est le leur. Certains s'aperçoivent que l'état dans lequel ils entrent pour créer leur musique est un état de channeling naturel. Entrer en contact avec leur guide intensifie et affine cet état, ce qui permet un flux de créativité plus conséquent et plus régulier.

Certains artistes découvrent que l'état de conscience qui leur permet de canaliser les aide à faire corps avec leur musique, à la créer de manière intuitive plutôt qu'intellectuelle. En faisant appel au channeling, un musicien connu a enregistré

---

4. *Référence à un état mental résultant d'un très haut degré de présence et d'engagement dans l'activité, quelle qu'elle soit, qu'une personne est en train d'accomplir. Dans le domaine sportif, par exemple, le* flow *correspond à ce que l'on appelle « être dans la zone » (N.d.T.).*

à des moments différents seize pistes musicales qui étaient toutes parfaitement ajustées les unes aux autres lorsqu'il les a assemblées.

Des gens utilisent leur aptitude à se mettre à l'écoute d'une sagesse supérieure pour découvrir quels exercice, régime, alimentation ou discipline mentale leur correspondent le mieux. Nous vous encourageons à découvrir par vous-même les multiples façons dont vous pouvez utiliser cette connexion avec les royaumes supérieurs et la guidance à laquelle vous accédez.

Comment savoir si l'on est prêt

ORIN ET DABEN : Les personnes qui deviennent de bons channels sont celles qui aiment penser par elles-mêmes, qui sont indépendantes et aiment avoir le contrôle de leur vie. Celles qui développent un certain talent pour le channeling ont souvent beaucoup de curiosité et d'ouverture d'esprit. En général, elles sont avisées, sensibles et à l'écoute de leurs sentiments. Elles aiment apprendre et s'ouvrir à de nouvelles compétences et connaissances.

Les êtres qui œuvrent dans tous les domaines de créativité sont des channels naturels — écrivains, guérisseurs, thérapeutes, poètes, musiciens, artistes, urbanistes, designers, etc. Les channels sont des gens provenant de tous les horizons, de toutes les professions. Les qualités auxquelles les guides accordent le plus de valeur sont l'application, l'enthousiasme et la volonté d'être un channel. Celles et ceux d'entre vous qui sont doués d'intelligence ou d'intuition, qui aiment à penser par eux-mêmes, qui apprécient la vérité et sont capables de reconnaître une sagesse supérieure peuvent exceller dans la pratique du channeling.

Parmi les personnes qui apprennent avec succès à canaliser, nombreuses sont celles qui éprouvent de l'enthousiasme lorsqu'elles se retrouvent impliquées dans des projets. Elles ont souvent une vive imagination et aiment fantasmer ou s'adonner à la rêverie. Elles semblent capables d'anticiper les besoins d'autrui et prennent soin de leur famille et de leurs amis. Dans les relations humaines, elles sont parfois incapables de faire la distinction entre ce qui est un fait et ce qui est imaginaire, car elles perçoivent très souvent le potentiel des gens plutôt que ce qu'ils sont dans le moment présent. Il s'agit là de qualités fréquentes chez les channels, mais ils sont nombreux à avoir des qualités différentes.

> Les guides vous aident à atteindre de nouveaux niveaux de pouvoir personnel et d'évolution spirituelle.

Les guides apprécient les gens qui sont capables de mener les choses à bien. Nous n'attendons pas de votre vie qu'elle fonctionne à la perfection puisqu'une partie de notre engagement consiste justement à vous aider à vivre une vie plus épanouissante. Nous nous attendons à ce que vous souhaitiez que votre vie fonctionne. Nous préférons nous connecter avec les personnes qui apprécient tellement notre travail en commun qu'elles sont prêtes à le faire pour le plaisir. Nous recherchons les êtres qui sont reconnaissants d'avoir cette opportunité.

Les guides les plus élevés vont à celles et ceux qui apprécient les informations qu'ils ou elles leur transmettent et les utilisent au mieux de leurs capacités. Il y a de fortes chances pour que nous choisissions comme channels des êtres qui s'intéressent à la spiritualité, qui ont de la persévérance et qui se consacrent à leur évolution spirituelle. En tant que guides de haut niveau, nous sommes ici pour faire évoluer les choses, pour servir l'humanité et pour œuvrer avec vous dans une aventure de cocréation.

Nous prenons au sérieux notre engagement à votre égard et nous ferons tout ce qui est en notre pouvoir pour vous porter assistance. Nous attendons de vous que vous preniez au sérieux votre engagement et notre travail en commun. Nous estimons énormément celles et ceux qui accordent du temps et de l'énergie à notre travail commun, car c'est le plus beau cadeau que vous puissiez nous offrir.

Le désir de venir en aide aux autres et l'intérêt que vous portez à leur bien-être peuvent attirer un guide de haut niveau qui souhaite apporter à autrui une assistance spirituelle. D'une façon ou d'une autre, le channeling est toujours utile aux autres, à travers votre aptitude croissante à apporter davantage de lumière dans le monde par vos actes, vos paroles et vos pensées.

Toute personne qui, parmi vous, porte assistance aux autres de quelque manière que ce soit — à travers sa profession, sa vie personnelle ou familiale, ou par ses activités créatrices — peut attirer un guide de haut niveau qui va l'aider. En guérissant et en aidant les autres, à quelque niveau que vous souhaitiez le faire, vous grandissez vous-même.

Ne vous sentez pas intimidé(e) ou dubitatif(ive) quant à votre capacité à attirer un guide de haut niveau, car nous sommes nombreux et nous sommes là pour vous servir. Nous ferons tout notre possible pour vous aider à parvenir jusqu'à nous, une fois que vous en aurez manifesté le désir. Ce qui nous intéresse, c'est d'amener l'humanité à une conscience supérieure, et nous allons vous amener vous aussi à une conscience supérieure.

Les personnes qui sont des channels
se sentent plus ancrées, plus stables
et plus responsables de leur vie.

Certaines personnes craignent qu'en apprenant à canaliser, elles se mettent à « planer », à perdre leurs repères et le contact avec la réalité. Elles nous disent qu'elles ont déjà des difficultés à gérer les détails pratiques de leur vie et qu'elles ont besoin d'avoir davantage les pieds sur terre. Nous avons pu observer que le channeling aide en général les gens à se sentir plus posés, plus centrés et plus aptes à prendre en charge leur vie quotidienne avec plus d'efficacité.

S'ils pratiquent le channeling et se relient à un guide, certains ont peur de perdre leur identité personnelle ou d'être

« engloutis » par la présence de ce dernier. Les guides de haut niveau ne veulent jamais prendre la direction de votre vie. Le channeling ne consiste pas à renoncer au contrôle. Les guides ont leur propre vie et leur intention est de vous servir sur votre chemin spirituel. Vous allez garder votre propre individualité et il y a de fortes chances pour que le sentiment de votre propre identité soit grandement accru. Il vous sera sans doute plus facile d'établir vos frontières personnelles face aux autres, et de définir vos propres lignes de démarcation.

Loin de vous sentir sous la coupe des guides, vous allez, en leur présence, reconnaître en vous une personne plus puissante, plus équilibrée, douée d'une pensée plus claire. Un homme était inquiet à l'idée de perdre son espace personnel et d'être contrôlé par son guide. Maintenant qu'il a appris à être un channel, il affirme qu'il a le sentiment d'avoir mieux sa vie en main et d'être plus apte que jamais à maintenir son intégrité.

Certaines personnes craignent, en s'ouvrant, de devenir plus vulnérables face aux entités négatives ou inférieures. En réalité, vous n'êtes pas vulnérable, car vous allez facilement reconnaître les entités inférieures du fait de leur négativité ; la seule chose que vous ayez à faire, c'est d'être ferme et de leur demander de partir. Vous pouvez aussi faire appel à nous, Orin et DaBen, ou à tout autre grand enseignant spirituel que vous avez l'habitude d'invoquer pour être guidé.

Les entités de niveau inférieur n'ont que le pouvoir que vous leur accordez. Seules, elles n'ont aucun pouvoir. Nous vous mettons en garde contre le fait de jouer avec elles par simple curiosité. Ne leur prêtez pas attention. N'en ayez pas peur, et sachez qu'elles n'ont aucun pouvoir sur vous. Si vous refusez de leur accorder de l'attention ou de l'énergie, elles ne vont pas s'attarder dans les parages.

Vous pouvez vous relier à un guide de haut niveau.
Les seules conditions requises sont votre désir
et votre intention de le faire.

Toute personne qui s'intéresse à la métaphysique, qui a lu des livres transmis par des channels, des livres de travail sur soi, des œuvres de science-fiction ou des ouvrages de psychologie, et qui apprécie les idées qui s'y trouvent, dispose d'une base de largesse d'esprit qui facilite la connexion avec un guide de haut niveau et la possibilité d'être son channel.

Toute personne qui se sent attirée par des choses sortant du cadre de la pensée de masse, qui aime faire partie des pionniers, peut être prête pour le channeling. Lorsqu'on commence à le pratiquer, l'aptitude à se focaliser mentalement et le fait d'être en bonne santé physique, et émotionnellement stable, vont contribuer à la clarté en tant que channel et aider à accéder à des niveaux supérieurs de sagesse.

Bien que le channeling puisse avoir une portée pratique immédiate dans votre vie, être un bon channel nécessite de la pratique. Celles et ceux qui deviennent experts en la matière sont des personnes qui réservent une partie de leur temps pour entrer régulièrement en contact avec leur guide. Tout comme la plupart des gens ne deviennent pas des virtuoses du piano en une seule séance, la majorité des personnes qui développent des liens clairs et de bonnes connexions avec leur guide ont une pratique fondée sur la régularité. En définitive, vous seul(e) pouvez savoir si vous êtes prêt(e) pour le channeling. Regardez en vous-même et demandez-vous : « Ai-je un profond désir de pratiquer le channeling ou de me relier à mon guide ? Semble-t-il y avoir un élan ou une voix intérieure me poussant dans cette direction ? » Écoutez vos messages intérieurs.

Vous êtes peut-être plus prêt(e) que vous ne le pensez

Orin et DaBen : Devenir conscient(e) de votre guide se produit en général par étapes. Au cours des phases initiales, il est possible que vous ne vous rendiez pas consciemment compte de la présence de votre guide. La guidance peut vous venir dans les rêves. Vous pouvez rêver que vous allez à l'école, ou que quelqu'un vous parle durant la nuit, vous donnant des leçons et des instructions. Ou vous pouvez vous demander si vous avez un guide ou encore penser aux guides. Il se peut aussi que vous soyez attiré(e) par des livres qui ont été transmis par des channels ou qui parlent des guides.

Les guides entrent souvent en contact
avec vous dans les rêves.

Au cours des premières étapes de votre préparation au channeling, vous désirerez peut-être en apprendre davantage sur votre chemin spirituel et sur la forme que va prendre la tâche de votre vie. Vous allez peut-être prendre de plus en plus conscience de votre désir d'enseigner ou de soigner, d'avoir avec les gens un contact qui soit de l'ordre de la guérison ou de la thérapie. Vous pouvez découvrir une envie d'écrire, de travailler dans les médias, de jouer de la musique ou de rencontrer de nouveaux amis.

Certaines des activités sociales ou autres que vous aviez coutume d'apprécier vont peut-être vous sembler moins intéressantes. Il se peut que vous aspiriez soudain à un but plus élevé. Vous aurez peut-être le sentiment que quelque chose d'important est sur le point de se produire ; que vous êtes dans une phase de transition. Peut-être êtes-vous en quête de quelque chose de nouveau, sans vraiment savoir de quoi il s'agit.

Il se peut aussi que vous ayez atteint certains de vos objectifs sans éprouver pour autant la satisfaction que vous en attendiez et que vous vous demandiez ce que vous pourriez créer qui vous rende vraiment heureux. Vous savez peut-être déjà quelle est votre voie tout en éprouvant le besoin d'en faire l'expérience de façon plus concrète ou plus signifiante. Vous pouvez vous sentir prêt(e) à accéder à une conscience plus élevée et vouloir une connexion plus ouverte avec les royaumes supérieurs.

Le channeling va vous aider à découvrir
votre but supérieur.

Certaines personnes vivent des expériences surprenantes qui contribuent à les ouvrir. Il leur arrive quelque chose qu'elles ne peuvent expliquer de façon rationnelle, par exemple une prémonition en rapport avec un évènement qui se réalise par la suite, la visite d'un lieu nouveau qui pourtant leur semble étrangement familier, une expérience de sortie du corps, ou un rêve de précognition. D'autres racontent qu'elles se sentent portées vers quelque chose — des coïncidences commencent à se produire, des portes s'ouvrent, des livres leur tombent entre les mains. Elles se mettent à rencontrer de nouvelles personnes, et toute leur vision de la réalité commence à changer.

Certains êtres ayant appris le yoga et la méditation, étudié les religions orientales ou participé à certains stages d'ordre spirituel découvrent que, lorsqu'ils se demandent « et maintenant, quelle est la prochaine étape ? », ils sont de plus en plus désireux d'en apprendre davantage sur leurs aptitudes à soigner et à pratiquer le channeling. Certaines personnes n'ont même jamais pensé aux guides. Puis, un jour, elles lisent quelque chose à leur propos ou à propos du channeling et elles se sentent soudain prêtes à en découvrir plus sur ce sujet. Elles ont le sentiment que cela va leur apporter le changement qu'elles cherchaient dans tout ce qu'elles exploraient auparavant.

Demander un guide vous en amène un.

À mesure que vous évoluez et devenez plus sensible aux énergies spirituelles, votre conscience des royaumes supérieurs s'accroît. Les idées semblent vous arriver d'au-delà de vous-même. Vous découvrez que vous savez des choses que vous ignoriez auparavant.

Vous vous sentez peut-être en connexion avec une énergie qui est supérieure à celle de votre conscience normale, ou différente. Ce qui se passe, c'est que vous commencez à faire consciemment l'expérience des dimensions supérieures. Si vous demandez l'assistance d'un guide, l'un d'eux va commencer à travailler avec vous. À ce stade, la connexion avec lui risque de se produire le plus souvent au cours des rêves, ou de façon spontanée dans des circonstances inattendues.

Et puis, à un moment donné, vous pouvez faire un rêve dans lequel vous vous rendez compte que votre guide vous a contacté(e). Vous pouvez aussi découvrir votre lien avec votre moi supérieur, ou avec un guide, à travers l'écriture automatique, la méditation, ou en ressentant comme une présence lorsque vous vous adonnez à des activités créatrices. Pendant la méditation, vous allez peut-être commencer à recevoir une guidance qui semble être d'une sagesse plus grande que celle dont vous avez fait l'expérience auparavant.

Il existe de nombreuses méthodes servant à mettre en place la connexion. Il n'y a pas de façon unique de se préparer à être un channel, et ce ne sont là que quelques-uns des indices signalant que vous vous préparez au channeling. La préparation est une expérience individuelle et elle est différente pour chaque individu.

En général, les personnes qui ne sont pas prêtes à canaliser le savent, et il leur est parfaitement clair que le channeling n'est pas pour elles. Le plus souvent, elles n'ont pas une vision du monde qui englobe le channeling en tant que possibilité. Leur scepticisme le maintient à l'écart jusqu'à ce qu'elles soient prêtes. Il se peut que cette pratique ne soit pas opportune pour elles à cette phase de leur vie, alors n'essayez pas de convaincre celles et ceux qui sont sceptiques de faire une tentative. Si leur objectif est de pratiquer le channeling et si c'est le bon moment pour le faire, elles et eux seront spontanément enclins à explorer et à s'ouvrir à leur guide, tout comme vous.

À mesure que votre connexion avec votre guide et votre moi supérieur se renforce, vous allez peut-être penser plus souvent à être le channel d'un guide ou à vous relier à votre moi supérieur. Il se peut que vous ayez reçu des informations par le guide de quelqu'un d'autre. Peut-être êtes-vous allé écouter une personne en train de pratiquer le channeling, ou avez-vous lu certaines choses concernant son guide, ou bien encore entendu ou vu l'enregistrement ou la vidéo d'un guide s'exprimant à travers un channel.

Bien que vous puissiez avoir des doutes et des questions concernant le channeling, vous découvrez que vous accordez de la valeur à l'expérience et que vous avez hâte d'en apprendre davantage. Si vous êtes prêt(e), le fait de penser à vous connecter à votre guide va vous apporter un sentiment d'anticipation et d'excitation. Une anxiété éventuelle concernant le channeling et un questionnement quant à votre capacité à le pratiquer sont des indications de son importance grandissante pour vous, plutôt qu'un reflet de votre aptitude à vous relier à votre guide ou à votre moi supérieur.

CHAPITRE 2

Les états de conscience du channeling

Qu'est-ce qu'un état de channeling ? Comment puis-je y parvenir ?

ORIN ET DABEN : Un état de channeling est un état de conscience qui vous permet de vous connecter à un guide. Il y a de nombreuses façons de décrire cette expérience. En général, le décrire donne l'impression qu'il s'agit de quelque chose de plus compliqué que cela ne l'est en réalité. Vous rencontreriez le même problème si vous deviez décrire l'état d'esprit que requiert le fait de conduire une voiture, de jouer d'un instrument de musique ou de s'adonner à un sport.

Une fois que vous avez fait l'expérience de l'état de channeling, il est facile de vous en souvenir et d'y revenir. La plupart des gens trouvent que parvenir à un état de channeling est plus facile et plus subtil qu'ils ne le pensaient, et que cela diffère de l'idée qu'ils en avaient.

Les moments où l'inspiration coule sans effort ressemblent à l'état de channeling.

La plupart d'entre vous ont déjà eu de brèves expériences d'un espace relevant du channeling : lorsque, par exemple, vous parlez à une personne dont vous vous sentez proche, qui est dans le besoin, et que vous sentez une sagesse vous imprégner, que vous dites des choses que vous n'aviez pas prévu de dire. Dans les moments où vous ressentez un profond amour pour un proche, quand la beauté d'un coucher de soleil vous touche, lorsque vous appréciez la délicatesse d'une fleur ou que, plongé(e) dans la prière, vous ressentez de la ferveur — toutes ces situations contiennent des éléments de cet état de conscience.

Quand une voix intérieure très claire vous dit des choses qui semblent provenir d'un niveau plus élevé que celui de vos pensées courantes, quand vous enseignez et que vous vous sentez soudain inspiré(e), quand une impulsion vous amène à dire des choses inattendues et sages, ou à toucher quelqu'un de façon inhabituelle et qui lui fait du bien, vous pouvez faire l'expérience de ce à quoi ressemble un état de channeling.

Les états de channeling
vous donnent le sentiment
d'être soudain devenu(e) très sage.

L'état de channeling crée de subtiles modifications dans votre perception de la réalité. La réponse à des questions peut vous venir facilement et sembler simple ou évidente. Il se peut même, au début, que vous ayez l'impression d'imaginer ou de créer de toutes pièces ces mots et ces pensées. Vous pouvez avoir l'impression d'être en train de vous concentrer. Vous ne voulez pas repousser votre esprit ; servez-vous-en activement pour vous aider à vous élever davantage.

Le channeling provoque en général un changement dans votre respiration et, au début, il peut s'accompagner d'une sensibilité inhabituelle dans la partie supérieure du corps. Vous sentirez peut-être de la chaleur dans les mains ou la température de votre corps augmenter. L'état de channeling est une expérience individuelle. Certains ne ressentent aucune sensation physique. Après avoir pratiqué le channeling pendant quelque temps, vous vous habituez aux sensations physiques qui peuvent l'accompagner, et il est rare que des choses inhabituelles se produisent. Certaines personnes se plaignent de l'absence de ces sensations lorsqu'elles cessent.

Lorsque vous parvenez à de nouveaux niveaux, vous pouvez parfois sentir des picotements dans le cou ou en haut du front. Certaines personnes éprouvent des sensations le long de la colonne vertébrale, ou sentent, au niveau du front, comme une énergie ou un bandeau qui les serre. Quand vous êtes en train de pratiquer, le rythme et le ton de votre voix peuvent être différents de ceux qui vous sont habituels. Elle devient parfois beaucoup plus lente et plus grave. Il est toutefois possible que votre voix ne subisse aucune modification et que vous ne ressentiez aucune sensation physique ; ne soyez donc pas à la recherche de changements ou de symptômes physiques comme indication de la présence de votre guide.

SANAYA ET DUANE : *Vous pouvez établir un lien entre divers états de conscience et des niveaux de relaxation et de vigilance. Chaque jour, vous passez par de nombreux états de conscience. La veille et le sommeil vous sont familiers et facilement reconnaissables en tant qu'états différents. D'autres activités requièrent des états de conscience spécifiques. Vous n'êtes pas dans le même état de conscience quand vous regardez un film, accomplissez une tâche difficile, conduisez sur une autoroute ou pratiquez un sport de vitesse. Il vous est possible d'identifier ces états comme différents à cause des variations du degré de vigilance et d'implication par rapport à l'environnement, dans le niveau de relaxation ou d'attention, de sensations physiques, d'émotions, et dans votre façon de penser lorsque vous vous adonnez à ces activités.*

Dans l'état normal de leur conscience de veille, les gens se rendent parfaitement compte de leur environnement et peuvent avoir intérieurement un important bavardage mental. Des activités telles que réfléchir, planifier ou s'inquiéter correspondent à ce niveau de moindre relaxation. Lorsque vous vous détendez en écoutant de la musique, en regardant la télévision, en prenant un bain ou en faisant une promenade dans la nature, votre conscience de l'environnement peut aller de la semi-vigilance à un état de rêverie dans lequel vous n'êtes pas conscient du monde qui vous entoure. Quand vous accédez à des états plus profonds de relaxation, vous vous rendez de moins en moins compte de votre environnement, jusqu'à ce que vous sombriez dans le sommeil.

Le channeling nécessite de parvenir à un état de légère détente dans lequel vous pouvez tourner votre attention vers l'intérieur et vers le haut afin de recevoir des messages provenant des royaumes supérieurs. Dans un état de légère relaxation, vous êtes en général conscient(e) des sons. Ceux-ci peuvent même parfois paraître amplifiés. À un niveau plus profond de relaxation ou lors d'une intense concentration, vous pouvez être tellement absorbé(e) par ce que vous êtes en train de faire que vous ne vous rendez plus du tout compte de votre environnement. Vous pouvez devenir tellement captivé(e) que, si quelqu'un entrait soudain dans la pièce, vous sursauteriez. Il est pourtant possible de se souvenir d'informations et d'être conscient des sons lorsqu'on se trouve dans des états légers ou profonds de relaxation, il est donc préférable de ne pas supposer que vous êtes ou non dans un état de channeling en fonction du degré de conscience et de vigilance dans lequel vous vous trouvez.

Au début, quand vous entrez dans un état de channeling, il se peut même que vous preniez davantage conscience de votre environnement, en particulier lorsque vous recevez un guide, car vous établissez une connexion consciente et activez votre voix. Rapidement, cependant, cet environnement paraît moins significant, et vous pouvez apprendre à ne pas laisser les bruits extérieurs vous distraire. Vous pouvez vous dire: « Quels que soient les bruits que j'entende, ils vont m'aider à approfondir mon état de channeling. »

Une certaine expérience des états méditatifs est utile mais pas indispensable pour pratiquer le channeling. L'état méditatif et l'espace de channeling sont tous deux atteints à partir d'un état détendu de focalisation intérieure ; cependant, les façons dont on utilise l'esprit et l'intention diffèrent. Dans une méditation profonde, il n'est pas nécessaire de se souvenir ou de parler ; il s'agit essentiellement d'une expérience faite d'images, d'énergie et de sensations.

La plupart des gens qui méditent ont déjà commencé à accéder à l'espace du channeling. À moins qu'ils ne fassent la requête d'un guide, ils traversent directement l'espace de channeling au cours de leur cheminement vers des états méditatifs plus profonds, et lorsqu'ils en ressortent. L'acuité consciente qu'ils obtiennent se produit souvent à ce moment-là. Étant donné que le channeling est un état plus léger qui, d'habitude, va de pair avec plus de conscience de l'environnement extérieur que ce qui va avec la méditation profonde, il est souvent plus facile d'y parvenir que ne l'imaginent les méditants expérimentés.

Dans le channeling, vous apprenez à orienter votre esprit — un peu comme s'il s'agissait de trouver une porte — vers un espace où vous vous reliez à votre guide. Parvenir à un état de profonde méditation et de calme intérieur peut prendre un bon moment — une quinzaine de minutes ou plus —, alors qu'il suffit en général d'un temps très court — moins de cinq minutes normalement — pour atteindre l'état de channeling.

Certaines personnes peuvent entrer dans cet état en quelques instants tandis que d'autres attendent le temps qu'il leur faut pour sentir la présence de leur guide. Celui-ci est parfois directement là dès que les gens commencent leur pratique, alors qu'à d'autres moments il peut falloir un certain temps avant que ce même guide apparaisse et que la connexion de channeling s'établisse.

Quand vous vous élevez et pénétrez cet espace de channeling, votre guide vous rejoint et vous aide à orienter votre énergie. Le channeling ne requiert pas un esprit calme et stable, comme c'est le cas pour les états méditatifs; il demande plutôt une faculté de concentration et de focalisation. Il réclame certainement que vous soyez disposé(e) à avoir un esprit calme et clair une fois que vous commencez votre pratique. Accéder à un état de channeling ne dépend pas que de vous. Vous allez recevoir beaucoup d'aide de votre guide pour y parvenir, puisque vous avez demandé la connexion et la guidance.

Où aller quand votre guide se manifeste ; choisir de rester conscient(e)

ORIN ET DABEN : Certaines personnes mettent totalement de côté leur conscience de veille lorsqu'elles pratiquent le channeling. Elles expliquent que, pour elles, le channeling est comme s'endormir, et elles ne se souviennent de rien de ce qu'elles ont dit en tant que channel au cours de leur pratique. Les individus dont la conscience de veille disparaît ainsi au cours de leur pratique sont parfois appelés des « channels inconscients ».

Ces channels inconscients entrent en général dans des états de relaxation tellement profonds qu'ils n'ont aucun souvenir des messages de leur guide ; ils reçoivent l'énergie de ces transmissions — si ce n'est les paroles elles-mêmes — directement au niveau de l'âme, mais sont incapables de se rappeler ce que leur guide a dit. Ce dont vous allez vous souvenir va varier en fonction de la nature de votre état lors du channeling.

D'autres channels restent partiellement conscients et, puisqu'ils peuvent se souvenir en partie de ce qu'ils ont transmis, ils sont appelés des « channels conscients ». À des niveaux divers, ces personnes sont conscientes des informations lorsqu'elles sont transmises. Certaines peuvent avoir une vague idée des messages de leur guide, mais peu de souvenirs spécifiques de ce qui s'est passé.

Certains channels comparent cela aux souvenirs qu'ils ont de leurs rêves, étant donné que le souvenir des informations qu'ils ont canalisées s'évanouit très vite. Ils peuvent se rappeler ces informations au moment même où ils sortent d'un état de channeling, mais ils sont incapables de s'en souvenir une heure plus tard. D'autres channels gardent en mémoire ce qui est dit, et se sentent parfaitement éveillés au cours de la pratique elle-même. Pour la plupart des gens, l'expérience se situe quelque part entre un état de channeling de transe profondément inconscient et un état pleinement conscient.

Nous vous suggérons de rester conscient(e) pendant que vous pratiquez le channeling. Si vous vous apercevez que vous êtes en train de vous endormir ou de ne plus être aussi conscient(e), servez-vous de votre volonté pour garder l'esprit vif. Se sentir bien reposé(e) aide à y parvenir. Ce n'est pas un problème d'être inconscient lorsqu'on pratique le channeling, mais, si vous êtes conscient(e), vous êtes capable d'amener directement dans votre propre conscience la sagesse supérieure et la lumière de votre guide, et d'utiliser consciemment ces informations pour apprendre et évoluer. Nous vous encourageons à avoir conscience à un degré ou à un autre de ce que vous êtes en train de dire lorsque vous pratiquez le channeling.

Les channels conscients se rendent partiellement compte de ce qui est dit par leurs guides.

Les personnes qui se souviennent de ce qui transparaît au cours de leur pratique ont en général le sentiment d'une grande richesse, qui dépasse le sens des mots. Elles ont l'impression d'être dans un état élargi de conscience, où chaque mot a une signification plus grande que celle dont elles se rendaient compte auparavant. Ces paroles s'accompagnent parfois de sensations de voyage. Il arrive également que ces personnes ressentent des modifications internes conduisant à un niveau vibratoire plus élevé.

Certains disent que le channeling peut être comparé aux rêves : des rêves très intenses, emplis d'actions, d'émotions et souvent de couleurs. Quand la séance s'achève, ce sentiment de richesse commence à se dissiper. D'autres disent percevoir en partie d'autres royaumes. Eux-mêmes se sentent physiquement plus vastes, plus grands que d'habitude. Certains disent recevoir les messages de leurs guides sous la forme d'images qui semblent être un langage plus riche et plus complet, qu'ils traduisent ensuite en mots. D'autres ont l'impression que des « paquets » d'informations sont parachutés dans leur esprit, contenant des ensembles complets d'idées dont ils déroulent le fil à mesure qu'ils délivrent les messages.

Certains channels « voient » les mots, ou ont l'impression que ceux-ci sont lâchés dans leur esprit, à l'instant même où ils sont prêts à les prononcer. D'autres ont le sentiment d'être en train de regarder quelque chose sur un écran ou de faire, d'une façon ou d'une autre, l'expérience du message, et de rendre compte de ce qui se passe à travers le channeling.

De nombreuses personnes n'ont pas ces expériences-là, mais plutôt le sentiment de faire usage de leur esprit pour transmettre une guidance. Souvent, c'est seulement après coup qu'elles comprennent la sagesse et la guidance supérieures contenues dans les messages reçus.

Celles qui ont développé l'aptitude à maintenir leur conscience de veille dans des niveaux profonds de channeling rapportent qu'au lieu d'être « mis K.O. » ou inconscientes tant de choses se produisent que c'est comme si elles faisaient directement l'expérience du monde de leur guide. Comme si elles étaient conscientes au cours d'un rêve. Elles peuvent ressentir les royaumes supérieurs de leurs guides comme des expériences, des images et des impressions se situant bien au-delà de ce que le langage peut exprimer.

Quant aux personnes qui sont des channels pleinement conscients, elles se rendent compte à des degrés divers de la richesse de l'énergie qui se situe au-delà des mots, alors qu'elles font simultanément l'expérience de leur propre monde et de celui de leur guide. Rares sont celles qui disent toutefois faire l'expérience du monde de leur guide lorsqu'elles pratiquent le channeling. Il y a autant de façons de vivre la connexion à un guide qu'il y a de gens ; alors honorez votre propre expérience, elle est unique. À mesure que vous progressez, vous allez découvrir de quelle manière votre guide établit sa connexion avec vous.

Dans le channeling conscient, vous pouvez vous trouver dans un léger état de dissociation, un état dans lequel vous vous rendez compte de ce qui se passe, sans toutefois vous en mêler. De nombreuses personnes disent que c'est comme si elles pouvaient observer simultanément leur vie selon deux perspectives : celle de leur guide et la leur. Elles expliquent que c'est comme si deux courants de pensée traversaient leur esprit ; elles sont conscientes de leurs propres pensées, mais aussi des messages de leur guide et sont capables de se focaliser sur le message et de laisser leur propre pensée s'effacer en arrière-plan.

Le channeling conscient nécessite une élévation
de votre vibration de façon à sentir,
voir ou entendre les royaumes de votre guide.

L'expérience du channeling comporte de très nombreuses variantes. Les raisons pour lesquelles des personnes s'en souviennent et d'autres non sont multiples. Certaines ne veulent pas être inconscientes ni perdre le contrôle et souhaitent se rendre compte de tout ce qui se manifeste à travers elles. D'autres sont par nature des êtres de channeling profond. Elles peuvent vouloir apprendre à rester conscientes au cours de leur pratique plutôt que de sombrer dans l'inconscience.

Mettre de côté votre personnalité, vos pensées et vos sentiments et demeurer conscient(e) lorsque votre guide s'exprime constitue une expérience d'une grande richesse. Certaines personnes pensent qu'elles ne canalisent réellement un guide que lorsqu'elles sont inconscientes, mais la plupart des channels ont, à un degré ou à un autre, conscience de ce qu'ils ou elles disent. Un manque total de conscience est beaucoup plus rare. Beaucoup de grands channels, et de channels réputés, ont décrit différents degrés de conscience lorsque leurs guides s'expriment ou écrivent à travers elles ou eux.

Si vous voulez expérimenter dès à présent un aspect de l'état de channeling, allez au chapitre 6, (Parvenir à un état de channeling), et faites les exercices suivants : Parvenir à un état de relaxation, et Maintenir une focalisation et une concentration.

Notre expérience avec Orin et DaBen

SANAYA : *Je ressens Orin comme un être plein d'amour, avisé, doux et doué d'une présence particulière. Sa sagesse et sa façon de voir les choses, ainsi que l'étendue de ses connaissances, dépassent tout ce que je sais consciemment. Il y a une richesse d'impressions qui va au-delà de chacun des mots qu'il prononce. Bien que consciente, je suis incapable de modifier ses paroles tandis que je les transmets. Je peux les faire cesser, mais je ne peux pas y ajouter mes propres mots ni transformer le message.*

Une semaine avant qu'il me donne de la dictée pour un livre, je peux le sentir en train d'organiser les idées, et des parcelles ou fragments flottent dans ma conscience. Une fois qu'Orin a décidé de donner un cours sur un thème, je reçois des informations sur ce sujet à des moments inattendus, quand je suis dans un état de relaxation, quand je médite ou quand je pense au sujet ou au cours.

Lorsque je sers de channel à Orin, je reçois de nombreuses images, représentations et sensations, et je peux entendre mes propres pensées et commentaires en même temps que les siens. Quand Orin s'en va, mon souvenir de ce qu'il a dit s'efface comme un rêve. Jusqu'à un certain point, je suis capable de me remémorer les idées générales, en particulier si elles ont un impact personnel, mais je ne peux me souvenir du détail des informations, à moins de les lire ou d'en écouter l'enregistrement après coup. Je me rends compte davantage de la pensée ou du concept, de la direction générale, que des phrases prises une à une. À moins que les données ne soient discutées après coup, je me souviens peu de ce qu'Orin a dit. Mais quand Orin se manifeste de nouveau à travers moi, il peut se souvenir exactement de ce qu'il a dit aux gens — même des années plus tard.

Mon expérience de l'état de channeling varie en fonction des informations que je transmets. Quand je sers de canal pour des informations destinées à des livres ou que je transmets des données relevant de la sagesse universelle, j'entre dans un état profond. Lorsque je pratique le channeling pour d'autres personnes, mon état est plus léger, car transmettre ce genre d'information n'exige pas la même quantité d'énergie de la part d'Orin.

DUANE : *Recevoir des transmissions de DaBen varie énormément en fonction du type de questions et de la personne qui les pose. Les transmissions qui représentent le plus grand défi pour moi sont celles qui mènent à des explications « scientifiques » de la part de DaBen. Des questions relatives à la force vitale ou à la nature de la réalité amènent DaBen à m'envoyer des images de structures ondulatoires que je dois ensuite déchiffrer. Ces structures me mettent au défi de choisir mes propres mots et concepts pour véhiculer leur sens.*

Lorsque, à travers le channeling, DaBen dirige des méditations, je fais l'expérience de son énergie orientée vers l'extérieur, en direction de ceux qui l'écoutent. Quand la séance prend fin, les gens racontent souvent que c'était comme si DaBen les avait emmenés visiter quelque réalité supérieure, ou qu'ils se sentent beaucoup mieux et plus vastes qu'avant. Lorsque je canalise de l'information générale pour des personnes, concernant leur vie ou des sujets d'ordre personnel, je me souviens très peu des choses qu'il a dites, bien que je sois conscient de l'orientation générale.

Je ressens DaBen comme une énergie très rayonnante, pleine d'amour, exigeante et très attentionnée. Sa connaissance est très vaste et précise. Certaines de ses informations sont si complexes qu'il m'a aidé à développer un vocabulaire nouveau pour les transmettre. Il ne veut pas que j'embellisse ses concepts ni que je les simplifie, même lorsque les gens ne peuvent pas immédiatement les comprendre. Moi-même, je les comprends parfois seulement plus tard, après avoir fait le lien entre plusieurs séances de channeling scientifique et vu leurs interactions. Je dois souvent consulter mes livres de physique pour comprendre ce qu'il est en train d'expliquer.

Lorsque je travaille sur les systèmes énergétiques des personnes à travers le toucher, je fais l'expérience d'états de channeling assez légers, en particulier parce que j'ai besoin de me déplacer autour d'elles et de maintenir une conscience de mon environnement physique. Mon état est beaucoup plus profond quand je sers de canal à des informations générales et quand DaBen emmène les gens dans diverses expériences de conscience élargie.

Même si DaBen cherche des informations spécifiques concernant la vie des personnes qui l'interrogent afin de répondre à leurs questions, il est clair qu'il préfère travailler directement avec leur énergie. À travers mon toucher ou en leur transmettant une énergie, il les aide à parvenir à des états d'énergie supérieurs dans lesquels elles peuvent répondre elles-mêmes à leurs questions.

Quand le channeling prend fin, je peux me souvenir des concepts qui ont été développés, comme si mon esprit fonctionnait d'une nouvelle manière. Les détails, cependant, s'effacent très rapidement. Quand je lis la transcription des séances de channeling, je suis stupéfait de voir la quantité d'informations qui s'y trouvent dont je n'avais pas souvenir. C'est comme si je gardais en mémoire uniquement quelques-unes des centaines d'idées qui étaient condensées dans les mots employés.

CHAPITRE 3

Qui sont les guides ?

Les guides de haut niveau

ORIN ET DABEN : Les guides proviennent de tellement d'endroits que cela semble infini. Vous trouverez peut-être utile de faire la distinction entre les guides ayant vécu au moins une vie terrestre et ceux qui n'ont jamais vécu sur Terre. Certains guides n'entrent dans aucune de ces deux catégories. Moi, Orin, j'ai vécu une vie sur Terre, il y a très très longtemps selon vos critères, de manière à pouvoir mieux comprendre l'existence physique. DaBen aussi est un être de lumière et il n'a pas vécu de vie terrestre.

> Votre guide vous choisit pour travailler avec vous à cause d'une similitude dans vos buts et vos raisons d'être.

Toutes les entités issues des royaumes supérieurs ne choisissent pas d'être des guides, tout comme vous ne choisissez pas tous d'être des channels. L'activité sur d'autres plans de réalité est aussi variée que peut l'être votre travail sur Terre. Les guides sont des êtres particulièrement aptes à transmettre une énergie de leur dimension dans la vôtre. Il faut une énorme quantité d'énergie et une grande habileté pour parvenir de là où nous sommes jusqu'à vous et, la plupart du temps, cela se produit par pur amour de l'humanité et par ardeur à transmettre des idéaux élevés. Lorsque vous parvenez aux royaumes supérieurs, servir les autres avec altruisme est une voie d'évolution rapide. Nous vous choisissons à cause d'une adéquation dans nos objectifs et parce que nous vous aimons.

Quand nous vous parlons, d'autres êtres dans nos royaumes peuvent apporter leur aide pour amplifier notre énergie, car notre substance est si légère qu'elle requiert une focalisation et une amplification pour parvenir jusqu'à vous. Nos vibrations sont si amples et si vastes qu'il faut beaucoup de pratique, d'adresse et d'intention pour les amener à des fréquences qui peuvent être contenues par vos esprits.

Nous ajustons nos moyens de perception pour les adapter à vos différents concepts et à votre compréhension. Pour établir une connexion avec vous, nous devons être capables de travailler sur l'énergie à des niveaux extrêmement subtils et raffinés. Il y a parmi les guides différents niveaux de compétence en la matière.

Les guides de haut niveau viennent de très hauts royaumes de lumière. Vivre dans ces dimensions supérieures exige un niveau avancé de contrôle sur les émotions et sur l'esprit, et une grande aptitude à utiliser l'énergie. Certains guides ont vécu sur Terre, en ont appris les leçons, sont à présent de purs esprits existant dans les dimensions supérieures et continuent d'évoluer en servant l'humanité. D'autres viennent de réalités multidimensionnelles et sont des êtres extrêmement évolués dans leur propre système.

Certains d'entre vous peuvent choisir d'être le channel de leur moi supérieur. Celui-ci peut apporter de l'amour, de la compassion, une guidance spirituelle et de sages conseils. Votre guide et votre moi supérieur sont tous deux là pour servir votre développement, pour vous inciter à vous élever, et vous aider à vivre votre but supérieur.

Des guides peuvent se révéler à votre œil intérieur comme étant originaires d'un pays particulier, portant les vêtements correspondants. Moi, Orin, j'apparais à Sanaya comme un miroitement rayonnant de lumière qui se positionne autour de son corps lorsqu'elle pratique le channeling. Elle a conscience que je mesure environ deux mètres cinquante de haut. Chaque fois qu'elle tente de se représenter mon visage, tout ce qu'elle peut voir, c'est une brillante lumière blanche.

Certains rapportent qu'ils voient leur guide sous forme de couleurs. D'autres les perçoivent comme des sons; d'autres encore sentent leur guide comme une ouverture dans leur cœur. À mesure que vous vous habituez à voir ou à sentir l'énergie dans les dimensions supérieures, certaines et certains d'entre vous vont être capables de voir ou de sentir plus clairement leur guide. Certaines personnes se le représentent leur guide comme une figure familière qu'elles ont connue et qui illustre pour elles amour et sagesse.

Les guides peuvent se manifester sous une forme aussi bien masculine que féminine, bien que, dans les royaumes de pure énergie, la polarité n'existe pas et que, donc, la plupart d'entre eux n'ont pas réellement une identité masculine ou féminine[5]. Ils choisissent celle qui va le mieux accomplir ce qu'ils ont à faire ici, ou celle à laquelle vous pouvez le mieux vous relier. Si, du fait de son activité, un guide veut incarner des qualités telles que la douceur ou un côté maternel, il peut adopter une apparence féminine.

Un guide qui veut représenter un rôle masculin va souvent prendre une apparence masculine. S'ils ont vécu auparavant sur Terre, certains vont adopter l'apparence qu'ils avaient au cours de cette vie-là et utiliser le nom de cette personne. Il y a autant d'identités pour les guides qu'il y en a pour les gens, alors soyez ouvert(e) à toute forme ou apparence sous laquelle votre guide se présente à vous.

Certains guides sont purement intellectuels et veulent transmettre de nouvelles idées ayant trait à la science, à la

---

5. *Par souci de simplicité, nous employons souvent le masculin générique lorsqu'il est question de guide dans ce livre, sachant qu'à chaque fois il peut s'agir d'une identité masculine, féminine ou neutre (N.d.T.).*

logique, aux mathématiques, ou à de nouveaux systèmes de pensée. Certaines entités d'autres dimensions proviennent des mondes de l'essence, qui sont au-delà de toute forme. Elles travaillent mieux avec les personnes qui ne se soucient pas de la forme, des détails ou des spécificités de leur vie et de leurs activités, mais qui souhaitent travailler directement sur l'énergie ou selon des modes impliquant une expérience directe de celle-ci.

Si vous cherchez à obtenir de la part de ces guides-là des conseils spécifiques concernant l'endroit où vivre ou une décision d'ordre professionnel, vous risquez d'être déçu(e). Mais si vous voulez faire un travail énergétique basé sur le toucher ou sur le travail du corps, ils peuvent vous aider à obtenir des résultats stupéfiants. Si vous désirez apprendre des choses sur la nature de la réalité en tant qu'énergie, ils sont capables de vous procurer une extraordinaire expérience directe des énergies supérieures.

Même aux niveaux les plus élevés, les guides ont des talents et des domaines d'expertise divers, tout comme vous. Certains peuvent exceller à donner des conseils concrets, à résoudre des problèmes et à vous aider dans votre vie quotidienne. D'autres sauront faire des discours inspirants et instructifs ou transmettre des vérités spirituelles.

Si vous posez une question à un guide sur un sujet qui ne relève pas de sa spécialité, il va se mettre en quête des informations et vous les procurer. Votre guide peut par exemple exceller dans la transmission de données spirituelles, mais ne pas avoir d'informations sur des sujets d'ordre scientifique. Si, pour une raison ou pour une autre, vous avez besoin de tels renseignements, et que c'est important pour vous, votre guide va vous les obtenir, peut-être en faisant en sorte qu'un livre ou une personne possédant cette connaissance croise votre chemin, ou par le biais d'un autre guide.

Ne croyez pas qu'une fois que vous êtes un channel vous devez être capable de tout faire. Les guides vous choisissent parce que vous êtes en adéquation avec ce qu'ils veulent apporter à la Terre. Il y a de fortes chances pour que votre guide vous aide à développer ce que vous souhaitiez faire, ou faites déjà, de votre vie. Acceptez qu'il y ait des domaines qui soient en dehors de votre champ de connaissance ou de celui de votre guide.

Certains guides sont appelés
des « êtres de lumière »
parce qu'ils travaillent avec la lumière
et utilisent le langage de la lumière.

De nombreux guides de haut niveau ont évolué jusqu'à être esprit et devenir pure lumière ; ils sont pratiquement pure énergie. Certaines personnes les appellent « êtres de lumière » parce qu'ils œuvrent dans le spectre de la lumière et utilisent ce langage-là, transmettant des pensées directement aux âmes de celles et ceux avec lesquels ils travaillent.

Nous, Orin et DaBen, sommes des êtres de lumière. Nous venons de ce que vous appelez une réalité multidimensionnelle. Vous avez accès à notre aide quand vous faites appel à votre propre guide ou à nous-mêmes. Notre but est de vous aider à établir un lien avec votre propre guide issu de nos royaumes ou avec un guide ayant une sagesse et une lumière comparables, pour vous aider à évoluer et à parvenir à une conscience supérieure.

Les guides peuvent provenir de tant d'endroits qu'il est plus utile de ne pas se préoccuper d'où ils viennent, mais plutôt de faire la distinction entre les guides qui œuvrent pour votre bien et ceux dont ce n'est pas le cas. Des âmes ayant n'importe quel niveau de maîtrise peuvent exister dans les dimensions non physiques. Les entités peuvent appartenir à de nombreuses dimensions et réalités et se trouver à différentes étapes de leur propre évolution ; il est important pour vous d'avoir du discernement par rapport au guide avec lequel vous entrez en connexion. Notre préoccupation première est que votre guide soit suffisamment qualifié, capable et déterminé pour vous assister dans votre développement spirituel.

Les guides de haut niveau sont des sources de guidance, de clarté et d’orientation.

Les gens nous demandent souvent : « Comment savoir si le guide qu’on attire est un guide de haut niveau ? » Nous pensons que vous avez tous la capacité de reconnaître un guide qui n’est pas avancé. Quand vous rencontrez des gens, vous sentez immédiatement dans quelle mesure ils sont bienveillants et sages. Vous savez si leur présence vous apporte un sentiment de bonheur, et celui de votre propre valeur, ou l’inverse. Avec un guide, servez-vous de la même faculté de jugement que vous utilisez avec les gens. Vous avez la capacité de reconnaître la sagesse. La vérité donne en général l’impression qu’on la connaît déjà.

Les guides avancés viennent à vous pour éclairer votre chemin. Leur seul souhait est votre bien supérieur. Ils sont là pour vous aider, par exemple, à vous souvenir de qui vous êtes, à vous défaire de la peur et à apprendre à vous aimer vous-même, et à aimer les autres. Ils viennent accroître votre joie et vous assister dans votre évolution personnelle et dans votre travail ici, sur Terre.

Les guides de haut niveau ne vous effrayent pas, pas plus qu’ils ne développent votre ego. Ils ne vous flattent pas, mais ils applaudissent vos progrès. Ils créent un sentiment d’expansion de la conscience et d’une vision intérieure plus vaste. Ils vous encouragent à faire appel à vos propres discernement et sagesse, plutôt qu’à suivre aveuglément tout ce qu’on vous dit. Jamais ils ne vous disent que vous « devez » faire telle ou telle chose ni ne tentent d’intervenir directement dans votre vie personnelle. Ils vous soutiennent et vous encouragent à développer et à utiliser votre force intérieure et votre sagesse profonde. Ils vous encouragent à ne pas leur donner votre pouvoir.

Les guides de haut niveau sont souvent humbles et vous incitent toujours à faire d’abord confiance à votre propre sagesse. Ils peuvent émettre de puissantes suggestions et vous aidez à faire vos propres choix. Un guide de haut niveau peut attirer votre attention sur quelque chose qui ne fonctionne pas dans votre vie, mais il le fera d'une manière qui vous fera vous sentir plus fort(e) et plus en contact avec votre propre pouvoir.

Les guides de haut niveau prédisent rarement des évènements futurs. S'ils le font, c'est uniquement parce que l'information est utile à votre évolution ou à l'humanité. Si les informations que vous recevez du guide de quelqu'un d'autre vous diminuent ou vous mettent mal à l'aise par rapport à vous-même, c'est à vous de choisir si vous voulez ou non les accepter comme étant votre vérité.

Si, sortant d'une consultation de channeling avec un guide, vous éprouvez des craintes par rapport à votre vie, alors vous n'étiez pas avec un guide de haut niveau, car ceux-ci vous élèvent et secondent la personne que vous êtes. Ils vous aident à vous voir de façon nouvelle et plus large. Rendez-vous compte qu'il est possible que vous transformiez un message inspirant en quelque chose de moins joyeux si vous choisissez de l'entendre de façon négative plutôt que positive.

Les guides de haut niveau ont pour objectif principal votre but supérieur.

Les guides de haut niveau s'expriment avec précision. Ils enseignent la tolérance et encouragent le pardon. Leurs conseils sont souvent d'ordre pratique, simples, modestes, sans aucune vantardise et pleins de bon sens. Toutes les indications qu'ils donnent sont utiles et apportent un plus. Les guides de haut niveau disent du bien des gens et des choses, car leur nature tout entière est pleine d'amour et de bonté.

Si vous le demandez, ils vont vous indiquer vos leçons, vous expliquer ce que vous êtes venu(e) apprendre ici, tout en vous permettant de demeurer dans une situation si tel est votre choix. Ils veillent à ne pas supprimer vos leçons. Si vous semblez vous diriger vers une situation qui va vous apprendre quelque chose de précieux tout en étant une dure leçon, ils vont peut-être vous montrer des moyens plus joyeux de faire le même apprentissage. Cependant, si vous persistez dans la même voie, ils ne vous arrêteront pas. C'est à vous de choisir la joie, mais si vous apprenez mieux dans la douleur et dans la lutte, les grands guides ne vous enlèveront pas cette option.

Reconnaître les entités qui sont moins évoluées

ORIN ET DABEN : Il y a parfois une certaine confusion quant à savoir s'il faut suivre les conseils d'un guide particulier. C'est à vous de reconnaître la sagesse. Quand vous recevez un conseil de votre guide ou du guide de quelqu'un d'autre, demandez-vous : « Est-ce approprié pour moi de donner suite à cette information ? Celle-ci me limite-t-elle ou me grandit-elle ? Est-elle exacte ? A-t-elle une valeur pratique pour moi et est-elle utile ? Est-ce que je la ressens comme ma vérité intérieure ? »

Rappelez-vous la dernière fois que vous avez suivi un conseil d'un ami ou d'un guide et que cela s'est mal passé. N'est-il pas exact qu'une partie de vous ne voulait pas suivre ce conseil ? En général, vous savez ce qui est le mieux pour vous. Examinez soigneusement l'information reçue. Faites appel à votre bon sens pour décider si vous voulez en tenir compte ou non ; ne vous contentez pas d'accepter aveuglément un conseil concernant votre vie. Une guidance de haut niveau vous aide à gagner confiance en votre propre vérité. Un conseil transmis par channel ne doit être suivi que s'il trouve écho en vous, et non pas simplement parce qu'il est transmis par channeling. Faites uniquement les choses qui vous semblent joyeuses ou justes.

Acceptez uniquement les messages
qui trouvent écho en vous,
dans la partie la plus profonde de votre être.

Comment reconnaître les entités qui sont moins évoluées? Certaines d'entre elles aiment faire des prédictions d'une nature désastreuse et se réjouissent des émotions exacerbées telles que la frayeur qu'elles peuvent susciter chez les gens. Leurs prédictions ne sont pas destinées à venir en aide aux personnes ni formulées en ayant à l'esprit une intention d'ordre supérieur. Leurs messages peuvent trompeusement gonfler l'ego des individus en leur disant qu'ils vont être riches ou célèbres, alors que cela ne fait pas partie de leur chemin. Si vous vous êtes connecté(e) à un guide inférieur, vous le saurez. Après qu'il vous ait donné ses conseils, vous vous sentirez apeuré(e), impuissant(e), déprimé(e) ou inquiet(e) concernant votre vie.

Les entités moins évoluées peuvent vouloir vous inciter à entreprendre une action que vous savez ne pas être d'un niveau élevé ni empreinte d'amour. Elles attisent souvent de mauvais sentiments entre amis. Elles peuvent vous suggérer de vous protéger de certains dangers effrayants et invisibles. Certaines entités, en particulier les moins évoluées, tirent parti de vos émotions intenses et essayent de les faire s'élever en vous. D'autres entités vous font simplement perdre votre temps et vous fournissent des informations inexactes et sans importance. Ces entités moindres expriment avec prétention des banalités ou disent des choses de manière telle qu'elles semblent profondes alors qu'en réalité elles n'ont aucune valeur.

Les guides de niveau inférieur peuvent n'avoir aucun engagement à l'égard de votre évolution spirituelle; ils peuvent même ne pas se rendre compte qu'il y a des chemins qui y conduisent. Ils peuvent ne pas avoir conscience de la direction actuelle de l'évolution de l'humanité. Vous vous en rendrez compte, car si la guidance qu'ils donnent peut paraître intéressante, elle n'est pour vous d'aucune valeur pratique.

Il est possible que ces entités ne soient pas mauvaises, mais elles peuvent ne pas partager vos buts ou votre raison d'être, ou ne pas comprendre votre destin unique, et dès lors être incapables de vous « guider ». Il est probable que ces entités ne vont en aucune manière vous porter préjudice, même si vous pouvez ressentir un certain désagrément au contact de leur négativité. Elles peuvent même avoir une intention amicale, mais elles ne sont peut-être pas parvenues à un stade d'évolution supérieur au vôtre. Du fait de leur manque d'amour, de sagesse et de compréhension, vous saurez qu'elles sont moins évoluées.

Il existe un niveau de réalité qu'on appelle le « plan astral », où de nombreuses âmes se rendent entre deux vies terrestres. Dans les niveaux inférieurs du plan astral, il y a beaucoup d'entités qui veulent revenir sur Terre. Elles peuvent vouloir faire l'expérience de la vie à travers vous. En général, leur intention n'est pas mauvaise, elles sont simplement ignorantes. Vous pouvez sentir leurs peurs, leur douleur et leur incertitude émotionnelles. Vous pouvez sentir qu'elles ne sont pas paisibles. La plupart des âmes de ce niveau ne sont pas suffisamment évoluées pour vous aider, et nous vous recommandons de ne pas servir de channel à ces entités. Elles représentent un échantillon de l'humanité provenant de tous les horizons. Ces entités attachées à la Terre peuvent ignorer qu'elles sont mortes. Si vous percevez que c'est le cas, dites-leur de se diriger vers la lumière.

Les guides s'expriment à travers vous uniquement avec votre permission.

Nous vous recommandons de ne jamais faire entrer dans votre corps des entités moins évoluées, ni de leur servir verbalement de channel. Vous allez les reconnaître, car leurs vibrations et leurs sentiments ne sont pas élevés. Vous vous sentirez lourd(e) et vous leur résisterez spontanément. Étant donné qu'il leur est très difficile de pénétrer dans le monde terrestre, elles ne vont pas prendre le pouvoir sur vous. Vous êtes celui ou celle qui a le contrôle de cette réalité. Votre curiosité, votre inclination à jouer avec elles ou à leur faire plaisir les maintiennent autour de vous. Soyez ferme et coupez le lien.

Les guides ne vont pas vous mentir si vous leur demandez d'où ils viennent. Si vous leur demandez s'ils viennent de la lumière, ils ne vous diront pas « oui » si ce n'est pas le cas. Demandez un guide avancé, et il y en aura un.

> Un guide de haut niveau va vous aider à éprouver plus de compassion pour vous-même et pour les autres.

Si des entités autres que des guides avancés et pleins d'amour veulent s'exprimer à travers vous, dites-leur « non », fermement et clairement. Quand vous canalisez votre guide, vous savez ce qu'il ressent. Il est impossible qu'un autre être vous trompe. Un guide de haut niveau vous donne un sentiment merveilleux, inspirant et plein d'amour. Vous ressentirez du bien-être. Si, d'une manière ou d'une autre, vous vous sentez déprimé(e), triste ou en colère, c'est que vous n'êtes pas avec un guide de haut niveau. Demandez à ce guide de partir et faites la requête d'un guide supérieur.

Les guides personnels

ORIN ET DABEN : Tout le monde a un guide personnel qui l'accompagne, en général pendant toute une vie ; on fait souvent référence à lui en tant qu'ange gardien. Il y a parfois plusieurs guides qui vous aident, en particulier lorsque vous êtes à un tournant majeur de votre existence. D'habitude, ces guides personnels sont moins évolués que les guides de haut niveau. Mais ils sont bien plus évolués que vous, parce qu'ils sont en général déjà passés par la vie terrestre et sont conscients d'une réalité plus vaste que vous ne l'êtes. Il peut s'agir de personnes que vous avez connues au cours de votre vie, aujourd'hui défuntes, et qui ont évolué au-delà de la conscience basée sur un corps physique. Il se peut également que ce soient des êtres que vous avez connus dans d'autres vies.

Ils sont ici pour vous aider à suivre le destin que vous avez choisi et vous aider à gérer des problèmes spécifiques ; que vous soyez ou non fidèle à votre voie la plus haute, que vous ayez conscience d'eux ou non, ils vont travailler avec vous. Leur but est en partie de vous aider à accomplir ce que vous êtes venu(e) faire ici. Ces guides ne sont pas des guides de niveau moindre, mais leur dimension et la portée de leur conscience ne sont pas aussi larges ni aussi globales que celles des maîtres guides de haut niveau.

Les maîtres guides de haut niveau travaillent avec votre guide personnel pour vous aider à l'aide d'informations détaillées et spécifiques concernant votre vie personnelle. Dans certains domaines, un guide personnel peut servir de lien entre vous-même et votre guide de haut niveau. Une fois que vous vous connectez à un maître guide de haut niveau, la plus grande partie de votre connexion consciente avec votre guide personnel peut se faire à travers le guide de haut niveau, et non directement avec votre guide personnel, bien que ce ne soit pas toujours le cas.

SANAYA ET DUANE : *Quand on a affaire aux guides, les possibilités semblent vraiment infinies, et l'expérience que vous allez vivre avec votre guide peut être différente de la nôtre. Nous vous encourageons à respecter votre propre expérience avec les guides. Laissez-les vous dire qui ils sont et d'où ils viennent, et ne tentez pas de les faire entrer dans telle ou telle catégorie. Les informations fournies par Orin et DaBen ne constituent pas un ensemble de règles, seulement des indications.*

CHAPITRE 4

Comment les guides communiquent-ils avec vous ?

Comment les guides transmettent-ils des messages ?

ORIN ET DABEN : Les guides entrent en contact avec votre âme, et leurs informations circulent ensuite à travers elle jusqu'à votre conscience, traduites avec les mots et les concepts dont vous disposez. Un guide peut vous transmettre une information d'une infinité de manières. L'état de channeling et la focalisation aident à dissiper les distorsions de la personnalité afin de créer un « canal » clair pour que les données soient communiquées à travers vous.

Pour canaliser, vous élevez votre fréquence lorsque vous entrez dans un état de channeling et, nous, nous diminuons la nôtre pour que les deux se correspondent. Il ne s'agit pas d'une correspondance énergétique exacte, mais d'une complémentarité. Dans notre dimension, nous créons des champs électromagnétiques qui sont semblables aux vôtres dans votre dimension. Lorsque nous avons mis nos champs respectifs en adéquation, la transmission peut avoir lieu. Notre aptitude à « correspondre » à vos fréquences pour une transmission exacte est également importante. À mesure que vous continuez à pratiquer le channeling, nous apprenons, grâce à un retour d'information, comment contrôler nos transmissions. Avec l'expérience, vous apprenez comment nous suivre avec plus de précision. Nous vous aidons aussi à clarifier toute l'énergie qui vous entoure, de sorte que vous puissiez être un channel clair.

Pour vous aider à comprendre ce sujet extrêmement complexe, imaginez qu'il y a un seul Univers. Ne pensez pas à nous comme à des êtres existants dans un univers séparé du vôtre, mais plutôt comme des êtres qui se trouvent dans le même que vous, à une fréquence différente. Nous sommes invisibles pour vous, jusqu'à ce que vous modifiiez ou élargissiez votre conscience et puissiez ainsi recevoir notre énergie, nos images, nos représentations et nos pensées-impulsions.

Nous sommes conscients de chacun d'entre vous qui se tourne vers le haut.

Nous ne pouvons nous manifester à travers vous que lorsque nous établissons des fréquences susceptibles de correspondre aux vôtres, et ainsi d'ouvrir la porte. Nous vous voyons et vous entendons uniquement lorsque nous ajustons nos fréquences de telle manière que cela nous rende votre univers visible. Quand vous vous tournez vers le haut et demandez un guide, vous changez d'énergie et devenez visible pour nous.

Votre intention d'aller plus haut et la lumière que vous incarnez sont visibles dans notre univers, et nous sommes conscients de votre présence lorsque vous vous tournez vers nous. Même lorsque votre énergie devient visible pour nous, nous ne vous voyons en général pas tels que vous vous voyez les uns les autres. Nous vous percevons comme des structures d'énergie en mouvement, des couleurs et des harmonies. Nous percevons votre monde comme des harmoniques d'énergie et de force vitale en mouvement. Quand vous faites la requête d'une connexion avec nous, nous commençons à mettre en place dans nos dimensions des énergies compatibles pour la rendre possible.

Nous, les guides, nous considérons votre réalité terrestre comme un monde tridimensionnel. Plus la dimension est haute, moins il y a de limitations et d'obstructions. Quand vous mourez, votre fréquence augmente d'une manière telle qu'elle devient invisible sur le plan terrestre, mais visible pour d'autres réalités. À mesure que vous intensifiez votre vibration, les choses qui pour vous étaient invisibles auparavant deviennent, à un certain stade, visibles, et ce que vous perceviez comme un obstacle ou une restriction disparaît.

Le channeling est un savoir-faire que vous pouvez apprendre.

Physiquement, votre cerveau se compose d'une partie droite et d'une partie gauche. Normalement, l'hémisphère droit est en lien avec l'intuition, les sentiments, la communication non verbale, la créativité et l'inspiration. Celui de gauche correspond à la mémoire, à la logique, aux mots et au langage. Sa fonction est de synthétiser, d'organiser et de classer vos expériences par catégories, de façon rationnelle. Le plus souvent, vous recevez la transmission de votre guide dans la partie droite de votre cerveau, qui est plus réceptive et sensible aux impressions.

Le channeling requiert l'établissement d'une forme particulière de circulation et de synchronisation entre les deux parties du cerveau. Vous pouvez y parvenir dans des états calmes et apaisés permettant une meilleure réceptivité aux royaumes supérieurs.

Pour pratiquer le channeling, vous devez utiliser simultanément votre cerveau droit et votre cerveau gauche. Pour accueillir un guide, une partie du défi consiste en la nécessité de lâcher prise, de recevoir le flux supérieur d'information (ce qui est le rôle de l'hémisphère droit) et, en même temps, de parler ou d'écrire (fonctions impliquant une action, une organisation et un vocabulaire, qui sont du ressort du cerveau gauche). Votre utilisation simultanée des deux hémisphères permet la transmission des messages de votre guide avec précision et exactitude.

Dans le channeling conscient, le guide imprime le message dans votre esprit à travers ce qu'on pourrait appeler une télépathie d'ordre supérieur. C'est ce type de réception que nous recommandons, dans lequel vous gardez le contrôle de votre esprit et de votre corps. Certains individus (appelés clairsentients) « savent » le message, certains (nommés clairvoyants) « voient » l'information, certains (dits clairentendants) « entendent » l'information. D'autres encore reçoivent la transmission comme une profusion d'impressions et d'images auxquelles ils font ensuite correspondre des mots.

Certains guides communiquent avec vous
en utilisant une forme supérieure de télépathie.

Comme dans tous les cas de télépathie, il est fréquent que les gens puissent transmettre et prendre conscience d'idées générales plus facilement que de choses spécifiques telles que des noms, des dates ou des détails. Développer la faculté d'obtenir des détails précis exige souvent une longue période d'accoutumance mutuelle avec votre guide, et il se peut que cela ne corresponde jamais à la façon dont celui-ci travaille avec vous.

Nous transmettons souvent par lumière-image, par pensée-impulsions et par niveau d'énergie-donnée, et nous vous laissons leur donner une substance et les traduire en actes et en mots précis qui correspondent le mieux à la transmission d'énergie que nous émettons. Dans de nombreux cas, le mieux est de vous envoyer ce que nous avons à transmettre sous forme de représentations et d'images, qui doivent ensuite être traduites en mots faisant partie de votre vocabulaire et de votre cadre conceptuel.

Certains guides s'expriment par métaphores et histoires pour illustrer leurs propos. D'autres travaillent directement sur une énergie bloquée, ou font appel aux couleurs, aux silhouettes, aux contours et aux formes. Certains se servent de votre voix ou de vos mains pour des activités créatrices. Certains guides parlent des centres d'énergie, d'autres des vies passées. Certains parlent du but de l'âme et d'autres traitent des vérités supérieures de l'Univers. Certains sont poètes, d'autres, philosophes; ils peuvent être pleins d'humour ou sérieux. De temps à autre, des guides testent les personnes en leur posant toute une série de questions pour qu'elles y apportent leurs propres réponses, plutôt que de leur donner des informations.

Les guides choisissent un channel dont le vocabulaire et la compétence correspondent au travail qu'ils vont faire ensemble. Les guides scientifiques risquent de choisir des channels possédant un bon vocabulaire en ce domaine. Les guides artistiques vont sans doute choisir des artistes. Les philosophes feront peut-être le choix de channels intéressés par cette matière, et ainsi de suite. Quand un guide transmet une information ne faisant pas partie de votre vocabulaire, il cherche les mots les plus proches parmi ceux dont vous disposez.

Ils peuvent, par exemple, pour se référer à un organe du corps, en donner une description au lieu de l'appeler par son nom si ce terme ne fait pas partie de votre vocabulaire. Vous allez peut-être vous sentir attiré(e) par la lecture d'ouvrages portant sur certains sujets, pour étendre votre connaissance en la matière ou pour acquérir la terminologie dont votre guide a besoin afin de communiquer plus précisément ses informations.

Les guides utilisent vos mots et vos concepts pour exprimer leurs messages.

Parfois, quand vous vous connectez à votre guide, des mots vous viennent instantanément à l'esprit. Vous pouvez par moments simplement sentir les mots se former et les prononcer sans savoir à l'avance ce que vous allez dire. Un homme racontait qu'il voyait les mots juste avant de les prononcer, comme si ceux-ci sortaient d'une machine à écrire. Il lisait simplement le message au fur et à mesure qu'il était tapé. D'autres personnes voient des images s'inscrivant sur un écran et en parlent ensuite, ou les interprètent.

Les guides vont utiliser toute méthode, quelle qu'elle soit, qui, dans l'instant, est la plus adaptée à la fois à vous-même et à l'information. Les messages ne sont pas toujours transmis par votre voix. Ils peuvent être communiqués par tous les moyens que vous avez de vous exprimer, comme envoyer avec vos mains de l'énergie par le toucher. Les guides optent pour la façon la plus simple de faire parvenir leurs messages. Vous allez recevoir l'information de la manière qui vous semble la plus naturelle, quelle qu'elle soit. Il se peut que la méthode de transmission change à mesure que vous continuez à pratiquer le channeling.

Votre rôle en tant que récepteur et traducteur

ORIN ET DABEN : Puisque vous êtes celle ou celui qui parle, vous pouvez considérer votre rôle comme étant celui d'un traducteur. Vous pouvez avoir un « sentiment » à propos de votre traduction sur ce qui a été transmis ou « sentir » ce qu'il convient de dire. Vous pouvez « sentir » le mot juste, le préférant à celui qui n'est pas tout à fait exact.

Pour améliorer votre fidélité en tant que traducteur, prêtez attention à ce que vous ressentez. Si vous vous sentez soudain mal à l'aise, abandonnez ce que vous étiez en train de transmettre et laissez une autre direction apparaître. Ralentissez et soyez attentif(ve) aux mots qui vous viennent. Si vous avez opté pour un terme ou un concept inapproprié, nous vous le signalerons par une note ou par un sentiment qui sonne faux.

Si vous trouvez que les données transmises commencent à vous ennuyer, c'est un signe que vous avez perdu la connexion avec votre guide. Vous allez parfois vous surprendre, en train de parler, à remarquer que l'impulsion originale qui se trouvait derrière vos paroles et provenait de votre guide a disparu. Si vous vous apercevez que vous êtes vous-même en train de meubler avec des mots, ralentissez et parlez très lentement. Cela vous donnera le temps de comparer l'impression exacte des mots avec le flux d'énergie que votre guide transmet à travers vous.

Après une séance de channeling, nous pouvons aussi indiquer de quelle façon vous pouvez améliorer votre réception. Vous pouvez vous-même repenser à ce que vous avez transmis, réfléchir à la manière dont vous auriez pu vous exprimer avec plus précision, plus de compassion ou avec un sentiment plus positif. Cette préoccupation sera le reflet de nos tentatives d'amélioration de la transmission.

Il faut en général de la pratique pour recevoir clairement les messages de votre guide.

Votre guide doit s'habituer à votre système énergétique et opérer de légers et subtils ajustements. Même si, parfois, les mots et les concepts semblent provenir de votre esprit, ils se situent à un niveau supérieur d'amour et de compréhension, et vous les prononcez et les formulez de façon différente. Les messages les plus durs à transmettre par channeling sont sans doute ceux qui sont évidents ou ceux qui apportent les réponses que vous attendiez. Cela peut vous amener à vous demander si vous êtes réellement en train de canaliser, étant donné que l'information correspond à ce que vous attendiez ou est tellement évidente que vous la connaissiez déjà.

Il est parfois plus difficile de servir de channel pour celles et ceux que vous aimez ou que vous connaissez bien, parce qu'une partie de vous connaît peut-être déjà la réponse et, si votre guide dit la même chose, vous risquez de penser que cette réponse vient de vous et non de lui. La plupart des channels avec lesquels nous avons travaillé transmettent les messages exactement tels qu'ils les reçoivent, avec la plus grande fidélité. Si ce que vous recevez concorde avec ce que vous savez déjà, ne remettez pas en cause la validité du message.

Toutes les transmissions ne correspondent pas parfaitement à des formes ou à des mots, ni même à des concepts. En général, on perd quelque chose dans la traduction. Si vous êtes traducteur ou traductrice, vous avez sans doute déjà connu la difficulté qu'il y a de mettre les mots d'une langue dans une autre, étant donné que des langages différents sont le reflet de processus de pensée différents. Quand vous commencez à canaliser, nous notons quels mots, phrases ou concepts vous sélectionnez pour concorder avec notre transmission.

Nous sommes capables d'observer votre personnalité, vos croyances et vos schémas conceptuels, et d'adapter notre transmission en fonction de cela. Nous suivons de près votre traduction et affinons constamment nos transmissions, pour que votre réception soit un reflet toujours plus fidèle de l'essence de ce que nous vous envoyons.

Pendant que vous canalisez, il peut vous arriver parfois d'avoir l'impression de vous remémorer — et de donner à quelqu'un — un conseil basé sur des leçons que vous avez apprises, et qui semble pourtant convenir parfaitement à la consultation actuelle. Vous aurez peut-être le sentiment de vous servir de votre mémoire et d'exploiter ce que vous savez au lieu de servir de channel à un guide. Celui-ci peut vous faire parler des leçons que vous avez apprises lors d'une expérience récente, mais vous en rendrez compte avec un niveau de sagesse et de compréhension plus élevé.

Tout ce qui élargit votre conscience va vous aider à devenir un meilleur channel.

Tout ce que vous avez lu et exploré augmente les ressources dont vous disposez pour votre guide. Celui-ci va utiliser des idées que vous avez lues et les synthétiser d'une manière nouvelle. Il peut s'agir d'idées dont vous avez pris connaissance par la lecture il y a dix ans ou de quelque chose que vous avez appris la veille. Comprenez qu'absolument tout ce qui se trouve dans votre esprit est potentiellement utile pour votre guide.

Quand celui-ci s'adresse à quelqu'un, il peut vous dire intérieurement: « Rappelle-toi lorsque tu as lu ce livre. Souviens-toi de ce paragraphe, souviens-toi de ce concept. » Cela peut correspondre exactement à ce que vous ou la personne à laquelle vous donnez une consultation avez besoin de savoir à ce stade. Votre guide peut parcourir votre esprit et choisir dans votre mémoire une chose qu'il est opportun que vous disiez à ce moment-là.

Une autre forme de transmission consiste à vous donner un mot « déclencheur ». Vous allez peut-être commencer par recevoir le mot « courage ». Quand vous prononcez ce terme, tout un ensemble d'associations d'idées et de pensées vous vient alors, toutes déclenchées par ce seul mot. Quand vous l'avez prononcé, la totalité du message que votre guide veut transmettre peut alors se révéler.

Votre guide est capable de traduire votre sagesse personnelle en une structure plus générale. Il peut vous montrer les leçons universelles que vous êtes en train d'apprendre à travers votre expérience et vous aider à voir votre propre vie selon une perspective plus élevée et plus spirituelle. Votre guide peut avoir recours à ces vérités universelles pour d'autres également.

Les guides vous encouragent à vous connecter à la sagesse de votre propre âme.

Pour déclencher votre parole, nous faisons normalement appel aux concepts et au langage contenus dans vos pensées. Au cours du channeling, nous sommes le courant sous-jacent de vos pensées, la partie qui choisit d'activer les idées qui amèneront votre esprit à parler de certaines choses, d'une manière particulière, toujours avec votre accord et votre consentement.

Quand nous y sommes invités, nous éclairons certaines zones de votre esprit et faisons appel à la sagesse et à la connaissance de votre âme. Nous trouvons dans votre esprit non seulement des idées à employer, mais aussi le vocabulaire pour les exprimer. Plus celui-ci est riche en connaissance et en expérience, plus il nous offre un large choix de mots pour formuler notre message et nos pensées-impulsions.

Votre guide va se manifester à travers votre personnalité et votre voix, il va donc au début beaucoup vous ressembler. Étant donné que vous avez l'habitude de considérer que votre voix, c'est vous, lorsque vous l'entendez et que c'est votre guide qui s'exprime à travers elle, n'oubliez pas que vous risquez d'avoir l'impression que c'est vous-même qui parlez. Il est souvent plus facile de croire que c'est réellement votre guide qui s'exprime si celui-ci a une voix différente de la vôtre — par son accent, son rythme ou son timbre.

Le langage est très important et la précision est souvent fonction du degré de compréhension de ce qui est transmis. Il nous faudrait écrire des volumes entiers pour vous expliquer les bases permettant de comprendre bon nombre de nos concepts. En abrégeant le message pour vous aider, nous perdons une partie de la précision et de l'exactitude, ce qui peut conduire à un malentendu. Entre simplifier notre message pour qu'il vous soit compréhensible et en préserver la profondeur, la clarté, la sagesse et la vérité, notre marge de manœuvre est très étroite.

Souvent, nous transmettons nos messages en ayant recours à des exemples, des métaphores et des comparaisons. Au cours de ce processus, il y a toujours le risque de trop simplifier. Ce système ne tient pas toujours compte des exceptions ou des cas particuliers. Nous pouvons avoir besoin de créer des mots pour expliquer ce que nous voulons dire, car souvent il n'existe aucun terme adéquat dans votre vocabulaire. À mesure que vous évoluez et comprenez davantage, nous pouvons vous communiquer des messages plus complexes ou d'une portée plus large.

Nous vous donnons les conseils que vous pouvez utiliser et comprendre dans le présent. Il vous arrive parfois d'en tirer de mauvaises conclusions, car vous n'avez pas vu la perspective plus large. L'information que vous recevez sur un sujet à une étape de votre développement va en général être élargie, clarifiée, modifiée au cours de votre évolution. C'est la raison pour laquelle enregistrer et relire ou réentendre ce que vous avez dit en tant que channel est très utile. Quand vous regardez en arrière et qu'avec le recul vous êtes conscient(e) d'un contexte plus vaste, vous pouvez souvent avoir pour une même information une interprétation différente de celle que vous aviez eue à l'origine. Vous allez sans doute voir dans le message de votre guide une sagesse plus grande que vous ne l'aviez soupçonnée auparavant; avec le temps, le message peut se révéler plus profond et plus riche de sens.

CHAPITRE 5

Se préparer à devenir un channel

Attirer votre guide de haut niveau

ORIN ET DABEN : Votre première rencontre avec un guide est un moment particulier, et il est préférable de vous y préparer comme à un évènement sortant de l'ordinaire. C'est une expérience unique, différente pour tous. Même les personnes ayant déjà reçu des indications de la présence d'un guide reconnaissent qu'elles étaient fort impatientes au cours de la période qui précédait tout juste leur première connexion réelle.

La vraie invitation et la véritable entrée d'un guide dans votre vie peuvent se passer de nombreuses façons. Cela peut se produire sous la supervision ou la direction d'un autre guide de haut niveau, ou vous pouvez aussi contacter votre guide vous-même en demandant la connexion. Nous avons conçu ce livre pour vous indiquer comment entrer en contact avec votre guide. Vous pouvez utiliser les méthodes proposées dans les chapitres 6, (Parvenir à un état de channeling), et 7, (Se connecter à son guide), comme un cours vous permettant d'appeler votre guide. Vous pouvez procéder seul(e) ou avec l'aide d'un(e) ami(e).

Un autre moyen facile pour suivre ce cours consiste à faire vous-même des enregistrements et à utiliser les instructions des chapitres 6 et 7 comme des indications pour vous aider.

Si vous le souhaitez, vous pouvez aussi utiliser les cours audio que nous avons réalisés pour vous préparer à vous ouvrir au channeling et vous aider dans votre requête d'un guide. (Voir l'appendice relatif à nos cours audio de channeling.)

Autre manière facile de commencer: la présence d'un(e) ami(e) qui peut vous poser des questions, maintenir une focalisation, croire en ce que vous faites, écouter et vous prêter assistance. Certaines personnes trouvent plus facile de canaliser lorsque quelqu'un d'autre a besoin d'aide ou d'une réponse, car souvent le désir d'aider autrui les pousse à surmonter leur hésitation à parler ou à établir la connexion. Dans le chapitre 7, (Se connecter à son guide), vous trouverez des instructions concernant le soutien apporté par un(e) ami(e).

Il se peut qu'à un certain stade vous souhaitiez que quelqu'un d'autre soit présent pendant que vous pratiquez le channeling, car les réponses fournies par une autre personne donnent à votre guide un retour complémentaire à propos du niveau et à la complexité des informations qu'il peut transmettre. Quand votre ami(e) et vous exprimez la compréhension que vous avez du message, votre guide peut évaluer plus pleinement la façon dont vous traduisez ses messages et ajuster sa transmission en conséquence. Votre guide peut alors décider s'il est nécessaire ou non de simplifier les messages ou de les rendre plus complexes, et s'il est nécessaire de vous donner des éclaircissements ou des informations complémentaires.

À quoi vous attendre la première fois ?

ORIN ET DABEN : La venue d'un guide de haut niveau se passe pratiquement toujours en douceur, sauf dans quelques rares cas, quand la vibration du guide est extrêmement différente de la vôtre. D'après notre expérience et celle des nombreuses personnes que nous avons observées, les guides, plutôt que prendre le risque de vous inquiéter ou de vous effrayer, préfèrent se manifester à vous avec tant de douceur qu'il se peut même que vous doutiez de leur présence. Comme la plupart d'entre eux arrivent en douceur, et vu que le plus souvent votre état de channeling est léger et que votre propre conscience est présente, il se peut que vous vous demandiez : « Est-ce mon imagination ? »

Les guides pénètrent votre aura si doucement que vous pouvez, au début, douter de leur présence.

Pour certaines personnes, la pratique du channeling débute très facilement. Grâce à une bonne adéquation entre le guide et vous, il est possible de commencer à pratiquer le channeling sans période de transition ni gêne physique. Pour certains individus, l'accès à un état de channeling est plus long : ils ont besoin de temps pour apaiser leur esprit, pour focaliser leur énergie et s'aligner sur leur guide. Certains éprouvent des frissons ou de fortes sensations physiques quand le guide fait son entrée, mais c'est rare. Ils sont en général capables d'éliminer ces sensations lorsqu'ils s'ouvrent et apprennent comment gérer l'énergie plus grande qui coule à travers leur corps.

Les sensations les plus courantes sont la chaleur et les picotements. D'habitude, ces sensations physiques sont présentes au moment de l'entrée de votre guide, mais elles diminuent au cours de la pratique. Si vous éprouvez une gêne, demandez à votre guide de vous aider à vous ouvrir à ce niveau d'énergie. Souvenez-vous en outre que la plupart des gens n'ont aucune sensation lorsqu'ils se connectent à leur guide.

À mesure que vous continuez à pratiquer le channeling, vous allez devenir capable de sentir la présence de votre guide comme différente de la vôtre. Les guides ont une vibration qui se situe au-delà de votre registre normal de perception, et il vous faudra peut-être un peu de temps pour faire la distinction entre votre guide et vous-même. Vous allez peut-être remarquer de subtils changements dans votre corps, dans votre posture ou dans votre respiration. Il se peut que vous remarquiez une subtile modification dans le rythme, la vitesse ou le timbre de votre voix. Certaines personnes font immédiatement l'expérience de ces différences, d'autres non.

Au fur et à mesure qu'il se rend mieux compte de votre aptitude à accueillir son énergie, votre guide va approfondir la connexion. Il est possible qu'il (ou elle) vous fasse des suggestions sur la façon dont vous pouvez la renforcer. Chaque fois que vous pratiquez le channeling, le lien avec votre guide se renforce. Pour améliorer la perception que vous avez de votre guide, vous pouvez avoir envie d'imaginer que vous êtes entouré(e) par un être puissant et plein d'amour qui vous accepte totalement, et qui est protecteur, attentionné, d'un grand soutien et sage. Continuez de vous dire que votre guide est là et, à terme, vous allez sentir votre guide comme étant bien davantage que votre imagination.

Il se peut que vous sentiez la présence de votre guide sans pour autant le voir ou être capable de vous représenter une forme définie. Certaines personnes voient ou ressentent de la lumière et des couleurs, d'autres ont l'impression de flotter dans l'espace. Le monde des guides est tellement plein de lumière qu'en y pénétrant les gens peuvent parfois ne rien voir. C'est comme passer d'une pièce sombre à la lumière vive du soleil ; vos yeux ont besoin de s'adapter avant que vous puissiez y voir clairement.

Au début, lorsque les gens parviennent aux mondes supérieurs, d'une beauté, d'une lumière et d'un amour éblouissants, ils se sentent parfois tellement submergés par une foule de sensations qu'ils sont incapables d'en rapporter des messages et des conseils concrets. Ils perçoivent un monde d'une vibration supérieure et peuvent avoir besoin de quelque temps avant d'être capables de s'y diriger.

Accéder à votre guide requiert une aptitude
à vous focaliser et à vous concentrer.

Si votre esprit vagabonde, vous risquez de perdre la connexion. Tant que vous n'êtes pas capable de maintenir facilement le niveau requis de focalisation, vous pouvez avoir à faire appel à votre volonté pour garder la connexion stable et ininterrompue, de façon à maintenir votre attention sur le sujet dont parle votre guide. Pour ce faire, il vous faudra peut-être lâcher toutes vos pensées envahissantes, ou les laisser s'effacer à l'arrière-plan tandis que vous vous focalisez sur les messages de votre guide. Certaines personnes décrivent cela comme un état d'intense écoute intérieure.

En acquérant du savoir-faire, vous allez être capable de percevoir simultanément vos pensées et les messages de votre guide. Dans un premier temps, les informations peuvent paraître confuses. Vous pouvez avoir l'impression de « les avoir sur le bout de la langue » ou à peine hors de portée. Passez simplement à l'idée suivante, et vous découvrirez peut-être que la précédente devient plus claire à mesure que vous parlez d'autre chose.

Quand les premiers mots arrivent, vous pouvez avoir besoin de les prononcer avant que les suivants ne vous viennent. Cela donne souvent un sentiment de prise de risque, car d'habitude vous savez à l'avance ce que vous allez dire. Quand vous débutez dans le channeling, laissez simplement l'information couler. Peut-être aurez-vous peur de paraître ridicule ou penserez-vous que vous communiquez des messages qui n'ont aucun sens. Lâchez prise, faites confiance et jouez comme un enfant ; acceptez d'expérimenter.

Demandez à votre guide d'adapter son rythme si la transmission devient trop rapide ou trop lente. Par moments, vous allez peut-être vous retrouver tellement débordé(e) d'informations qu'il vous sera difficile de les formuler toutes. Si vous voyez des bribes et des morceaux de ce qui semble être des détails n'ayant aucun rapport, choisissez un domaine qui vous intéresse et commencez par là.

Au début, il n'est pas toujours évident, d'après l'information transmise, que le guide est un guide de haut niveau. Cependant, avec les guides de haut niveau, la sensation est bonne, positive et inspirante. Au départ, ils peuvent ne pas être très adroits dans leur travail avec vous. La connexion peut mettre un certain temps à prendre forme. Vos premiers mots peuvent ne pas être le reflet exact des impressions que votre guide vous envoie. Au cours de cette période, comme dans tout processus d'apprentissage, de nombreux doutes peuvent s'élever. C'est très courant et il faut s'y attendre.

La pratique du channeling s'accompagne d'une conscience accrue et d'un sentiment de bien-être.

Il y a une période initiale faite d'expérimentations, de tentatives et d'erreurs, au cours de laquelle votre guide explore de quelle manière transmettre à travers vous avec le plus de clarté. Il existe des centaines de façons d'imprimer nos messages dans votre conscience et nous choisissons la voie de moindre résistance. Plus vous vous sentirez bien et à l'aise avec votre guide, plus votre connexion à lui sera bonne et claire.

Votre guide et vous pouvez acquérir une similitude dans les idées et la façon de penser. Vous allez souvent avoir l'impression d'agir en ne faisant qu'un avec lui. Quand vous parvenez à un ajustement et à une harmonie avec votre guide, le voile qui sépare vos royaumes se fait plus transparent, et vous-même devenez capable de voir et de comprendre beaucoup de nouvelles choses.

Les gens sont capables de pratiquer le channeling beaucoup plus facilement qu'ils ne l'imaginaient.

La plupart de celles et ceux qui le pratiquent disent: « Le channeling est tellement plus simple que ce que j'imaginais » ou « J'avais déjà fait l'expérience de cet état auparavant — c'est si familier. » Permettez que ce soit facile. Votre plus grand défi va être de vous autoriser à parler et de ne pas interrompre ce débit en vous demandant si vous êtes réellement en train de faire du channeling ou si vous faites semblant.

Vous pouvez être vous-même surpris(e) par la sagesse de ce qui est transmis. Lorsque vous pratiquez le channeling, la présence d'un être avancé vous éclipse. Ne cherchez pas de messages cachés, déguisés, obscurs, vagues ou énigmatiques. Vous n'êtes pas en quête d'informations enfouies. Dites ce qui peut vous paraître une évidence, car parfois ce qui est évident est la chose la plus importante à dire. Lorsque vous êtes dans l'espace d'un être supérieur, la vérité est évidente et souvent simple.

Sachez que lorsque vous commencez à pratiquer le channeling, un message verbal ne vous vient pas forcément. Votre guide peut simplement travailler avec vous à un niveau énergétique, pour vous ouvrir, vous élargir, vous préparer à l'étape suivante de votre développement. Ou bien vous pouvez recevoir une guidance sous la forme d'un message intérieur ou d'une représentation mentale.

À un certain stade, une fois que vous avez commencé à pratiquer, expérimentez. Avant de faire appel à votre guide, posez une question et enregistrez la réponse qui vous vient à l'esprit. Puis, appelez votre guide et posez la même question. Vous allez en général obtenir une réponse différente, une façon plus bienveillante et plus large de considérer la situation.

Même si votre guide et vous faites la même réponse, vous allez probablement remarquer une perspective légèrement différente dans la sienne. Vous pourrez en outre éprouver un sentiment de soulagement, de plus grande ouverture ou une sensation nouvelle d'apaisement quand vous pensez à cette question.

Au cours de la phase d'apprentissage, il est particulièrement important d'enregistrer tout ce que vous dites. Il y a plusieurs raisons à cela. Cela va vous aider à comprendre les étapes de vos progrès. Cela va vous permettre de revenir sur ce qui s'est passé et de voir la sagesse de ce que vous communiquez. Une femme qui n'était pas sûre de réellement pratiquer le channeling avait tapé à la machine les informations de son guide. Quand, trois mois plus tard, elle a retrouvé ses notes et les a lues, elle est restée clouée sur place par la sagesse de ces données. Elle avait vraiment fait l'expérience des choses que son guide lui avait dites à l'avance. La lecture de cette transcription l'a aidée à croire en la valeur de son channeling et de sa connexion à son guide.

Il y a encore une autre raison pour enregistrer ce que vous communiquez en tant que channel. Une fois que vous enregistrez les mots, ils commencent à faire partie de votre réalité. Ils vont vous aider à créer une sagesse encore plus grande dans le monde physique. Chaque fois que vous enregistrez vos paroles, vous accomplissez un pas vers leur manifestation, en les rapprochant de la réalité physique.

Votre guide est toujours présent
quand vous l'appelez.

Les gens demandent : « Pourquoi mon guide est-il toujours présent lorsque je l'appelle ? » Permettez-nous de vous expliquer que nous existons dans un monde au-delà du temps et de l'espace, et quand nous nous engageons à travailler avec vous, nous nous rendons compte de l'étendue du travail que nous faisons ensemble. Si vous changez d'avis, le tableau s'en trouve modifié mais, d'instant en instant, nous avons une image complète de notre travail avec vous.

Pour nous, aucun temps ne s'écoule entre nos séances avec vous. Nous ne connaissons ni arrêt ni reprise, simplement le fil ininterrompu de notre temps ensemble. Quand vous pratiquez le channeling, une part de nous est à nouveau dans votre univers, cette partie de nous ne connaît pas le temps linéaire et a encore conscience de la dernière fois où nous étions ensemble.

Nous vivons souvent cela comme vous vivez une conversation téléphonique, quand la connexion faiblit puis se rétablit. Nous attendons simplement la prochaine communication forte. Notre conscience est bien plus vaste que la vôtre. Nous pouvons nous occuper de milliers de choses à la fois. Notre connexion avec vous requiert une toute petite portion de notre conscience global, et une partie de notre engagement envers vous consiste à maintenir un canal constant et clair chaque fois que vous appelez.

Votre âme ou un guide ?

ORIN ET DABEN : Quand les gens débutent dans le channeling, ils cherchent en général des explications sur ce processus. Ils se demandent s'ils accèdent à une partie d'eux-mêmes ou si la sagesse qu'ils reçoivent provient d'un guide. Certaines personnes, lorsqu'elles pratiquent, ressentent leur guide comme une entité séparée. D'autres ont le sentiment d'entrer en contact avec leur moi supérieur ou leur âme. Examinons ces perceptions.

Vous vous demandez peut-être ce que l'on ressent quand on sert de channel à son âme et non à un guide. La plupart d'entre vous n'ont pas conscience de ce à quoi peut ressembler leur âme, il leur est donc difficile de faire la différence entre les pensées de leur âme et les transmissions de leur guide. Nous ferons référence à votre âme en tant que votre moi le plus intime, se situant en dehors de cette dimension-ci, dont la vie se poursuit après votre mort, qui se souvient de toutes vos existences, choisit la suivante et les opportunités d'évolution, etc. Nous avons employé de manière interchangeable les termes « âme », « moi le plus intime » et « moi supérieur ».

À moins que vous ne soyez conscient(e) de différences très subtiles, vous risquez d'avoir du mal, au stade initial de l'expérience, à déterminer si vous servez de channel à un guide ou si vous transmettez la sagesse de votre âme. Avec le temps et la pratique, vous vous rendrez mieux compte de cette distinction. En outre, les guides eux-mêmes vont vous faire savoir qu'ils ne sont pas votre âme, mais une entité séparée.

Tout channeling passe par l'âme.

Votre âme doit donner son accord avant que nous puissions nous exprimer à travers vous. Nous émettons tout d'abord vers elle. C'est elle qui envoie ensuite le message à votre esprit. Que vous soyez conscient(e) ou non quand vous pratiquez le channeling, nous continuons à émettre vers votre âme. C'est la raison pour laquelle, même si vous êtes inconscient(e), la communication va tout de même être porteuse de l'empreinte de votre âme. Étant donné que les messages passent par elle, il est fort probable que vous ayez le sentiment qu'ils vous sont familiers.

Si vous cherchez une preuve que vous servez de channel à un guide plutôt qu'à votre moi supérieur, vous risquez de ne pas la trouver. Ce qui constitue une preuve est différent pour chaque personne. Il se peut que vous transmettiez des informations que, d'après vous, vous n'auriez pas pu connaître par vous-même, et que vos visions et prédictions se révèlent d'une exactitude surprenante. Cela constituera peut-être une preuve pour vous, mais pas pour quelqu'un d'autre.

Vous allez finir par savoir cela par vous-même. Certaines personnes affirment que c'est leur sagesse supérieure, leur âme ou leur moi supérieur qui parle. D'autres sentent avec certitude qu'il s'agit d'un guide. Si vous obtenez le nom d'un guide et avez le sentiment que c'est un guide qui s'exprime à travers vous, faites confiance à votre connaissance profonde.

Il se peut que vous ayez le sentiment que c'est votre âme qui parle et non un guide. C'est parfois le cas. C'est très bien de servir de channel à votre moi supérieur, ou moi source, car vous êtes vous-même un être magnifique et sage. La sagesse de votre âme est sans doute beaucoup plus grande que ce dont vous vous rendez compte. La sagesse provenant des niveaux supérieurs de votre moi source peut être aussi profonde que celle d'un guide de haut niveau.

DUANE : *Quand j'observe les gens en train de pratiquer le channeling, je vois une nette différence dans leur champ énergétique lorsqu'ils sortent de ce qu'ils nomment leur moi « intuitif » — et je perçois cela comme une harmonisation et une régulation de leurs énergies — pour entrer dans l'espace du guide, prenant des informations et un surplus d'énergie qui proviennent de quelque part à l'extérieur d'eux-mêmes. Quand je leur parle et leur indique le moment où je vois s'opérer ce changement, ils peuvent d'habitude identifier en même temps une modification dans leurs sensations physiques, dans leurs pensées ou dans les messages qu'ils reçoivent.*

Obtenir le nom de votre guide

SANAYA ET DUANE : *Certaines personnes obtiennent immédiatement le nom de leur guide. D'autres reçoivent des sons et des lettres qui, par la suite, formeront un nom. Certaines disent qu'elles ont fait tant d'efforts pour connaître le nom « exact » que cela les a plongées dans la confusion. Ce n'est que plus tard, une fois qu'elles sont détendues, qu'elles l'obtiennent. D'autres en prennent connaissance des semaines après avoir posé la question, et certaines encore ne l'obtiennent jamais.*

Les guides nous disent qu'ils se soucient moins de donner leur nom exact que de veiller à ce que les personnes se sentent à l'aise avec le nom qu'ils fournissent. Beaucoup de gens ont vu le nom changer ou être légèrement modifié au cours des premiers jours de leur pratique, jusqu'à ce que ce nom leur plaise et leur semble adapté.

Ils affirment qu'obtenir le nom directement de votre guide plutôt que d'un autre guide renforce votre connexion avec lui. Orin dit également : « N'attachez pas trop d'importance au fait d'avoir le nom de votre guide au début. Dans notre monde, nous nous connaissons les uns les autres par nos schémas énergétiques et nous cherchons le nom qui correspond le mieux à notre énergie, y compris des noms que nous avons eus dans d'autres vies. »

Certaines personnes trouvent qu'en obtenant la première lettre du nom ou un son elles peuvent travailler par elles-mêmes jusqu'à ce qu'elles découvrent la bonne combinaison de sons ou de lettres. Parfois, en lisant quelque chose, elles voient un nom et savent que c'est celui de leur guide. Certains channels obtiennent plusieurs noms et ont plusieurs guides. Une femme avait douze guides qui disaient s'appeler le « Conseil des Douze ». L'un d'entre eux répondait à la plupart des questions mais, de temps à autre, en fonction du sujet, un autre répondait.

Une autre femme, avait trois guides qui se nommaient « Les Chers ». Les guides d'une autre s'appelaient « Les Enseignants ». Un homme demandait constamment à son guide quel était son nom et celui-ci ne cessait de lui répondre « Nous sommes ceux qui n'ont pas de nom. » Une autre femme, qui avait un guide très sage et instructif, ne reçut jamais de nom. Au bout de deux ans, elle arrêta finalement de poser la question. Quelle que soit votre expérience, acceptez que ce soit pour vous la bonne.

Beaucoup de gens ont cherché quel était le sens du nom de leur guide et découvert qu'il avait pour eux une signification particulière. Une femme travaillant avec les essences de fleurs a senti/entendu l'énergie de son guide et le nom Maya. Plus tard, en faisant des recherches, elle a découvert que cela signifiait « cueillir des fleurs ». La nuit du jour où il a commencé le channeling, un homme ne cessait de rêver de lunes. Le nom que son guide lui a donné était Margaret et, en cherchant, il a vu que cela dérivait du mot grec signifiant « perle », lui-même dérivant d'un terme persan voulant dire « lune ». Jouez avec le nom et laissez-le évoluer.

Si vous vous sentez prêt(e) à apprendre à pratiquer le channeling, passez au chapitre 6, (Parvenir à un état de channeling). Si vous souhaitez en connaître davantage sur nos expériences relatives au channeling, et celles d'autres personnes, allez directement au chapitre 10, (Notre expérience du channeling).

PARTIE II

S'ouvrir au channeling

CHAPITRE 6

Parvenir à un état de channeling

Comment utiliser les exercices

SANAYA ET DUANE : *Si vous voulez entrer en contact avec un guide de haut niveau et apprendre à canaliser, les exercices et méthodes qui suivent vont vous y aider. Ils s'appuient sur les instructions qu'Orin et DaBen nous ont fournies pour le cours « S'ouvrir au channeling » que nous animions.*

Des milliers de personnes ont appliqué ces méthodes pour apprendre à être des channels, aussi bien en suivant nos cours qu'en écoutant les enregistrements audio ou en lisant ce livre, et en mettant en pratique ce qui suit. Si vous le demandez, Orin et DaBen vous offrent guidance et assistance pour votre ouverture, et votre propre guide va vous aider également.

Le mieux est d'utiliser ces exercices et procédures de manière séquentielle. Suivez cette progression à votre propre rythme et commencez au stade où vous en êtes actuellement. Nous avons regroupé toutes les phases dans la même partie du livre, de sorte que vous puissiez partir de la base et parcourir toutes les étapes en un seul après-midi si vous êtes prêt(e). Autre possibilité, il se peut que vous désiriez les étaler sur une période de plusieurs semaines ou mois. Tandis que vous apprenez à vous ouvrir au channeling, soyez plein(e) d'amour et de patience envers vous-même et laissez le jeu guider certains de vos efforts. Gardez présent à l'esprit que vous êtes unique et que votre expérience est purement vôtre.

Comme pour tout nouveau savoir-faire, une certaine curiosité et un certain enthousiasme sont importants pour explorer ces domaines. Il arrive fréquemment que les gens soient excités, et même nerveux ou anxieux, lorsqu'ils abordent une opportunité telle que le channeling. Effectuez ces exercices et procédures uniquement quand vous vous sentez prêt(e) à apprendre à être un channel. Si tel n'est pas le cas pour l'instant, vous souhaiterez peut-être sauter cette deuxième partie et passer directement à la troisième, chapitre 10, (Notre expérience du channeling), pour en savoir plus sur ce que d'autres et nous-mêmes avons expérimenté en pratiquant le channeling. Si vous désirez être un channel, le moment viendra, probablement plus vite que vous ne le pensez.

Vous pouvez d'ailleurs vous y préparer. Peut-être avez-vous déjà beaucoup fait en ce sens. Pour commencer, vous devez être capable de parvenir à un état de détente, de le maintenir, et, partant de cet état de relaxation, de garder une focalisation et, rester concentré(e) au moins cinq minutes. Vous êtes peut-être déjà parvenu(e) à ce niveau de concentration durant des méditations ou lorsque vous êtes absorbé(e) par un projet créatif.

Si vous vous sentez assez sûr(e) de votre capacité à vous relaxer et à vous concentrer, effectuez rapidement les deux premiers exercices et passez au troisième, Se mettre en harmonie avec l'énergie de la force vitale. Souvenez-vous que la détente et la focalisation sont des éléments clés dans le channeling; à mesure que vous allez vous développer en tant que channel, ce sont des domaines que vous pourrez travailler pour accroître votre aptitude à servir de channel avec aisance et clarté.

Si vous avez quelque difficulté à parvenir à un état détendu et focalisé de channeling, les deux premiers exercices vont vous y aider. Familiarisez-vous pendant quelques jours avec les techniques de relaxation et apprenez à vous concentrer comme c'est indiqué dans l'exercice sur la concentration. Les méditations guidées sont une bonne façon de vous mettre vous-même en condition pour l'état de channeling. Vous pouvez créer vos propres méditations ou utiliser celles qui sont faites par d'autres.

Nous avons conçu les étapes des exercices et des procédures de manière à ce qu'elles puissent vous servir de ligne directrice pour vos propres enregistrements, destinés à vous amener à canaliser votre guide. Pour vous aider dans ces processus, Orin et DaBen ont conçu des supports audio pour l'ensemble du cheminement, et vous souhaiterez peut-être utiliser ce matériau (voir note n°1 page 14).

Il y a des circonstances dans lesquelles il est préférable de ne pas pratiquer ces exercices ni apprendre à être un channel. Quand vous êtes malade, temporairement affligé(e) ou en état de choc, ou lorsque vous traversez une période de crise très perturbante, mieux vaut ne pas apprendre le channeling. De la même façon, il n'est pas souhaitable de faire cet apprentissage lors de grandes phases de déprime ou à des moments où vous êtes épuisé(e) ou physiquement diminué(e).

Si vous avez des antécédents de maladies mentales telles que la cyclothymie ou la schizophrénie, s'il vous plaît, ne vous ouvrez pas au channeling. Le mieux est d'établir votre première connexion avec un guide quand vous vous sentez reposé(e), en bonne santé et positif(ve). Si vous avez des questions, des incertitudes ou des peurs non résolues, attendez de les avoir complètement examinées et d'avoir trouvé une solution acceptable avant de pratiquer le channeling.

Dans le channeling, la voie de l'excellence est la même que pour tout autre savoir-faire — la constance dans l'étude, la détermination, l'intention de réussir, un sentiment fort pour les choses qui aident à progresser. Le meilleur des maîtres est votre désir de devenir un channel excellent et clair.

Les exercices et méthodes qui suivent représentent une façon d'apprendre à canaliser. Chaque fois que vous les pratiquez, élevez-vous autant que vous le pouvez, et votre capacité à vous connecter aux royaumes supérieurs va s'accroître. Utilisez ces processus quand vous commencez à vous ouvrir, ou inspirez-vous-en pour créer vos propres méthodes. Une fois que vous avez appris à être un channel, que cette expérience vous est familière, nous vous encourageons à laisser tomber les formes et procédures que vous avez apprises ici et à développer votre propre style. En ce qui nous concerne, nous accédons à un état de channeling facilement et à peu près sans rituel.

On nous a demandé : « Est-ce que je dois m'entourer de lumière blanche ? » Vous pouvez débuter en ayant l'image d'une bulle de lumière blanche qui vous enveloppe, ce n'est toutefois pas nécessaire. Vous n'utilisez pas la lumière pour vous protéger, mais plutôt pour augmenter votre vibration. Le seul moment où nous avons recours à l'image d'une bulle de lumière, c'est lorsque nous prêtons assistance aux autres, car cela semble aider les personnes à abandonner leurs doutes et à demeurer dans un état plus élevé.

Quand Sanaya sert de channel à Orin, elle se sent lâcher prise et s'abandonner à un être supérieur. Elle ne s'entoure pas de lumière blanche avant la venue d'Orin, car, lorsqu'il vient, il est réellement lumière.

Dans tout état de channeling, le mieux est d'adopter une attitude joyeuse. Demeurez avec ce qui est joyeux. Expérimentez ! Ne laissez rien devenir une contrainte ou un impératif. Plus vous vous habituerez aux états de channeling, plus vous découvrirez les subtilités que recèlent ces espaces. Les espaces que vous pouvez parcourir quand vous pratiquez le channeling sont sans fin. Ce sont des portes vers des expériences de développement illimitées.

Pour pratiquer les techniques de relaxation, faites l'exercice « Parvenir à un état de relaxation. » Une fois que vous êtes capable de vous détendre, passez à l'exercice « Maintenir une focalisation et une concentration. » Ensuite, quand vous avez acquis une bonne maîtrise des deux, pratiquez Se mettre en harmonie avec l'énergie de la force vitale.

Exercice :
Parvenir à un état de relaxation

Objectif

Cet exercice qui vise à vous apprendre à vous détendre est une préparation de base pour être un channel. Nous voulons que votre expérience de channeling soit relaxante, facile et joyeuse.

Préparation

Choisissez un moment où vous ne serez pas dérangé(e) pendant au moins dix ou quinze minutes. Débranchez le téléphone. Si d'autres personnes vivent avec vous, faites-leur savoir que vous voulez être seul(e) et fermez la porte. C'est incroyable de voir à quel point un état calme et méditatif peut attirer les enfants et des gens qui d'un seul coup veulent vous parler. Créez autour de vous un cadre agréable et apaisant. Portez des vêtements amples ; il est important que vous vous sentiez à l'aise. Choisissez un moment où vous êtes vraiment bien réveillé(e). Si vous venez de manger ou si vous êtes fatigué(e), reportez à plus tard. Mettez une musique apaisante, douce et calme.

Étapes

1. Choisissez une position assise, sur un siège ou à même le sol, que vous pouvez maintenir confortablement pendant dix à quinze minutes.

2. Fermez les yeux et commencez à respirer calmement et lentement. Faites ainsi une vingtaine de respirations d'affilée, lentes et rythmiques, amenant le souffle dans la partie supérieure de votre cage thoracique.

3. Abandonnez toutes vos préoccupations. Imaginez-les en train de se volatiliser. Chaque fois qu'une pensée s'élève, visualisez-la sur un tableau noir, puis, sans effort, effacez-

la ; ou imaginez que vous mettez chaque pensée dans une bulle qui s'envole et part à la dérive.

4. Détendez votre corps. Sentez croître votre sérénité, votre calme et votre tranquillité. Avec votre imagination, parcourez votre corps, en relaxant chacune de ses parties. Mentalement, détendez vos pieds, vos jambes, vos cuisses, votre ventre, votre poitrine, vos bras, vos mains, vos épaules, votre cou, votre tête, votre visage. Gardez les mâchoires légèrement entrouvertes et détendez les muscles autour des yeux.
5. Si vous le souhaitez, imaginez une bulle de lumière blanche autour de vous. Représentez-vous sa taille, sa forme, son éclat. Amusez-vous à l'élargir et à la rétrécir, jusqu'à ce qu'elle vous semble avoir la taille parfaite.
6. Quand vous vous sentez calme, relaxé(e) et prêt(e) à revenir, ramenez lentement votre attention à la pièce dans laquelle vous vous trouvez. Savourez et appréciez votre état calme et paisible.

Évaluation

Si vous vous sentez plus calme et détendu(e) que d'habitude, non pas en fonction de ce que vous imaginez que l'on doit ressentir en général, mais d'après ce que vous sentez réellement, passez alors à l'exercice suivant, « Maintenir une focalisation et une concentration. »

Si vous ne vous sentez pas plus calme et détendu(e) qu'à l'ordinaire, vous pouvez soit arrêter pour l'instant et refaire cet exercice à un autre moment, soit reprendre les différentes étapes et consacrer plus de temps à détendre chaque partie de votre corps. Essayez d'inventer vos propres méthodes ou de trouver des pensées qui vont vous conduire à un état plus détendu et plus calme. Si vous avez du mal à vous relaxer, il suffit en général de pratiquer vingt minutes environ, tous les jours durant une ou deux semaines, pour se familiariser avec une relaxation plus profonde et un plus grand calme intérieur. Cette prescription n'est pas absolument essentielle, mais elle vous aide à vous habituer à l'état d'esprit qui est le meilleur pour la venue d'un guide.

La focalisation, un élément de l'espace de channeling

ORIN ET DABEN : Un aspect important du channeling est l'aptitude à se focaliser, de manière à pouvoir en même temps recevoir de l'énergie et en émettre. Quand vous captez de la part de votre guide une énergie transformatrice élevée, vous voulez agir comme un canal, en recevant cette énergie et en la transmettant dans le même temps.

Si vous servez de canal verbal aux informations de votre guide, vous allez souhaiter les recevoir et parler en même temps. Dans le channeling, le défi pour certaines personnes tient au fait qu'elles reçoivent facilement les données mais éprouvent des difficultés à parler en même temps. Cette forme de dextérité physico-mentale peut s'apprendre.

Quand les gens s'assoient pour méditer ou se détendre, tout ce qui se trouve dans leur esprit peut commencer à remonter à la surface. Une femme racontait que, chaque fois qu'elle s'asseyait pour pratiquer le channeling, elle pensait à tout ce qu'elle avait à faire. Elle pensait aux gens auxquels elle avait oublié de téléphoner, aux lettres auxquelles, elle devait répondre et à tout ce qu'elle avait à faire à la maison. Elle avait donc décidé de se munir d'un bloc-notes pour y mettre par écrit toutes ces pensées à mesure qu'elles s'élevaient. Une fois qu'elle savait qu'elle les avait toutes notées, elle pouvait se détendre. Elle disait que sinon elle craignait tellement de les oublier qu'il lui était difficile de poursuivre sa pratique et qu'elle finissait par arrêter. Ce système a fonctionné pour elle. Si vous avez le même problème, essayez de voir ce qui marche pour vous.

Consacrer du temps à s'habituer aux états élargis de conscience est important. Apprenez à apaiser le flot normal de vos pensées et à vous concentrer sur une idée à la fois. Ne vous inquiétez pas si vous avez du mal à rester focalisé(e) ; peu à peu, avec la pratique, cela deviendra plus facile. L'aptitude à se concentrer et à parvenir à une attention centrée, orientée vers le haut, est ce qui permet une connexion claire avec un guide.

Exercice : Maintenir une focalisation et une concentration

Objectif

L'esprit est naturellement rapide et actif. Pour le channeling, il a besoin de développer un certain degré d'habileté à canaliser sa rapidité et son activité en se concentrant sur le flux d'informations qui provient de votre guide.

Préparation

Vous devez être capable de parvenir à un état de relaxation, tant sur le plan physique qu'émotionnel. Si vous le souhaitez, écoutez un peu de musique apaisante et relaxante. Vous pouvez également garder à portée de main de quoi noter toute liste de choses à faire si celles-ci vous viennent à l'esprit.

Étapes

1. Quand vous vous sentez détendu(e), choisissez une qualité positive que vous aimeriez apporter dans votre vie. Il peut s'agir de choses telles que l'amour, la compassion, la joie ou la paix.
2. Pendant que vous pensez à cette qualité, imaginez les multiples façons dont vous pourriez en faire l'expérience dans votre vie. Comment ce sentiment transformerait-il votre existence ? Que feriez-vous différemment si vous possédiez davantage cette qualité ? Comment pourrait-elle changer vos relations aux autres ?
3. Maintenez clairement ces images et pensées dans votre esprit, aussi longtemps que vous le pouvez. Essayez de le fairc pendant au moins cinq minutes.

4. Observez les pensées intruses qui s'élèvent, concernant des choses n'ayant aucun rapport. Si elles sont importantes et que vous avez besoin de vous en souvenir, mettez-les par écrit afin de vous libérer l'esprit.

À d'autres occasions, reprenez cet exercice, en vous focalisant cette fois sur un objet comme une fleur, un cristal ou toute autre chose avec laquelle vous vous sentez en affinité. Observez cet objet, remarquez sa couleur, sa taille et ses détails, pendant au moins cinq minutes, sans que d'autres pensées fassent intrusion.

Vous pouvez aussi essayer d'imaginer un être remarquable, un maître, assis en face de vous. Imaginez que votre regard plonge dans les yeux du maître et que vous vous alignez sur son incroyable présence d'amour et de paix. Voyez si vous pouvez maintenir cette connexion pendant au moins cinq minutes. Si votre pensée vagabonde, laissez-la simplement revenir à son objet de focalisation. Ne vous inquiétez pas si vos pensées s'égarent, c'est normal. Ici, l'aspect le plus important est la rapidité avec laquelle vous vous apercevez que vous avez perdu la focalisation, et la facilité que vous avez ensuite à la retrouver.

Évaluation

Notez combien de temps vous êtes capable de maintenir une focalisation. Cinq minutes font un très bon début. Si vous ne pouvez pas rester centré(e) pendant au moins cinq minutes, commencez par une minute, tous les jours pendant une semaine environ, puis prolongez peu à peu jusqu'à parvenir à une focalisation d'au moins cinq minutes d'affilée sur quelque chose qui vous intéresse. Pratiquez pendant la journée, quand vous travaillez sur un projet créatif, en remarquant combien de temps vous pouvez vous focaliser complètement sur ce que vous faites. Quand vous pouvez maintenir une focalisation pendant cinq minutes ou plus, passez à l'exercice suivant, « Se mettre en harmonie avec l'énergie de la force vitale. »

Exercice : Se mettre en harmonie avec l'énergie de la force vitale

Objectif

Quand vous pratiquez le channeling, vous avez besoin de sentir la présence de votre guide à un niveau sensitif et intuitif. Percevoir les vibrations subtiles de l'énergie de la force vitale commence à ouvrir votre conscience.

Préparation

Vous êtes à présent capable de vous détendre et avez une maîtrise de la concentration pendant cinq minutes au moins, comme cela a été décrit dans l'exercice « Maintenir une focalisation et une concentration. » Préparez-vous de la même façon que lorsque vous faisiez l'exercice « Parvenir à un état de relaxation », y compris en utilisant de la musique. Choisissez un moment de la journée et un endroit où vous ne serez pas dérangé(e). Ayez à portée de main deux cristaux (ou deux bijoux incrustés de pierres) et deux fleurs ou plantes.

Étapes

1. Installez-vous dans une position confortable, détendez votre corps, apaisez vos pensées et calmez vos émotions. Accordez-vous au moins deux ou trois minutes pour vous détendre. Imaginez que vous rappelez de tous les coins de l'Univers l'énergie qui est la vôtre, et que vous avez peut-être dispersée. Imaginez également que vous vous défaites de toute énergie appartenant à autrui et dont vous vous êtes chargé(e). Cette énergie-là, vous l'envoyez vers le haut.
2. Prenez l'un des cristaux ou des bijoux dans votre main droite. Adressez à ce cristal votre souhait de bienvenue. Sentez comme sa structure est parfaite. Imaginez que

chaque cristal a une forme particulière d'énergie, capable d'amplifier quelque chose qui est bon pour vous. Sentez l'énergie que possède ce cristal, même si vous avez l'impression de fabuler. Mentalement, demandez au cristal quel est son but. Voyez si vous pouvez poser des mots sur ce que vous sentez. Accordez au cristal au moins deux ou trois minutes de votre attention.

3. Reposez ce cristal, prenez l'autre et faites la même chose avec lui. Notez les différences que vous percevez entre les deux. Là encore, il se peut que vous ayez le sentiment que l'énergie provienne de votre imagination. C'est normal. Remarquez que vous êtes vraiment capable de sentir une énergie à ce niveau subtil.
4. Posez le cristal et prenez l'une des fleurs ou touchez l'une des plantes. Accueillez cette fleur ou cette plante et faites sa connaissance. Remarquez comme vous êtes capable de sentir sa nature vivante, son énergie. Passez au moins deux ou trois minutes à la ressentir et à l'accueillir.
5. Reposez la fleur et prenez l'autre plante ou touchez-la. Accueillez-la et faites sa connaissance. Remarquez comme vous êtes capable de sentir sa nature vivante, son énergie. Remarquez les différences d'énergie entre les deux fleurs ou plantes.
6. Revenez complètement, étirez-vous et ouvrez les yeux.
7. En vous remémorant vos visions, imprégnez-vous de la conviction que vous êtes capable de sentir les énergies subtiles d'autres formes de vie. Souvenez-vous d'autant de qualités et de différences que vous le pouvez, dans la force vitale des cristaux et des fleurs.

Évaluation

Si vous parvenez à sentir ne serait-ce que légèrement ces vibrations subtiles, même si vous avez l'impression que vous êtes juste en train de les inventer, c'est bien. Passez à l'exercice suivant, Posture et position de channeling. Si vous ne pouvez rien percevoir, reprenez cet exercice à d'autres moments, jusqu'à ce que vous le puissiez. Essayez de sentir l'énergie d'autres objets, animaux ou plantes, et exercez-vous à le faire avec le sentiment de vous amuser et de découvrir, car il n'y a pas de bonne ni de mauvaise manière de percevoir l'énergie. Ayez confiance dans le fait que, quel que soit le résultat que vous obtenez, il est parfait pour vous et correspond exactement à ce que vous étiez censé(e) percevoir.

Exercice :
Posture et position de channeling

Objectif

Trouver la posture et la position qui vous aident le mieux dans votre pratique du channeling.

Préparation

Vous avez donc accompli avec succès l'exercice d'harmonisation avec l'énergie de la force vitale et acquis les bases vous permettant de vous détendre et de maintenir une focalisation. Portez des vêtements amples et asseyez-vous dans une posture confortable, à même le sol ou sur un siège. Vous devez être capable de rester dans cette position, le dos droit, pendant une vingtaine de minutes environ. Si vous êtes sur le sol, vous aurez peut-être envie de placer un coussin sous vos fesses. Le mieux est d'offrir à votre corps un certain niveau de confort, ce qui ne veut pas forcément dire que vous n'avez mal nulle part, mais qu'aucune douleur ou inconfort ne vient vous distraire. Votre environnement ne doit être ni trop chaud ni trop froid. Vous pouvez mettre un peu de musique qui vous aide à vous établir dans un état calme, détendu, méditatif.

Étapes

1. Fermez les yeux, détendez votre corps, calmez vos émotions et tranquillisez votre esprit. Consacrez au moins deux ou trois minutes à vous détendre et à apaiser vos pensées. Rappelez à vous toute énergie que vous avez dispersée dans l'Univers.

2. Imaginez que vous allez vous élever et entreprendre un voyage dans les royaumes supérieurs faits de lumière et d'amour. Adaptez votre énergie de manière à commencer à sentir que vous vous élevez dans un espace supérieur plus spirituel. Faites appel à toute image vous aidant à susciter

cette sensation particulière. Visualisez une soirée sous les étoiles, ou souvenez-vous du sentiment de vénération éprouvé dans une église ou dans un temple. Connectez-vous avec tout ce qui vous emmène dans un espace supérieur, et laissez-vous aller au sentiment de faire davantage un avec la partie la plus intime de votre être.

3. Peut-être allez-vous vouloir rectifier votre position. Expérimentez en bougeant légèrement le visage, le cou et les épaules. Découvrez quelles positions vous permettent de vous sentir plus en expansion et de penser en mode supérieur. Prenez une profonde inspiration dans la partie supérieure de la cage thoracique. Remarquez comment votre posture change et comment votre tête se positionne différemment. Faites en sorte que votre tête ait la sensation de flotter. Elle peut être légèrement inclinée vers l'avant ou l'arrière, la droite ou la gauche. Jouez avec l'angle que fait votre tête. Laissez vos pensées ralentir. Laissez votre ventre se détendre. Remarquez comment des changements infimes dans la posture ou la position entraînent une modification importante de la façon dont vous vous sentez.

4. Faites l'expérience de vos sens internes. Écoutez à travers tous vos sens. Remarquez qu'une partie de vos bavardages et affairements intérieurs disparaît. Remarquez également que vous êtes davantage conscient(e) de votre environnement, de la pièce, des sons, des odeurs et des énergies. Laissez cette conscience vous propulser plus haut.

5. Prêtez attention à votre respiration. Laissez vos mains et vos poignets se détendre. Vous allez peut-être même sentir quelques picotements et avoir plus chaud quand vous allez commencer à ouvrir le canal à une énergie supérieure. Ouvrez-vous aux royaumes supérieurs au-delà du plan terrestre. Vous pouvez imaginer toutes les cellules de votre cerveau droit, votre esprit récepteur, reflétant parfaitement les plans supérieurs de réalité, un peu comme des miroirs. Vous pouvez vous représenter l'énergie supérieure s'écoulant de votre hémisphère droit à votre hémisphère

gauche, votre esprit conscient, avec une précision et une clarté parfaites. Observez votre esprit comme s'il était un lac de montagne limpide, reflétant les royaumes supérieurs. Consacrez quelques minutes à vous imprégner de cette vibration supérieure.

6. Allez aussi haut que vous le pouvez avec votre esprit, et plus haut encore, au-delà de l'esprit, dans la pure lumière. Vous allez peut-être éprouver un sentiment d'amour et de compassion plus grand qu'à l'ordinaire. Sentez combien vous êtes centré(e), équilibré(e), plein(e) d'amour et ouvert(e). Expérimentez cet espace qui va et qui vient. Remarquez comment votre corps suit le changement. Remarquez comment vous pouvez influencer directement et spontanément cette sensation avec vos pensées.
7. Quand vous avez exploré une partie de ce qui est possible à partir de cet espace, revenez dans la pièce, sentez-vous présent(e) et éveillé(e).

Pratiquez en divers lieux et circonstances le fait d'être dans cet espace de channeling. Apprenez à identifier les moments de la journée où vous pouvez être dans un espace de channeling spontané: quand vous vous concentrez sur la solution d'un problème, quand vous débordez d'amour pour quelqu'un, peut-être quand vous prodiguez des conseils à cette personne, quand vous peignez, dessinez, enseignez, etc. Ne laissez aucune posture ni aucune circonstance particulières devenir un rituel ou une nécessité. Apprenez à établir un bon lien ou un bon état de channeling dans toutes sortes de circonstances.

Évaluation

Si, au cours de cet exercice, vous avez été capable de ressentir plus d'amour et de compassion que d'ordinaire, ou une sensation d'expansion, passez au chapitre 7, (Se connecter à son guide). Si vous avez trouvé cela particulièrement difficile, peut-être êtes-vous en train de rendre les choses plus compliquées qu'elles ne le sont.

Détendez-vous, arrêtez de penser à comment cela devrait être selon vous, et travaillez à nouveau cet exercice, à votre propre rythme, avec un sentiment de jeu et de découverte.

CHAPITRE 7

Se connecter à son guide

Accueil et salutations

ORIN ET DABEN : Ça y est ! Le moment est venu de vous ouvrir au channeling. Vous en avez rêvé, vous avez lu des choses à ce sujet, vous y avez pensé et, maintenant, vous allez le faire !

Dans ce premier processus, vous allez être accueilli(e) par les guides, vous allez appeler votre guide particulier et converser « mentalement » avec lui ou elle. Vous serez capable de déterminer s'il s'agit du guide auquel vous servirez de channel verbal ; si c'est le cas, vous passerez alors à la phase suivante, Servir de channel verbal à votre guide.

Si un certain temps s'est écoulé depuis que vous avez lu la première partie de ce livre, nous vous suggérons de relire les chapitres 3, 4 et 5, expliquant qui sont les guides, ce que l'on ressent quand on est un channel, et comment les guides communiquent.

Ne pratiquez ces méthodes que si vous vous sentez prêt(e), en bonne santé et dans un état émotionnel positif, et si vous avez le sentiment d'avoir résolu la plupart des questions que vous vous posiez sur la façon de reconnaître un guide de haut niveau. Souvenez-vous que vous n'êtes pas seul(e) dans votre démarche. En fait, l'une des raisons pour lesquelles le channeling peut être plus facile que ce à quoi vous vous attendez réside dans le fait que vous allez recevoir l'aide de votre guide.

Processus :
Première rencontre avec votre guide

Objectif

Il s'agit de vous accueillir au royaume du guide et de vous donner la capacité de recueillir une impression consciente du guide dont vous allez être le channel.

Préparation

Avant d'entamer cette procédure, effectuez les deux exercices du chapitre 6, « Se mettre en harmonie avec l'énergie de la force vitale », et « Posture et position de channeling. » Mettez une belle musique apaisante qui suscite en vous un sentiment de vénération et vous élève.

Étapes

1. Installez-vous confortablement, le dos droit. Prêtez une fois encore attention au positionnement de votre corps, en commençant par vos pieds. Remarquez comment sont placés vos mains, votre dos et vos jambes. Prenez conscience de votre respiration. Fermez les yeux et commencez à prendre quelques inspirations profondes. Établissez-vous dans l'état de channeling que vous avez pratiqué.

2. Imaginez-vous montant de plus en plus haut, transcendant la réalité ordinaire pour pénétrer dans une dimension supérieure d'amour, de lumière et de joie. Imaginez que vous baignez dans la lumière ; sentez l'espace qui vous entoure empli d'une belle et douce lumière blanche.

3. Imaginez de nombreux êtres de lumière qui s'approchent et se joignent à vous. Sentez leur amour et leur attention à votre égard. Ouvrez votre cœur pour les recevoir. Imaginez les portes qui s'ouvrent entre votre réalité et la leur. Sentez

tout autour de vous la présence d'un grand nombre d'êtres avancés et aimants qui vous accueillent dans les royaumes supérieurs où règnent la joie et l'amour inconditionnel. Imaginez-les en train de créer pour vous une porte qui mène aux royaumes supérieurs.

4. Comprenez qu'il ne s'agit pas d'une simple coïncidence si vous faites cette connexion. Réfléchissez à toute la chaîne d'évènements qui vous a conduit(e) à cet instant présent — le hasard des rencontres, les livres, et les changements qui se sont déjà produits dans votre vie. Votre guide et tous les guides sont conscients de votre présence et vous font un accueil particulier en guise de bienvenue tandis que vous venez les rejoindre.

5. Imaginez à présent qu'il y a une porte en face de vous. De l'autre côté de cette porte existe un monde de lumière, de vibration supérieure et de développement accéléré pour vous. Faites une démarche intérieure : allez dans votre cœur et demandez-vous si vous êtes prêt(e) à vous engager plus avant vis-à-vis de vous-même et de votre chemin consacré à servir. Quand vous êtes prêt(e), franchissez cette porte. (Si vous ne l'êtes pas encore et choisissez de ne franchir cette porte que des semaines, des mois ou des années plus tard, c'est très bien ainsi.) Sentez la lumière qui se déverse sur vous, vous guérit et vous nettoie. Acceptez ce nouveau niveau de lumière dans votre vie. Ayez conscience que c'est là une porte très réelle et que votre vie va commencer à changer de façon positive une fois que vous l'aurez franchie.

6. Il existe un plan pour l'évolution de l'humanité que de nombreux êtres évolués diffusent. Asseyez-vous en silence et imaginez que vous vous réglez sur cette diffusion. Dites-vous que votre énergie est en adéquation avec ce plan, de sorte qu'à mesure que votre chemin se révèle tout ce que vous faites va correspondre à ce plan plus vaste. Affirmez votre intention d'être un channel de lumière quelle que soit la façon dont vous choisissez de poursuivre

votre développement et quel que soit le travail que vous accomplirez avec votre guide.

7. Continuez à ajuster votre posture à mesure que vous vous élevez toujours plus haut. Demandez au guide et enseignant le plus élevé qui vous correspond de s'avancer. Imaginez que votre guide, un guide spécial, se présente. Percevez sa présence, sentez son amour pour vous. Soyez ouvert(e) à le recevoir. Sentez votre cœur souhaiter la bienvenue à ce guide. Sentez comment il répond. Croyez que tout cela se passe réellement. Votre imagination est celle de vos facultés qui se rapproche le plus du channeling, et c'est la connexion la plus facile dont dispose votre guide avec vous au départ.

8. À quoi ressemble votre guide, quelle est son apparence ? Laissez venir les impressions. Ne censurez pas et ne jugez pas les sensations, images, représentations et informations qui vous arrivent. Habituez-vous à cette sensation élevée de votre guide.

9. Accueillez votre guide dans votre esprit. Demandez-lui s'il ou elle vient de la lumière. Affirmez que vous demandez le guide le plus évolué possible pour travailler avec vous, afin de vous mener à votre bien supérieur et de vous porter assistance dans votre cheminement spirituel. Vous souhaiterez peut-être entretenir une conversation avec ce guide jusqu'à ce que vous vous sentiez assez à l'aise pour le laisser s'approcher davantage. S'il ou elle vous met mal à l'aise, demandez-lui de partir. Ne jouez pas avec un guide pour lequel vous n'avez pas un bon feeling, ou qui vous fait vous demander si c'est seulement dans votre imagination que quelque chose ne va pas tout à fait ; au lieu de cela, demandez une nouvelle fois qu'un maître enseignant avancé et guérisseur vienne à vous. (Si vous avez des questions sur la façon de reconnaître un guide de haut niveau, reportez-vous à nouveau au chapitre 3, Qui sont les guides ?) Quand vous vous sentez bien avec ce guide, passez à l'étape suivante.

10. Demandez-lui de commencer à faire tout ce qu'il ou elle peut pour ouvrir le canal, maintenant que vous vous êtes engagé(e) et êtes prêt(e) à être un channel verbal. Demandez-lui d'envoyer un message mental pour indiquer si vous avez besoin de faire quoi que ce soit d'autre pour vous préparer au channeling verbal.

11. Quand vous avez le sentiment d'en avoir terminé avec cette étape, remerciez tous les êtres de lumière et sentez comme ils vous apprécient. Remerciez votre guide et demandez-lui de vous aider à être prêt(e) pour servir de channel verbal. Dites au revoir et revenez lentement et en douceur à votre réalité normale. Vous avez maintenant établi une connexion avec le guide dont vous allez être un channel verbal.

Évaluation

Si vous avez été capable de franchir la porte et si vous avez pu mentalement sentir et rencontrer votre guide, passez à la phase suivante, « Servir de channel verbal à votre guide. »

Si vous avez été capable de franchir la porte, mais n'avez pas pu sentir ou parler mentalement à un guide, reprenez ce processus à un autre moment. Ne passez pas à la phase de channeling verbal avec votre guide tant que vous ne l'avez pas rencontré mentalement et que vous n'avez pas conversé avec lui ou avec elle.

Si vous ne vous êtes pas senti(e) prêt(e) à franchir la porte, ne passez pas à la phase suivante. Le franchissement de cette porte et votre engagement plus large vis-à-vis de vous-même sont des étapes importantes. Avant de les accomplir, vous souhaiterez peut-être lire dans les chapitres 10 à 13 ce que Sanaya, Duane et d'autres ont expérimenté en pratiquant le channeling. Une fois que vous aurez décidé de franchir cette porte, revenez à ce chapitre-ci et reprenez ce processus jusqu'à ce que vous établissiez une bonne connexion mentale avec votre guide.

SANAYA : *Quand Orin m'a pour la première fois offert l'opportunité de franchir la porte, il m'a fallu trois semaines pour dire*

« oui ». J'y ai beaucoup réfléchi. J'avais toutes sortes d'inquiétudes à propos de ce que j'allais peut-être abandonner en prenant cette responsabilité. Au cours des jours qui ont suivi le passage de cette porte dans mon esprit, ma vie a commencé à changer énormément. Des opportunités d'être utile et d'aider les autres ont commencé à m'arriver de toutes parts. En tout point, mon existence s'est améliorée, et j'ai réalisé que les seules choses qui sortaient de ma vie étaient celles dont je n'avais pas besoin et qui m'empêchaient d'avancer. L'expérience de Duane a été à peu près identique. Il a, lui aussi, pris le temps de bien réfléchir avant de s'engager. Au cours des jours qui ont suivi, il a, lui aussi, vécu de nombreux changements.

Processus : Servir de channel verbal à votre guide

Objectif

Ce processus est destiné à laisser votre guide se manifester par votre voix, à obtenir son nom et à répondre à des questions dans un état de channeling.

Préparation

Vous avez effectué avec succès tous les exercices et processus précédents. À présent, lisez l'ensemble de ce processus avant de commencer, de manière à vous familiariser avec son orientation globale. Chaque fois que vous pratiquez le channeling verbal, nous vous conseillons d'utiliser un appareil enregistreur ou d'avoir auprès de vous quelqu'un qui écoute et prend des notes. En réécoutant ce que vous avez transmis, vous obtiendrez d'inestimables informations.

Repérez bien où se trouve le micro sur votre appareil, de manière à ce qu'il ne soit ni trop loin de vous ni recouvert, ou sinon utilisez un microphone séparé. Faites un test d'enregistrement et sentez votre voix se connecter à eux. L'appareil, le micro et votre voix sont vos outils. Ils vous aident à garder trace de votre channeling et à le sauvegarder en vue d'un usage futur. Entourez ces appareils de lumière et visualisez-les en train de recueillir vos paroles en tant que channel. Vous voulez que votre équipement fonctionne bien quand vous êtes en état de channeling.

Assurez-vous d'avoir bien lu ce qui précède concernant ce à quoi vous attendre la première fois et la façon d'obtenir le nom de votre guide. Ayez préparé les Questions à poser à votre guide, *y compris les* Questions personnelles. *Peut-être souhaitez-vous les enregistrer à l'avance sur un autre appareil, pour qu'elles soient prêtes à être reproduites. Si vous êtes avec un(e) ami(e), donnez-lui les questions à vous poser, et assurez-vous que cette personne a lu les* Instructions pour assister et guider un partenaire lors de la première rencontre.

Pour votre première séance, nous vous suggérons de ne pas pratiquer le channeling pendant plus de quarante minutes. Des périodes plus longues ne comportent aucun danger, mais peuvent être fatigantes. Si, à un moment ou à un autre, vous trouvez que la connexion faiblit ou si vous sentez que vous vous fatiguez, arrêtez. Vous avez établi la première connexion, il y en aura beaucoup d'autres. Avant de reprendre, attendez une heure environ ou jusqu'à ce que vous vous sentiez reposé(e) et enclin(e) à pratiquer à nouveau.

Étapes

1. Si vous le désirez, mettez une musique particulière qui vous aide, et asseyez-vous confortablement en maintenant le dos droit. Fermez les yeux, assurez-vous que votre position est confortable et entrez dans votre état de channeling. Respirez profondément et lentement, avec la partie supérieure de votre cage thoracique. Vous pouvez imaginer qu'une lumière dorée pénètre un endroit situé à l'arrière de votre tête, en haut de la nuque, et qu'elle active la connexion. Si vous le souhaitez, enveloppez-vous de l'image d'une bulle de lumière blanche.
2. Imaginez à présent de l'énergie et de la lumière qui s'écoulent dans votre gorge et dans vos cordes vocales. Ouvrez ces zones à l'énergie claire et élevée de votre guide. Une façon d'ouvrir ces zones consiste à dire le mot « Om » à chaque expiration. Détendez-vous encore plus et répétez ce son pendant plusieurs minutes. Laissez le son et la vibration vous élever.
3. Ayez foi en votre capacité à établir cette connexion aisément. Ajustez votre énergie de manière à sentir que vous vous connectez aux royaumes supérieurs de lumière et d'amour. Imaginez que vous vous élevez encore, que votre être est en expansion et que les guides créent à nouveau une porte pour que vous la franchissiez.

4. Appelez à vous le guide que vous avez rencontré précédemment. Saluez-le, ou la, à nouveau. Vous allez peut-être vouloir lui parler une nouvelle fois dans votre esprit. Assurez-vous que ce guide vous semble avancé, plein d'amour et de sagesse. Quand vous vous sentez en confiance et prêt(e), commencez à laisser entrer votre guide dans votre aura et dans votre énergie, de façon plus intime.

5. Imaginez que vous invitez maintenant votre guide à pénétrer plus pleinement dans vos systèmes énergétiques. Représentez-vous votre guide entourant avec douceur votre aura et s'approchant de vous avec amour. Sentez sa présence se renforcer. Continuez de vous ouvrir à cette connexion. Demandez-lui de vous aider. Peut-être voudrez-vous rectifier légèrement votre posture, le positionnement de votre tête et de votre cou pour intensifier la connexion et maintenir ouverte l'énergie à l'arrière de votre crâne et dans la nuque. Imaginez que votre guide se joint à vous, de sorte que vous êtes établi(e) dans sa lumière, tout en sachant que votre énergie personnelle demeure inviolée. Imaginez que le sentiment et la sensation que vous avez de vous-même sont intacts.

6. Laissez votre guide vous entourer de son amour et de sa lumière, qui sont immenses. Sa vibration est très légère, pleine d'amour et de sagesse, et vous allez très probablement sentir une présence aimante vous envelopper. Vous pouvez avoir le sentiment que c'est comme si votre guide amplifiait ce qu'il y a de meilleur en vous. Il doit y avoir un sentiment de bien-être. Continuez à vous ouvrir uniquement si le guide vous semble avancé et s'il affirme qu'il vient de la lumière. Si vous éprouvez une sensation de lourdeur, de résistance ou de négativité, cessez de vous relier à ce guide. Faites la requête d'un guide plus évolué et demandez à celui-ci de partir, ce qu'il doit toujours faire.

7. Prêtez attention à vos émotions. Quand nous vous rejoignons, un sentiment de compassion s'élève souvent, car nous sommes des êtres d'amour. Vous pouvez éprouver

une sensation de calme et de tranquillité. Nous savons qu'il faut du temps et de la pratique pour renforcer la connexion. Vous pouvez faire appel à notre énergie, à nous, Orin et DaBen, pour vous aider à vous ouvrir. Nous vous félicitons de souhaiter établir ce lien initial.

8. Laissez la connexion se renforcer encore plus. Si votre esprit s'interroge : « Je me demande si c'est simplement moi ? » ou « Me suis-je réellement connecté(e) à un guide ? », laissez passer cette pensée et, pour l'instant, dites-vous que vous vous êtes vraiment connecté(e) à un guide de haut niveau, même si vous ne pouvez ni percevoir ni prouver la réalité de ce fait.

9. Mettez votre enregistreur en marche, si vous en utilisez un. Demandez à votre guide un nom, ou un son vous permettant de le ou la reconnaître. Accordez-vous tout le temps nécessaire. Si vous ne recevez aucun nom, demandez la première lettre ou un son. Assurez-vous que vous enregistrez le nom si vous en obtenez un. Il se peut que vous et votre guide changiez ce nom au cours des semaines à venir. Certaines personnes découvrent que plusieurs guides sont présents, et elles peuvent donc obtenir plusieurs noms. Si vous en recevez un, passez à l'étape suivante. Si vous n'obtenez pas de nom au départ — et peut-être même jamais —, cela n'a pas d'importance, car tous les guides ne choisissent pas forcément de prendre un nom. Si, au bout d'un moment, vous n'en obtenez toujours pas, passez à l'étape suivante.

10. Commencez le channeling en posant des questions à votre guide. Choisissez-les parmi les *Questions à poser à votre guide* lorsque vous commencez à pratiquer le channeling. Si vous avez du mal à recevoir des réponses aux *Questions de nature universelle,* posez à votre guide des *Questions d'intérêt personnel.* Si vous n'obtenez pas de réponses spécifiques, voyez si vous percevez des images ou des symboles, puis parlez-en ou exprimez tout ce que vous êtes capable de voir ou de ressentir. Si vous ne recevez pas de réponses et n'obtenez aucune image, demandez à votre guide d'ouvrir

la connexion et de la renforcer. Ensuite, pour que votre connexion verbale soit activée, décrivez à voix haute toute sensation physique ou impression que vous pouvez avoir. Enregistrez vos réponses. Si vous trouvez qu'il est difficile de parler directement comme si vous étiez le guide, employez, pour commencer, un discours indirect en utilisant par exemple une formule telle que « Mon guide dit... » Si vous sentez la moindre gêne, demandez à votre guide de vous aider à ouvrir la zone douloureuse.

11. Une fois que votre guide et vous avez mis en place cette aptitude à répondre à des questions, continuez de répondre à celles-ci aussi longtemps que cela vous est facile. Quand votre guide ou vous-même estimez que c'est suffisant, avant de clore la connexion, restez tranquillement assis(e) à profiter de l'énergie de votre guide. Aucune parole n'est nécessaire. Découvrez l'harmonie qu'apporte cet état.
12. Quand vous êtes prêt(e), demandez à votre guide de renforcer la connexion de sorte qu'il vous soit encore plus facile de vous connecter la prochaine fois.
13. Une fois que vous avez terminé, remerciez votre guide et sentez la gratitude qu'il ou elle a pour vous. Arrêtez le channeling. Étirez-vous, faites des mouvements, ouvrez les yeux et revenez à une pleine conscience, totale et vive.

Évaluation

Toutes nos félicitations pour l'ouverture au channeling, vous avez commencé une relation très spéciale. Bienvenue dans la joie et l'aventure qui vous attendent. S'il vous plaît, lisez la dernière partie de ce chapitre et prenez part à la Cérémonie de célébration de votre réussite dont il est question.

Si vous n'êtes pas entré(e) en contact avec votre guide, refaites cet exercice jusqu'à ce que vous y parveniez. Concentration, patience et persévérance sont en général requises quand vous développez l'aptitude à vous connecter à votre guide et à recevoir ses messages. Continuez à lui demander de vous aider pour cette connexion et trouvez un moment calme où vous êtes seul(e) pour que le contact s'établisse. Si vous avez essayé la première fois de suivre ce processus tout(e) seul(e), peut-être souhaiterez-vous faire en sorte qu'un ami vous aide la prochaine fois en posant les questions et en écoutant les réponses de votre guide. (Voir les Instructions pour assister et guider un(e) partenaire lors de la première rencontre.)

Si, après quelques essais, vous n'avez pas établi la connexion, vous pouvez envisager d'avoir recours à une autre méthode, comme d'appeler votre guide et de laisser les idées s'écouler de votre esprit, jusqu'à vos mains sur un clavier ou tenant un stylo sur un papier. Il arrive que des gens trouvent plus facile d'obtenir de cette manière leur première connexion de channeling.

Si, à la fin de la séance, vous avez le sentiment de planer un peu, c'est que vous n'avez pas totalement coupé la connexion. Donnez-vous pour instruction de sortir complètement de votre état de channeling, peut-être en vous étirant et en bougeant. Si vous continuez à vous sentir dans le même état, allez marcher dehors ou déplacez-vous dans votre maison. Accomplissez quelque chose qui fasse appel au cerveau gauche, à la pensée analytique.

Nous vous avons donné pour instruction de pratiquer le channeling les yeux fermés, étant donné qu'en majorité les gens trouvent plus facile de se focaliser et de recevoir des messages intérieurs quand ils suppriment tout stimulus visuel. La plupart d'entre eux préfèrent continuer à pratiquer avec les yeux clos; il est toutefois possible et parfaitement acceptable de canaliser les yeux ouverts.

Questions à poser à votre guide lorsque vous commencez à pratiquer le channeling

Sanaya et Duane : *Si vous ne faites pas ces exercices avec un ami, vous voudrez peut-être enregistrer les questions qui suivent, en laissant de longues pauses entre elles. Tandis que vous vous connectez à votre guide, mettez en marche l'appareil, de manière à pouvoir répondre à ces questions et à rester dans un état de channeling. Si vous êtes assisté(e) par un(e) ami(e), demandez-lui de poser les questions à votre guide. Si les réponses de ce dernier sont très courtes, demandez-lui de les développer davantage. Le but de ces questions est d'établir et de stabiliser une connexion verbale avec votre guide.*

Lorsqu'elles commencent à pratiquer le channeling, certaines personnes trouvent plus facile de recevoir des réponses aux Questions de nature universelle, *mais ce n'est pas le cas de tout le monde. Si vous avez du mal à obtenir des réponses à ces questions-là, posez celles de la liste suivante, celles d'intérêt personnel. Si vous n'obtenez pas de réponses spécifiques mais qu'au lieu de cela vous voyez des symboles et des images avec vos yeux intérieurs, parlez de ces images. Si vous êtes musicien(ne), demandez à votre guide d'être présent quand vous jouez d'un instrument. Si vous êtes un(e) artiste, demandez à être connecté(e) avec votre guide quand vous créez vos œuvres. Si vous avez une activité créatrice, quelle qu'elle soit, amusez-vous à inviter votre guide à se joindre à vous quand vous vous y adonnez.*

Questions de nature universelle

1. Est-il possible de vivre réellement dans la joie ? Qu'est-ce que la vraie joie ? Comment faire la distinction entre elle et l'illusion de la joie ? Y a-t-il une différence entre la joie du moi supérieur et la joie de la personnalité ? Est-il possible d'avoir les deux ?

2. Le moi supérieur est-il différent du moi que les gens connaissent ? Comment peut-on accéder à son moi supérieur ? Est-il identique pour chaque personne ? À quoi ressemble le moi supérieur ?

3. Quel est le rôle de la volonté ? Peut-elle être dirigée sans force ? Comment peut-on l'orienter vers d'autres voies pour obtenir ce que l'on veut ? Comment la volonté peut-elle nous servir ?

4. Comment les gens peuvent-ils apporter plus de lumière dans leur vie ?

5. La vie de chacun a-t-elle un but ? Quelles sont quelques-unes des raisons pour lesquelles les gens choisissent de naître ? Sur quelles sortes de choses travaillent-ils au cours de leur vie terrestre ?

6. Cet Univers est-il vraiment amical et plein d'abondance ?

7. Est-il possible que les pensées et émotions d'autres personnes aient une influence sur nous ? Comment reconnaître que les pensées et les émotions d'autres individus ont une incidence sur nous et que pouvons-nous y faire ?

8. Chaque relation personnelle répond-elle à un objectif ? Est-ce que tout ce que l'on voit chez une autre personne est un reflet de ce sur quoi on travaille soi-même intérieurement ? Est-il vrai qu'en se changeant soi-même on peut transformer la relation avec autrui ?

9. Le futur est-il écrit à l'avance ? Le libre arbitre existe-t-il ? Que gagne-t-on à avoir le libre arbitre ? Comment créer le futur que nous souhaitons ?
10. La Terre elle-même a-t-elle une conscience ou une force vitale ? Quelle est sa nature ? Que veut la Terre dans l'immédiat ? Envoie-t-elle des messages ?
11. Que peut faire maintenant un individu qui veut contribuer à la paix dans le monde ? Que faire pour contribuer à la préservation de la nature ?
12. Quel est le but de l'apprentissage du channeling ? Comment cela va-t-il servir à l'humanité et à moi-même ?

Établissez votre propre liste de questions auxquelles vous souhaitez avoir des réponses.

1.

2.

3.

4.

5.

6.

7.

Questions d'intérêt personnel

Certaines personnes trouvent que ces questions suscitent plus facilement des réponses que celles de nature universelle. Posez à votre guide plusieurs de ces questions. Si vous n'obtenez aucune réponse et que cette séance ne se déroule pas en présence d'un(e) ami(e), décrivez en parlant devant le micro ce que vous ressentez, en incluant vos pensées, vos sensations physiques, etc. Il est important de commencer à parler, même si vous avez au début le sentiment que c'est vous qui vous exprimez plutôt que votre guide.

Questions générales

1. Quel est actuellement le but de ma vie ?
2. Quelles sont les leçons que je suis actuellement en train d'apprendre ?
3. Comment puis-je créer plus d'abondance dans ma vie ?
4. Que suis-je en train d'apprendre dans ma relation avec... ?
5. Comment puis-je améliorer mon channeling ?
6. Comment puis-je exprimer au mieux ma créativité ?
7. Comment puis-je parvenir à plus de paix intérieure ?

Questions personnelles

Pensez à toutes les questions auxquelles vous souhaiteriez que votre guide apporte une réponse, écrivez-les ou enregistrez-les avant de commencer.

1.

2.

3.

4.

5.

6.

7.

Instructions pour assister et guider un(e) partenaire lors de la première rencontre

Si vous assistez quelqu'un dans son ouverture au channeling, lisez attentivement ces instructions. C'est un moment particulier pour le channel et cela peut l'être pour vous également. En tant que partenaire, vous pouvez apporter une aide immense au channel qui s'ouvre pour la première fois à un guide. Vous pouvez lire le processus à votre partenaire et l'aider lorsqu'il ou elle commence à se connecter à un guide. Vous pouvez l'aider avec le magnétophone, vous assurer qu'il fonctionne et qu'il est prêt à enregistrer les réponses du guide.

Aidez votre partenaire à entrer dans un état de channeling, en suivant les instructions de 1 à 8 de la méthode pour Servir de channel verbal à votre guide. *Une fois que votre partenaire est parvenu(e) à cet état et a appelé un guide, mettez l'appareil enregistreur en marche et demandez le nom du guide. Si votre partenaire obtient un nom, demandez comment il s'épelle et écrivez-le. S'il ou elle ne reçoit aucun nom, demandez-lui s'il y a une lettre ou un son.*

Si votre partenaire continue à n'obtenir aucune réponse, dites-vous que le guide ne veut sans doute pas vous donner un nom pour l'instant. Passez alors à l'étape suivante et demandez au guide s'il ou elle est prêt(e) à répondre à des questions. À partir de maintenant, vous adresser directement au guide et l'appeler par son nom, s'il ou elle vous en a donné un, facilitera les choses. Si le guide est d'accord, posez tout d'abord des Questions de nature universelle.

Si le channel éprouve des difficultés à recevoir des réponses à ce type de questions, passez aux Questions d'intérêt personnel. *S'il a encore du mal à établir une connexion vocale, posez lentement quelques-unes des* Questions pour un partenaire sur les sensations physiques. *Réussir à ce que le channel commence à parler est l'une des choses les plus importantes que vous puissiez faire pour l'instant.*

Le but de ces questions est de faire en sorte que le channel ouvre le centre de la gorge et parle. Ne vous inquiétez pas s'il n'y a pas de réponse immédiate. Rappelez-vous que certaines personnes vont hésiter longtemps avant de répondre; accordez énormément de temps au channel.

Le silence signifie souvent que le channel est en train d'accéder à son guide, alors laissez à cette personne suffisamment de temps pour « trouver » les réponses. Si le channel répond aux questions par des phrases rapides et très courtes, encouragez-le à donner des détails — peut-être en posant des questions qui portent sur une partie de la réponse. Cela va l'aider si vous ressentez de l'intérêt pour ces informations.

Si le channel a établi une connexion verbale, mais éprouve encore des difficultés à recevoir des réponses, posez des questions concernant une personne qu'il ou elle ne connaît pas, un ou une ami(e) que vous connaissez suffisamment bien pour être capable de donner par la suite un avis sensé sur la pertinence des réponses. Communiquez au guide le nom de votre ami(e), puis posez des questions telles que « Comment puis-je aider cette personne ? » ou « Que suis-je en train d'apprendre dans ma relation avec elle ? » Ne lui demandez pas de faire des prédictions et ne posez pas de questions impliquant des réponses détaillées, telles que des dates ou des durées.

Au début, il vaut mieux pour le channel que la séance ne dure pas plus de vingt à quarante minutes au total. Quand le channeling est fini, le compte rendu positif que vous faites à votre partenaire et votre enthousiasme vont l'aider à consolider la connexion à un guide. Si votre partenaire n'a pas établi de lien verbal avec son guide, encouragez-le et recommencez ce processus un autre jour.

Questions pour un partenaire sur les sensations physiques

Posez ces questions uniquement si votre partenaire ne parvient pas à transmettre des réponses verbales aux Questions à poser à votre guide. *Dès que votre partenaire s'exprime facilement, revenez aux* Questions de nature universelle.

1. Avez-vous des sensations physiques ? Comment votre corps se sent-il ?
2. Quelles sont vos émotions à l'instant même ?
3. Voyez-vous ou entendez-vous quelque chose ?
4. Décrivez du mieux que vous le pouvez ce dont vous faites l'expérience.

Si le channel ne ressent rien du tout ou s'il a du mal à répondre à ces questions, demandez au guide s'il pourrait renforcer la connexion. Si votre partenaire se sent bloqué(e), demandez au guide de lui montrer comment faire. Votre attitude positive et votre soutien sont extrêmement importantes, car elles aident le guide à se manifester à travers votre partenaire. Votre encouragement, votre intérêt, votre patience et votre amour sont les qualités les plus significatives que vous ayez à offrir.

Cérémonie de célébration

ORIN ET DABEN : Félicitations pour vous être ouvert(e) au channeling ! Quand vous recevez consciemment votre guide et que vous êtes connecté(e) à lui ou à elle, il y a beaucoup de joie dans notre dimension. Cette ouverture suscite en nous une très grande excitation et nous célébrons le moment où, à travers vous, nous parvenons avec notre lumière jusqu'à la Terre. Votre guide n'est pas le seul à se réjouir d'établir la connexion consciente, nous célébrons tous votre aptitude à communiquer avec nous. Votre conscience en expansion dans nos royaumes, c'est comme une nouvelle vie qui vient de naître. C'est votre naissance dans la lumière.

Quand vous établissez une connexion avec nous, nous le célébrons.

Maintenant que vous vous êtes ouvert(e) à la pratique du channeling, une foule de bons changements vont se produire dans votre vie si vous êtes prêt(e) pour les accueillir. Vous allez avoir les moyens de réaliser vos désirs et d'attirer vers vous, plus facilement que par le passé, les choses qui sont destinées à votre bien supérieur. Utilisez des pensées et des paroles positives et prêtez attention à la façon dont vous vous exprimez.

Vous serez davantage connecté(e) et relié(e) à l'Esprit universel. Vous allez avoir accès à des royaumes supérieurs de créativité, d'essence et de lumière. Vos paroles et vos pensées auront plus d'influence. Vous aurez de plus en plus le pouvoir de guérir ou de blesser par la pensée ou par la parole. Formulez vos besoins et vos désirs de façon positive. Concentrez-vous sur ce que vous voulez plutôt que sur ce que vous ne voulez pas, car vous allez obtenir ce sur quoi vous vous focalisez. Employez des mots inspirants et prêtez attention à ce qui est bon et bien chez les gens plutôt qu'à ce qu'ils font de travers.

Bienvenue dans nos royaumes de lumière.

La vie n'a pas besoin d'être dure. Vous n'avez pas besoin de lutter. Nous pouvons vous aider à vous aider vous-même. N'oubliez pas de demander, car nous ne pouvons vous prêter assistance que lorsque vous le faites. Votre guide va vous aider dans tous les domaines de votre vie pour lesquels vous demanderez assistance. Votre guide va vous aider à acquérir tous les outils dont vous avez besoin pour assurer la bonne marche de votre vie.

Quand vous pratiquez le channeling, vous faites partie d'une communauté plus vaste, celle des êtres qui existent sur les plans supérieurs de réalité. Vos pensées et vos sentiments harmonieux contribuent grandement à notre travail en commun. Quand vous êtes contrarié(e), nous le ressentons. Nous allons travailler avec vous pour vous aider à apaiser les turbulences qu'il peut y avoir dans votre vie, pour vous aider à vivre dans une aisance et une paix plus grandes.

La vie peut être facile.
Les choses peuvent se passer joyeusement.

Que vous soyez ouvert(e) et prêt(e) à recevoir, à vous faire confiance, à expérimenter le monde d'une nouvelle manière et à utiliser cette opportunité pour évoluer est tout ce dont vous avez besoin. Beaucoup de choses vous attendent, car l'ouverture au channeling est le début d'un monde nouveau. Comme vous êtes prêt(e), les gens vont commencer à venir vers vous pour que vous les aidiez dans leur vie. Votre intégrité et votre responsabilité sont de la plus haute importance. Donnez au monde une bonne image de vous-même, soyez humble, reconnaissez la lumière chez les autres et dites du bien des gens.

Vous êtes les leaders, les enseignants et les guérisseurs. Comme vous avez apporté de la lumière, vous allez attirer les gens comme un aimant. Avec cette ouverture, vous avez franchi une porte. Vous allez avoir une plus grande opportunité de faire évoluer les choses dans le monde. Vos choix vont devenir plus clairs. Vous allez commencer à les reconnaître plus facilement et être capable de choisir consciemment quel chemin vous voulez suivre. Soyez disposé(e) à vous engager plus avant vis-à-vis de vous-même, de votre voie et de votre but. Abandonnez toute obligation envers le chemin des autres, à moins que leur cheminement fasse partie du vôtre.

Vous allez travailler avec les forces d'évolution et nager avec le courant plutôt que contre lui. Engagez-vous à ce que votre vie soit fructueuse. Permettez à votre bien supérieur d'advenir. Vous pouvez parcourir tout le chemin qui mène à une conscience supérieure en une seule vie.

Maintenant plus que jamais auparavant, il est possible d'accéder à une conscience supérieure en une vie. Dans nos royaumes, il y a beaucoup de joie et de rires, alors ne vous prenez pas trop au sérieux. Jouez avec l'Univers et laissez l'Univers jouer avec vous. Permettre à votre guide de se manifester à travers vous n'est que le début d'un voyage merveilleux, riche du mystère de la découverte, de la joie d'apprendre et du bien-être qui s'élève lorsqu'on vit dans la lumière.

SANAYA ET DUANE : *Nous vous recommandons de faire une pause, de vous accorder un peu de temps pour intégrer vos expériences. Vous pourrez ensuite, si vous le souhaitez, passer au chapitre 8, (Canaliser pour les autres), ou aller directement aux chapitres 10 à 13 pour lire quelles expériences nous avons nous-mêmes vécues avec le channeling et comment d'autres s'y sont ouverts. Si vous voulez en savoir davantage sur le développement de votre channeling, passez directement au chapitre 14, (Channeling, un grand éveil).*

CHAPITRE 8

Canaliser pour les autres

Donner des consultations à d'autres personnes

ORIN ET DABEN : Au cours de votre pratique, des gens vont très probablement vous demander de canaliser pour eux. Avoir l'opportunité de rencontrer votre guide est une occasion exceptionnelle pour ces personnes. Vous tirerez le plus grand plaisir du channeling quand vous le pratiquerez pour celles et ceux qui le souhaitent, qui sont réceptifs et vous soutiennent, et qui vont en retirer un bienfait. Soyez sélectif(ve). N'ayez pas le sentiment de devoir donner une consultation à quiconque le demande.

La connexion que vous avez avec votre guide est un cadeau précieux. Offrez-le uniquement aux personnes qui sont capables de réellement apprécier votre activité ainsi que l'énergie et le temps que votre guide leur consacre. Pratiquer le channeling pour ces personnes-là va vous donner de l'énergie.

En revanche, le pratiquer pour ceux qui en font la demande par vaine curiosité ou avec un manque de respect risque de vous épuiser et d'accroître vos doutes quant à propos de la valeur de votre travail. Vous n'avez pas à donner des consultations aux gens qui vous mettent à l'épreuve pour vérifier que vous êtes réellement un channel. Il y a énormément de personnes qui peuvent apprendre de votre guide et en retirer des bienfaits. Nous vous suggérons de pratiquer le channeling uniquement pour celles-là.

Souvent, ce que vous enseignez le mieux, c'est ce que vous venez d'apprendre.

Abandonnez toute idée préconçue sur la façon dont votre guide va répondre aux questions des gens. Son conseil peut être une chose à laquelle vous n'avez jamais pensé auparavant ou correspondre à un point de vue auquel vous êtes vous-même déjà parvenu(e). L'Univers a de drôles de façons de donner des leçons. Parfois, quand vous venez juste d'apprendre quelque chose, quelqu'un qui rencontre le type de problème que vous venez de résoudre va venir pour une consultation avec votre guide. À mesure que vous transmettez aux autres les conseils avisés de votre guide, vous allez sans doute découvrir que vous êtes de plus en plus clair(e) vis-à-vis de certaines choses dans votre propre vie.

La vérité semble évidente quand vous pratiquez le channeling.

Même si le conseil vous semble évident, dites-le, car ce qui est évident est en général ce que les gens ont le plus besoin d'entendre. Il arrive parfois que, lorsque vous transmettez l'information, ce qui est riche de sens pour d'autres ne soit ni significatif ni instructif pour vous. Il n'est pas nécessaire que vous compreniez tout ce que vous transmettez au moment où vous l'exprimez.

Votre guide a une représentation plus large de la vie des gens et il va leur dire uniquement les choses appropriées. Ne soyez pas inquiet(e) et n'ayez pas d'attente sur ce que devraient être les réponses. Si vous ne parvenez pas à trouver le moyen de traduire un message par des mots pleins d'amour et d'une haute tonalité, faites appel à votre bon sens et ne formulez pas le message. Dans ces cas-là, il est fort probable que vous captiez une distorsion de la transmission plutôt que le vrai message.

Sachez qu'il n'y a ni bonne ni mauvaise réponse à une question, quelle qu'elle soit. Si vous posiez la même question à de nombreux guides, vous pourriez avoir une foule de réponses différentes. Et toutes pourraient être valables. Chaque guide va vous donner une perspective ou une façon différente de comprendre le problème. Il y a de nombreuses façons de résoudre un problème, de nombreuses façons de regarder une situation donnée.

Vous n'êtes pas responsable du bon déroulement de la vie des gens, ni chargé(e) de résoudre toutes leurs difficultés. Quand des personnes viennent vers vous avec leurs problèmes, souvenez-vous qu'à moins qu'elles soient prêtes à grandir votre guide peut bien leur dire quoi que ce soit, elles ne vont pas évoluer. Elles seules peuvent changer leur vie. Évaluez la qualité de vos consultations par le sentiment intérieur que vous avez de leur caractère approprié et de leur justesse, et non en fonction des résultats dont on vous a rendu compte. Certaines personnes ne vont peut-être pas tenir compte des conseils de votre guide et n'en retireront pas la véritable valeur.

Vous avez toutes et tous le désir d'être utiles aux autres. Quand les gens viennent à vous, submergés par des problèmes, vous pouvez vouloir les aider à trouver le moyen de les résoudre. Comme certaines personnes ne sont cependant pas prêtes pour les solutions, votre guide peut simplement les guider vers l'étape suivante, au lieu de leur donner des réponses complètes.

Les guides ne privent pas les gens de leurs leçons.
Ils les aident à les comprendre.

Il est parfaitement correct de ne pas répondre à toutes les questions que posent les gens, y compris à celles que vous-même pouvez poser à votre guide et qui vous concernent ou concernent votre vie. Si quelqu'un vous interroge et qu'aucune réponse ne vous arrive lorsque vous vous connectez avec votre guide, dites simplement que vous n'obtenez rien sur ce sujet. Même si votre guide peut avoir une réponse, il se peut qu'il ou elle préfère que la personne trouve ses propres réponses. Les guides ont la sagesse de ne pas priver quiconque de la chance d'apprendre par soi-même.

Les guides ne violent jamais l'intimité. Ils peuvent révéler à celui ou celle qui les interroge certains détails concernant d'autres individus, si ces informations peuvent être bénéfiques à une personne ou si elles l'aident dans son évolution, mais jamais un guide de haut niveau ne dévoilera quoi que ce soit qui viole la vie privée d'autrui. Si quelqu'un demande à votre guide de lui dire ce qu'une autre personne ressent ou pense le concernant, il n'est pas sûr que vous receviez une réponse. Cela peut n'avoir aucun rapport avec votre aptitude à capter des informations, mais tenir au fait qu'il est inapproprié de les révéler.

Il est beaucoup plus facile de recevoir des informations pour certaines personnes que pour d'autres. Si des gens viennent vous trouver par simple curiosité ou sans avoir sérieusement l'intention de se servir de ce que dira votre guide pour évoluer, la consultation avec votre guide peut se révéler superficielle. Les guides fournissent de plus profonds conseils aux personnes qui vont probablement les respecter et les mettre en application.

Sans doute remarquerez-vous également que votre guide s'exprime à un niveau que la personne peut comprendre. Lorsqu'il s'agit de quelqu'un qui débute totalement dans son cheminement spirituel, votre guide peut employer des termes très simples et expliquer les principes de base. Si c'est quelqu'un d'assez avancé, vous verrez peut-être votre guide donner des instructions et des conseils d'une nature plus poussée.

Gérer les questions des gens

ORIN ET DABEN : Les informations que vous êtes en train de lire, relatives aux consultations que vous pouvez faire pour répondre aux questions d'autres personnes, sont en général également valables lorsque vous consultez votre guide pour vous-même.

Vous pouvez trouver que, parfois, les questions des gens ne sont pas à la hauteur de ce qu'elles pourraient être. Ces personnes peuvent s'adresser à vous en pensant que votre guide va résoudre tous leurs problèmes, et elles veulent seulement que quelqu'un leur dise quoi faire ou leur révèle si quelque chose va se passer ou non. Les guides de haut niveau encouragent l'indépendance. Ils veulent que les gens se servent de leurs conseils pour devenir encore plus autonomes plutôt que de suivre ce qu'ils disent sans se poser de questions. Il se peut que vous ayez du mal à recevoir des réponses à des questions qui nécessitent de répondre par oui ou par non. Voyez si vous pouvez changer ces questions-là ou les reformuler.

Si quelqu'un demande à votre guide s'il doit vendre sa voiture maintenant ou attendre une meilleure offre, vous pouvez modifier la question en « Que vais-je gagner en vendant maintenant ma voiture et que vais-je gagner à attendre ? » Une légère modification de la question peut conduire à une réponse beaucoup plus élevée de votre guide. Aidez les gens à poser de bonnes questions. Vous verrez que le même conseil s'applique aux questions que vous posez à votre guide à propos de votre propre vie ; meilleure est la question, meilleure est la réponse.

SANAYA : *Une façon d'aider les gens à poser de meilleures questions consiste à préparer une liste du type de sujets auxquels votre guide est le plus enclin à répondre. Orin m'a aidée à rédiger une feuille détaillant quelles sortes d'informations les gens pouvaient obtenir de leurs consultations avec lui.*

Cela incluait l'examen des croyances cachées, le conditionnement de l'enfance ; les leçons et opportunités d'évolution dont les personnes font l'expérience dans leurs relations ; les capacités et talents inhérents qu'elles peuvent développer; leur aptitude à être des channels; les vies passées susceptibles d'affecter leur vie actuelle; les buts de cette vie-ci; le parcours de leur âme depuis leurs premières incarnations terrestres; l'observation des domaines de développement; l'examen des schémas, croyances et décisions ayant trait à l'argent et à la carrière.

Souvent, les gens venus consulter déclaraient qu'ils n'avaient pas pensé à poser certaines de ces questions, mais une fois qu'ils se rendaient compte que c'était possible, ils le faisaient. Ils ont commencé à interroger Orin sur des sujets profonds et essentiels de leur vie. Le résultat a été que les consultations créaient chez ces personnes de plus grands changements et de plus grandes transformations.

Orin demande que les gens arrivent en ayant préparé leurs questions, et la plupart d'entre eux s'aperçoivent que le simple fait de les préparer et d'y penser les ouvre à leur propre sagesse. Vous pouvez faire de même avec n'importe quelle question vous concernant que vous voulez poser à votre guide. Bien qu'il puisse aider les gens dans les détails pratiques de leur quotidien, Orin va plutôt leur parler du but de leur vie, du parcours de leur âme et de la façon dont ils peuvent suivre leur voie spirituelle.

Orin préfère donner aux gens des informations avant qu'ils ne posent leurs questions, puis, dans la seconde moitié de la consultation, dialoguer avec eux. Découvrez ce que préfère votre guide. Certains ont une préférence pour le dialogue, d'autres non.

Quand les gens viennent vous voir pour une consultation, répondez à des questions profondes, en plus de celles qu'ils ont posées. Même s'ils ne l'ont pas interrogé sur ces sujets, votre guide va peut-être leur parler du but de leur vie et de leurs opportunités de développement au cours de cette vie-ci. S'ils l'interrogent sur une relation avec quelqu'un, votre guide peut les aider à se focaliser sur les aspects supérieurs de celle-ci. Il se peut qu'il vous aide également de cette manière.

Une femme demandait à Orin si son petit ami lui était fidèle. Plutôt que d'aborder cette question, Orin lui a demandé pourquoi elle sortait avec quelqu'un en qui elle n'avait pas confiance. Il lui a parlé des schémas de son enfance, des questions soulevées par ses relations avec les autres, et des leçons qu'elle apprenait dans sa situation. Il lui a montré comment elle pouvait changer ces schémas. Il n'a jamais fait mention de la fidélité ou infidélité de son petit ami. Grâce à ces informations, cette femme a commencé à examiner ses vieux schémas relationnels avec les hommes et a décidé d'y apporter quelques changements. Un an plus tard, elle s'était séparée de ce petit ami et mariée à un homme qui l'aimait et en qui elle avait toute confiance.

ORIN ET DABEN : Si des gens viennent et demandent « Dois-je faire ceci ou bien cela ? », les guides peuvent ne pas prendre position. Et c'est la même chose quand, vous-même, vous posez cette question. L'une des choses qu'ils peuvent faire, c'est d'amener les personnes à examiner les résultats possibles et de les aider ainsi à choisir par elles-mêmes.

Si, par exemple, quelqu'un demande s'il doit aller à la plage ou à la montagne, un guide peut commencer par lui parler des conditions qu'il va trouver dans ces deux endroits. À la plage, il y a du soleil, de grosses vagues et il y a beaucoup de monde sur la route. À la montagne, il fait chaud, les sentiers sont encore humides et il y a peu de circulation.

Le guide peut ensuite amener cette personne à découvrir l'essence de ce qu'elle recherche. Elle va peut-être réaliser qu'elle souhaitait réfléchir tranquillement et être en communion avec la nature, ou au contraire voir des gens et profiter de l'euphorie des vagues. En voyant les choses selon cette perspective et avec ces informations, la plupart des gens acquièrent une certitude sur ce qu'ils veulent et sur les choix qu'ils font. Ils en retirent également une connaissance et une sagesse qui vont les aider à faire leurs choix futurs. La plupart des guides montrent aux gens ce à quoi ils peuvent s'attendre et les laissent ensuite décider par eux-mêmes quels chemins emprunter.

Les guides de haut niveau aident les gens
à découvrir des choix supplémentaires.

Certaines personnes, y compris vous-même, peuvent demander à votre guide s'ils doivent quitter leur emploi et en prendre un nouveau, ou devenir un travailleur indépendant. Dans ces cas-là, au lieu de leur dire quoi faire, les guides aident les gens à voir plus clairement ce que chaque option implique en termes de style de vie, de compétences, de finances, etc., afin que chacun et chacune dispose de plus de données par rapport à son choix. Des guides peuvent aussi évoquer d'autres possibilités, leur proposer encore plus d'options.

Si des gens ont trop de choix et sont incapables de se décider, les guides vont les aider à mieux cerner leurs objectif pour qu'ils puissent sortir de leur indécision. Si des personnes demandent « Quel métier devrais-je faire ? », les guides peuvent ne pas leur fournir de réponse spécifique. Ils vont rarement leur dire : « Vous devriez être directeur dans une société de développement informatique. » Ils vont les aider à explorer quels talents et compétences elles souhaitent utiliser, quel environnement elles aimeraient, quels horaires, quel niveau de responsabilité, etc. Partant de là, ces personnes peuvent attirer à elles un métier qu'elles aiment et qui subvient à leurs besoins tout en leur permettant de se développer.

Les guides peuvent orienter les gens dans la bonne direction, faire de larges allusions à ce que chacun et chacune pourrait faire et qui lui apporterait de la joie, mais ils ne vont pratiquement jamais dire « Faites précisément ceci ou cela ». Néanmoins, nous vous donnons souvent les étapes à accomplir pour découvrir par vous-même ce que vous êtes venu(e) faire sur Terre. Nous vous laissons découvrir sous quelle forme.

Nous sommes ici pour vous amener à une plus grande connexion avec votre âme. Nous vous aidons à apporter davantage de lumière à la situation de façon à ce que vous en ayez la maîtrise, mais en veillant à ce que vous découvriez par vous-même votre vérité et votre chemin, ainsi que la situation particulière qui vous correspond le mieux.

Vous-même et d'autres personnes pouvez demander à votre guide « Que suis-je venu(e) faire sur Terre ? Quel est le but de ma vie ? » Ce sont là des questions très importantes. Il y a de nombreuses raisons pour lesquelles les gens sont ici. Peut-être est-ce pour apprendre à aimer de façon inconditionnelle, en se mettant dans un environnement dénué de tout amour, qui les met au défi d'agir de façon bienveillante. Ils peuvent aussi être ici pour apprendre à établir des barrières, des limites pour eux-mêmes, et être ainsi constamment en train d'attirer à eux des relations avec des gens puissants qui semblent leur marcher sur les pieds.

Il y a une infinité de raisons pour lesquelles les gens sont ici, et votre guide va probablement en indiquer quelques-unes. Ne croyez pas que votre guide doive nécessairement vous fournir LA raison d'être de cette vie. La peur de ne pas transmettre la vraie raison ou de mal comprendre la réponse peut interrompre votre connexion avec votre guide. Ayez confiance dans le fait que votre guide sait quelles sont les personnes qui sont prêtes à entendre quel est le but de leur vie.

Rendre vos consultations plus positives

Orin et DaBen : De temps à autre, des channels sentent que des gens résistent aux informations de leur guide. Si vous rencontrez une résistance, il se peut que vous n'ayez pas exactement traduit le message de votre guide. Depuis les niveaux supérieurs, nous disons les choses avec tant d'amour et de tact que toute résistance est pratiquement inexistante. Telle est la façon d'enseigner des maîtres enseignants. Votre défi consiste à relayer les informations de votre guide avec le même niveau d'amour, de tact et de sagesse que le sien.

Plus il y a de clarté en vous, plus vos propres pensées sont élevées et positives, plus vos consultations vont croître en amour et en capacité à transformer les gens. Sachez cependant que, quel que soit le degré d'amour et de tact avec lequel votre guide présente des informations, certaines personnes peuvent de toute manière résister à la guidance, alors ne soyez pas trop dur(e) avec vous-même ou avec votre guide si cela se produit.

Les guides de haut niveau s'expriment avec amour et compassion.

En abandonnant votre mode d'expression habituel, qui comporte des suppositions et des implications cachées, vous augmentez la précision de votre traduction et la nature inspirante et positive de vos consultations. Vous souhaiterez peut-être prêter une plus grande attention à la façon dont votre guide tourne ses phrases et explique les choses avec amour. Cela va vous aider à vous rendre compte si votre mode normal d'expression « interfère » avec le tact plein d'amour de votre guide. Peut-être dites-vous en temps normal à quelqu'un « Ne sois pas si négatif. » Votre guide, lui, va plutôt lui dire d'« être positif », focalisant cette personne sur ce qu'elle doit être plutôt que sur ce qu'elle ne doit pas être.

Utilisez votre savoir-faire afin d'associer des mots et des pensées positives à ce que nous transmettons. Lorsque vous pratiquez le channeling pour d'autres personnes et pour vous-même, faites attention aux mots que vous employez. Si votre guide voit un blocage ou quelque chose qui semble négatif pour vous, il va présenter cela de façon positive et pleine d'amour. De cette manière, travailler à dépasser ce blocage va devenir pour la personne qui reçoit le message une expérience bénéfique et allant dans le sens du développement.

Si quelqu'un traverse une période difficile, votre guide peut exprimer de la compassion à l'égard de ce que vit cette personne, puis l'aider à voir quel bien elle retire de cette situation et quelle évolution s'est opérée en elle à travers cela. Il peut lui indiquer quelles qualités d'âme, telles que la confiance, la patience ou l'amour, sont ainsi développées.

Si un guide voit un blocage ou quelque chose qui vous freine, il l'indique d'une façon visant à créer un développement qui soit favorable et positif. Nous disons rarement « Ça va être difficile » ou « Vous ne faites pas un bon travail. » Au lieu de cela, nous mettons en avant toutes les bonnes choses que vous accomplissez et nous vous amenons à voir comment vous pouvez facilement faire quelque chose et opérer des changements dans votre vie. Les guides peuvent être doux, parlant uniquement de ce que vous pouvez apprendre et de ce qui vous fait grandir. Ils peuvent aussi se montrer brusques dans leur amour, si c'est ce qu'il faut pour obtenir votre attention.

Nous parlons aux gens des problèmes sur lesquels ils sont prêts à travailler et nous leur disons uniquement ce qu'ils sont prêts à entendre. Si quelqu'un n'est pas prêt à s'occuper de certaines questions, il se peut que nous n'abordions pas ces sujets-là. Nous voulons accélérer leur arrivée à la phase suivante et les aider sur leur chemin. Bien que nous puissions voir de nombreuses étapes probables au-delà de celle-ci, donner aux gens des conseils trop en avance sur leur capacité à les comprendre ou à agir en conséquence ne ferait que créer de la confusion et de la résistance.

Quand vous terminez votre séance de channeling, au lieu de revenir sans cesse sur ce que vous avez dit en vous inquiétant de savoir si elle s'est bien déroulée, reprenez simplement les informations, afin de voir si vous auriez pu les traduire avec plus de précision et d'amour. Celles et ceux qui s'adressent à vous viennent là pour apprendre et évoluer de toutes les façons possibles. En consultant votre guide, ils obtiennent ce qui leur est approprié à ce moment précis de leur existence. N'oubliez pas que vous allez vous ouvrir et vous développer, et que les personnes attirées par votre pratique du channeling sont parfaites pour votre niveau d'aptitude au moment présent.

En tant que channel, vous devenez une source d'amour et de guidance pour les autres.

Si vous sentez que d'autres personnes portent un jugement sur vous à cause des informations fournies par votre guide, souvenez-vous de ne pas en faire une affaire personnelle. C'est pour vous un défi et une opportunité que de rester ouvert(e), même face à un jugement ou à une négativité. Vous ne passez pas devant un tribunal. Si vous vous retrouvez en train de canaliser pour des gens négatifs, offrez-leur de la lumière et de l'amour. Restez centré(e) et gardez votre maîtrise. Demeurez dans votre pouvoir. Leurs doutes ou leurs peurs n'ont pas à faire naître en vous le doute ou la peur.

Réalisez que leur réaction est une façon de demander davantage d'amour. Souvent, ils veulent croire en ce que vous leur avez transmis en tant que channel et se comportent ainsi pour vous mettre au défi d'en apporter la preuve. C'est la voix de leur propre doute qui s'adresse à eux. Rayonnez d'amour pour eux et laissez-les douter sans avoir le sentiment de devoir vous défendre.

SANAYA : *Quand Orin arrive, toute ma vision de la réalité change. J'éprouve envers les autres un amour et une bienveillance incroyables. Quand je vois les gens à travers les yeux d'Orin, ils sont merveilleux. Pour lui, chaque personne semble être une création unique, parfaite et belle. Il voit chaque être travailler aussi dur qu'il le peut, en fonction des moyens dont il a connaissance, et se développer aussi vite que possible. À travers les yeux d'Orin, tout devient positif.*

L'une des choses que je vois Orin faire, c'est recadrer. Chaque fois qu'il arrive à quelqu'un quelque chose de difficile ou de douloureux, Orin recadre la difficulté en montrant à cette personne pourquoi cela se produit pour son bien. Même s'il exprime sa sollicitude pour les difficiles moments qu'elle traverse, il lui dresse invariablement un tableau plus large de sa vie. Il va lui montrer ce qu'elle est en train d'apprendre et lui explique comment le passage par ces expériences va la rendre plus forte et plus évoluée.

Lorsqu'il a terminé, les gens se sentent beaucoup mieux par rapport aux situations qu'ils traversent. Ils ont une nouvelle compréhension qui les aide à avancer plus facilement et plus rapidement dans leur expérience difficile. Orin me donne continuellement l'assurance que l'Univers est sûr, amical et constamment concerné par notre bien supérieur.

Développer votre style de consultation

Orin et DaBen : Chaque guide est différent. Chaque guide a des choses qu'il préfère accomplir ou qu'il sait faire. Si votre guide ne veut pas faire certaines choses ou semble ne pas en être capable, c'est peut-être parce qu'elles ne correspondent pas à son objectif, ou que vous n'êtes pas prêt(e) à vous ouvrir à ce niveau d'aptitude ou bien encore parce qu'il vous conduit dans une direction différente.

Ne niez pas la validité de votre channeling parce que vous ne pouvez pas accomplir certaines choses. Comme l'ont découvert la plupart des channels, leurs aptitudes ne cessent de s'étendre et de grandir à mesure que leur connexion avec leur guide se renforce. Chaque guide a en outre son propre domaine d'expertise et sa propre raison d'être ici, et, avec la pratique, vous allez apprendre quels sont ces domaines. Si vous ne pouvez obtenir les informations que vous souhaitez concernant un domaine de votre vie ou de celle de quelqu'un d'autre, essayez d'orienter le channeling vers d'autres domaines et cherchez à découvrir ce que votre guide est venu accomplir ici, dans ce partenariat avec vous.

Lorsque vous pratiquez le channeling
pour vous-même ou pour d'autres,
vous influez, à des niveaux fondamentaux,
sur l'énergie de la force vitale.

Orin : Votre guide peut souhaiter donner une structure à vos consultations. Aussi bien à travers mes propres instructions qu'à partir d'autres enseignements, Sanaya a étudié les chakras. Pendant quelque temps, j'ai utilisé cette structure, puis j'ai commencé avec elle à regarder le cycle complet des incarnations des gens sur Terre, les schémas et intérêts globaux de leur âme et les raisons pour lesquelles ils avaient choisi cette vie particulière. Son aptitude s'est développée au cours de ces nombreuses années de travail avec moi.

Duane a appris bon nombre des techniques habituelles de travail sur le corps et des schémas de pensée. Dans son travail énergétique, il a utilisé ces méthodes jusqu'à ce qu'une nouvelle approche allant au-delà de ces moyens classiques commence à voir le jour. Quand Duane a commencé à voir des « structures de densité » autour du corps, il a compris qu'il voyait les champs physiques d'énergie, le corps émotionnel et le corps mental.

Quand tout cela était en harmonie, le miroitement spirituel devenait visible. Il a commencé à « voir » à l'intérieur des muscles et de la structure physique, acquérant une connaissance intime de l'endroit à toucher et de l'acte à accomplir pour mettre un terme à certains types de douleur, effacer un trauma d'une vie passée ou présente, et amener les corps énergétiques (physique, émotionnel et mental) à leur structure spirituelle supérieure. En commençant dans un cadre à partir duquel il pouvait apprendre et agir, Duane a évolué et fini par le dépasser, jusqu'à accéder à ses propres méthodes et à celles de DaBen.

Grâce à leur travail avec Duane et DaBen, et avec leurs propres guides, plusieurs personnes qui étudiaient le travail corporel et étaient également des channels ont pu voir les mêmes structures énergétiques et obtenir des résultats similaires. Cette nouvelle perspective fournit à Duane et à d'autres de plus larges moyens de venir en aide aux gens.

SANAYA ET DUANE : *Ces lignes directrices et suggestions relatives aux consultations faites pour les autres sont basées sur notre expérience de la façon dont Orin et DaBen donnent leurs consultations. Nous vous proposons ces idées et structures pour vous aider à commencer à penser comme le font les guides. Vous n'avez pas besoin de suivre ces lignes directrices et structures point par point pour donner une bonne consultation. Ces idées sur la façon dont les guides abordent des questions sont là pour vous aider à vos débuts, mais elles ne visent pas à limiter la façon dont votre guide répond aux questions. Expérimentez et, par-dessus tout, ayez confiance en votre guide.*

Processus : Se mettre au diapason d'une autre personne

Objectif

Pratiquer le channeling pour une autre personne.

Préparation

Ne pratiquez le channeling pour d'autres que lorsque vous avez établi un contact verbal avec votre guide. Trouvez des ami(e)s qui vous soutiennent et sont ouvert(e)s, et qui aimeraient avoir une consultation et rencontrer votre guide. Tenez votre magnétophone prêt à fonctionner. Si vous le souhaitez, mettez une musique particulière. Adoptez une position confortable. Au début, vous trouverez peut-être plus facile de vous installer face à la personne pour laquelle vous consultez. Asseyez-vous sur un siège ou à même le sol, comme cela vous convient le mieux.

Étapes

1. Commencez par respirer profondément de façon à détendre votre corps. Si vous le voulez, vous pouvez imaginer une lumière blanche autour de vous ; demandez que la plus grande guérison possible s'opère ou que le plus de lumière possible s'établisse entre vous deux.
2. Fermez les yeux, entrez dans un état de channeling et appelez votre guide. Prenez tout le temps dont vous avez besoin. Sentez la compassion qu'éprouve votre guide pour l'autre personne. Quand vous êtes prêt(e), votre guide va peut-être vouloir la saluer. Laissez-vous aller à exprimer la personnalité de votre guide par votre voix, vos manières ou vos gestes. Il est possible que votre guide adopte une façon classique de saluer. Orin dit « Salutations ! » et DaBen « Bienvenue ! » La plupart des guides ont leur façon d'identifier leur présence.

3. Laissez votre guide demander à votre ami(e) de poser une de ses questions. Il est préférable, en particulier au cours des toutes premières phases d'apprentissage du channeling, que les gens auxquels vous donnez une consultation commencent par des questions telles que « Qu'est-ce que je suis en train d'apprendre avec telle personne ou dans telle situation ? » ou « Comment puis-je évoluer spirituellement et apporter plus de lumière dans ma vie ? » En général, les guides se sentent libres de demander aux gens de développer l'objet de leur questionnement ou de fournir plus d'informations quant au contexte. Si cela vous est facile, permettez à votre guide d'interagir avec les personnes, car cela les aide également à éclaircir ce qu'elles veulent vraiment savoir.

4. Laissez les réponses s'écouler de votre guide. Ne vous attendez pas à ce que toutes les informations que vous recevez soient époustouflantes et insolites. Quand vous êtes établi(e) dans cette lumière supérieure, les informations les plus utiles, et souvent les plus profondes, semblent évidentes. Vous attirez à vous les personnes qui sont prêtes pour ce que vous avez à dire. Laissez le guide choisir ce sur quoi se focaliser et quoi dire à cette personne. L'information peut n'avoir aucun sens pour vous. Ayez confiance dans le fait que votre guide sait exactement ce qu'il faut dire, car il ou elle se rend compte du tableau plus large de la vie de cette personne.

5. Passez à la question suivante. Certains channels s'aperçoivent que leur guide préfère que celui ou celle qui consulte pose l'ensemble de ses questions au début du channeling. D'autres guides préfèrent établir un dialogue. Optez pour tout moyen qui vous convient le mieux, à vous et à votre guide. Les états de channeling peuvent varier en fonction de la personne sur laquelle vous vous focalisez et de l'information que vous cherchez. Vous pouvez même percevoir de subtils changements dans votre channeling chaque fois que vous consultez pour la même personne. Vous allez sans doute découvrir qu'il est plus facile de canaliser pour certains êtres que pour d'autres.

6. Vous voudrez peut-être que ces séances soient de courte durée pour commencer, et les étendre par la suite. Si vous êtes fatigué(e) et sentez que la connexion faiblit, ou si vous avez le sentiment d'avoir répondu à autant de questions que vous le souhaitiez, terminez la consultation. Beaucoup des guides utilisent une formule habituelle pour conclure. Peut-être voudrez-vous en mettre une au point avec votre guide. Orin dit « Je vous souhaite une affectueuse bonne journée » ou « Je vous souhaite une bonne journée à présent. » DaBen dit « Nous vous souhaitons une nouvelle fois la bienvenue dans ces royaumes » ou « Avec ceci, je vous souhaite maintenant les voyages les plus agréables. »

CHAPITRE 9

Prédictions et futurs probables

L'attitude des guides vis-à-vis des prédictions

ORIN ET DABEN : Vous croyez peut-être qu'en pratiquant vraiment le channeling vous allez être capable de prédire le futur. Beaucoup de guides ne font pas de prédictions. Le futur est seulement probable, car ce qui se produit est très fortement influencé par vos pensées, croyances et programmes inconscients. Chaque fois que vous abandonnez une croyance, que vous changez d'objectif ou développez de nouvelles attentes, vous modifiez automatiquement votre futur. Nous préférons vous aider à construire un futur meilleur plutôt que de vous dire ce qui pourrait se passer.

Quand des gens nous demandent des prédictions, nous percevons cela comme une requête d'aide pour créer un futur meilleur. Lorsque quelqu'un nous demande de prédire si quelque chose va fonctionner, c'est qu'il craint en général que cela ne marche pas. Quand une personne nous interroge pour savoir si elle va gagner de l'argent, au lieu de lui répondre par oui ou par non, beaucoup de guides vont plutôt l'amener à comprendre ce qu'elle peut faire pour être plus prospère.

En amenant les gens à avoir une vision plus élevée d'eux-mêmes et de leurs potentiels, nous pouvons les aider à créer encore plus que ce dont ils pensaient pouvoir disposer. Nous pouvons les aider à prendre conscience de leur propre vérité et à se défaire de vieux schémas et de vieilles croyances afin qu'ils soient capables de créer ce qu'ils veulent.

Vous pouvez créer tout ce que vous voulez.
Le futur n'est pas prédéterminé.

Quand des gens, y compris vous-même, nous demandent « Est-ce que je vais obtenir l'emploi pour lequel j'ai posé ma candidature ? », la question sous-entend qu'ils sont impuissants, qu'ils doivent s'asseoir et attendre que quelque chose se produise. Les questions que posent les gens à propos du futur indiquent souvent un manque de foi en leur aptitude à transformer leur vie.

En tant que guides, nous aidons les personnes à voir ce qu'elles peuvent faire pour créer ce qu'elles veulent. Dans le cas d'un emploi à décrocher, nous leur dirons peut-être de visualiser ce que cela représentera, pour eux, de l'obtenir. Nous pouvons leur suggérer d'établir un lien de cœur avec ceux qui mènent l'entretien d'embauche. Ou nous pouvons leur conseiller de lâcher prise et d'avoir confiance dans le fait que ce qui va se passer sera le mieux pour elles, en précisant que, si elles n'obtiennent pas cet emploi spécifique, c'est parce qu'un autre, meilleur, les attend.

Quand un homme ou une femme qui vient tout juste de commencer à sortir avec quelqu'un vient nous demander « Vais-je me marier avec cette personne ? » ou « Est-ce que cette relation va durer ? », nous pouvons voir assez clairement qu'il y a une forte probabilité dans un sens ou dans l'autre. Toutefois, il se peut également que nous réalisions qu'à ce stade révéler ce futur probable serait préjudiciable. Cela priverait cette personne d'une expérience instructive.

Si nous lui disions que cette relation ne va probablement pas durer, cette information risquerait d'engendrer une résistance et de prolonger la relation au-delà de sa conclusion naturelle. À moins que cela n'y mette un terme prématurément. Dans un cas comme dans l'autre, cette personne serait privée d'une leçon dont elle a besoin.

Nous veillons soigneusement à ne pas donner de conseils qui interféreraient avec l'évolution des gens. Nous voulons les aider à assimiler plus facilement et plus rapidement leurs leçons. Dans l'exemple que nous avons pris, nous allons peut-être parler à la personne des leçons qu'elle est en train d'apprendre et des schémas relationnels sur lesquels elle travaille. Puis nous l'aiderons à trouver la raison d'être supérieure de cette relation.

Nous n'allons pas lui parler du futur de sa relation, en particulier si la leçon consiste à apprendre à faire confiance à son propre jugement ou à avoir confiance en l'amour d'autrui. Nous pouvons cependant lui indiquer qu'elle est en train de développer des qualités d'âme telles que l'amour de soi et la confiance.

Par ailleurs, si elle craint que cette relation ne dure pas, nous l'aiderons peut-être à comprendre comment celle-ci pourrait marcher et lui indiquer ce qui pourrait être fait pour que ce soit possible. Peut-être montrerons-nous à cette personne comment enrichir son lien pour en retirer le meilleur. À elle de décider ensuite si le prix à payer pour maintenir cette relation en vaut la peine ou non.

S'accrocher signifie parfois faire des compromis avec ses idéaux ou mener une vie qui est loin d'être joyeuse. Nous allons aider cette personne à voir plus clairement ses choix, afin qu'elle puisse décider quel est le bon chemin.

Les guides de haut niveau sont très prudents dès lors qu'il s'agit de dire aux gens ce qui va arriver. Si quelqu'un veut des prédictions, ne vous sentez pas obligé(e) de lui en donner. Les choses ne sont pas prédestinées à se dérouler d'une façon ou d'une autre.

SANAYA : *Quand j'ai commencé à servir de channel à Orin, il ne faisait aucune prédiction. J'étais très déçue, car j'avais le sentiment que tous les guides devaient en faire. Orin ne cessait de me dire qu'il était un guide spirituel et pas un diseur de bonne aventure, et qu'il y avait un monde de différence entre les deux. Il m'assurait qu'il était capable de voir ce que les gens étaient en train de créer, mais il ne voulait pas que des personnes viennent le consulter simplement pour qu'il leur parle de leur futur ou de ce qu'elles devaient faire.*

Il leur parlait parfois de leur développement futur. Il pouvait leur dire qu'elles allaient ouvrir leur cœur ou que leurs prochaines leçons consisteraient peut-être à apprendre à mieux communiquer avec les autres, mais il faisait cela uniquement lorsqu'il savait que ces informations leur étaient utiles dans le présent.

Après plusieurs années de channeling, Orin m'a dit qu'il voulait me donner des enseignements portant sur le futur et les réalités probables. Pendant plusieurs mois, il m'a fait diverses prédictions qui se sont avérées. À plusieurs reprises, il m'a donné mot pour mot les grands titres des journaux et les dates, plusieurs mois avant que ceux-ci ne paraissent. Toutes ces prédictions concernaient des évènements de masse. Pour chacun d'eux, il indiquait qu'ils étaient déjà mis en place, imaginés et planifiés par ceux qui en étaient responsables, et qu'il ne faisait que projeter ce qui allait arriver en observant l'esprit des masses et les conséquences probables.

Il m'expliquait que les évènements de grande ampleur étaient plus faciles à prédire, car leurs lignes énergétiques provenant de la conscience de masse se mettent en place de nombreux mois à l'avance. Le poids psychique de ces évènements, l'accord de masse qui les entoure, le grand nombre de personnes impliquées rendent beaucoup plus difficile tout arrêt ou modification de tels évènements.

Alors qu'un individu peut assez facilement modifier son futur, il est en général impossible qu'une seule personne puisse changer un évènement qui touche beaucoup de monde. Ce phénomène facilite la prédiction des évènements sociaux majeurs. Orin ajoutait que les gens se connectent à travers leurs rêves et que les évènements collectifs peuvent être changés s'il y a suffisamment de consensus intérieur pour cela. Après avoir dit ce qu'il avait à dire sur ce sujet, il a cessé de me donner ce type d'information.

Quand il est opportun de le faire, Orin examine le futur probable, mais seulement si cela aide mon cheminement spirituel ou celui de la personne ou du groupe auquel il s'adresse.

Comment les guides voient le futur

Orin et DaBen : Le futur n'est pas un fait acquis. Ce monde est un monde de libre arbitre. Si vous voulez regarder des futurs probables, pour vous-même ou pour d'autres, demandez à votre guide s'il est acceptable d'en parler. Mais avant de le faire, ayez un sentiment intérieur de justesse. Il est important de vérifier comment vous vous sentez par rapport à cela. Si cela ne vous semble pas juste, si vous avez l'impression de lutter pour obtenir un avis ou si vous ne recevez rien, ne parlez pas d'un futur probable particulier.

Il est tout à fait adéquat de ne pas répondre à une question. Dites simplement : « Je ne reçois aucune information de la part de mon guide sur cette question. » Si une prédiction détourne les gens de certaines leçons, ils risquent d'avoir à recréer d'autres situations semblables uniquement pour apprendre la même chose. Certaines personnes se placent elles-mêmes, de manière répétée, dans des situations identiques afin d'apprendre une leçon d'une importance majeure. Vous en voyez certaines passer d'une relation à une autre, convaincues que, si elles rencontrent le bon ou la bonne partenaire, tout ira bien. Ce n'est qu'après beaucoup d'efforts qu'elles découvrent enfin qu'elles ont besoin d'opérer des changements à l'intérieur d'elles-mêmes au lieu de regarder à l'extérieur.

Orin : Au début, quand je transmettais ma guidance à travers Sanaya, elle voyait souvent si la relation entre deux personnes allait devenir de plus en plus riche ou si elle ne durerait pas. J'étais capable de lui communiquer le sentiment qu'il convenait ou non de parler de ces choses-là. S'il valait mieux ne pas le faire et si elle ne reconnaissait pas mon message, je supprimais l'information pour qu'elle n'en ait pas conscience et qu'elle ne révèle pas inopportunément le futur le plus probable. Elle « oubliait » la vision et se retrouvait channel d'un autre message à la place.

Changez, et vous changez le futur.

ORIN ET DABEN : Dans le système de réalité des guides, le temps est simultané. Nous sommes extérieurs à votre temps linéaire et à votre espace. Nous voyons l'intégralité du travail que nous faisons avec vous, tandis que vous, vous le voyez uniquement étape par étape. Nous ne disons pas pour autant que ce travail est prédéterminé. Chaque fois que vous accomplissez un pas ou que vous prenez une décision, nous avons la capacité de les projeter dans le futur, dans toutes les directions, et de voir cela comme un acte achevé, en explorant toutes les probabilités. Du fait de cette vue d'ensemble, nous pouvons vous aider à voir où vous mènent vos choix et à trouver les voies appropriées.

Nous regardons de plusieurs manières le futur que vous êtes en train d'établir. D'une part, en considérant ce que vous avez l'intention de créer, et d'autre part en voyant les étapes que vous avez besoin de parcourir pour y parvenir. Le timing est très difficile à prédire. Il est beaucoup plus aisé de prédire si une chose va ou non se produire. Si vous désirez ardemment quelque chose, si vous lui portez votre attention, alors cette chose va vous arriver tôt ou tard, sauf si vous décidez que vous ne la souhaitez plus. Nous pouvons reconnaître l'intensité de votre intention, ce que vous faites pour y parvenir, la clarté de votre désir et beaucoup d'autres facteurs ; nous pouvons donc être assez précis dans la projection que nous faisons pour voir si vous obtiendrez quelque chose.

Ce que vous faites ou ne faites pas peut accélérer ou retarder votre progression dans ce sens. Pour obtenir quelque chose, il faut passer par un certain nombre d'étapes. Si vous reportez l'une d'entre elles, l'obtention de cette chose risque de prendre davantage de temps. Nous pouvons voir qu'il vous est possible d'obtenir quelque chose mais, comme vos actions peuvent varier, il est plus difficile de préciser quand votre désir sera satisfait, ou de savoir si vous allez totalement changer d'objectif.

Le futur à long terme est beaucoup plus variable et difficile à prédire, car, plus vous vous projetez loin dans le futur, plus le nombre de possibilités augmente. Les voies que vous pouvez suivre entre cet instant présent et celui du futur vont en nombre croissant. Chaque décision que vous prenez modifie le résultat final.

Souvent, nous nous intéressons aux probabilités, comme le font vos météorologues. Nous pouvons voir que vous avez 80 % de chances — fondées sur votre intention, votre désir et la relation que vous avez avec votre patron — d'obtenir l'augmentation que vous espérez. Peut-être verrons-nous également 10 % de chances pour que vous quittiez cet emploi, ayant remarqué que vous avez eu plusieurs pensées en ce sens, et peut-être aussi qu'il y a 10 % de probabilités pour que vous ne receviez pas cette augmentation à cause de tel ou tel autre facteur. Vous pouvez à tout moment activer les 10 % de probabilités de quitter cet emploi et partir ; les prédictions sont donc faites sur la base de la probabilité qu'une chose se produise.

D'instant en instant, vous agissez avec le libre arbitre pour créer ce que vous voulez. Parfois, le mouvement d'une personne en direction d'un futur particulier est si fort qu'il faudrait un puissant mouvement inverse pour changer ce chemin. Cela peut pourtant encore se produire ; vous pouvez changer le futur. Même une probabilité de 1 % peut toujours se produire.

Plus vous allez loin dans le futur, plus vous avez affaire à l'essence plutôt qu'à la forme. Peut-être désirez-vous avoir un travail épanouissant. La pensée d'un travail épanouissant est de l'ordre de l'essence. La forme que ce travail va prendre, sa dénomination et sa description sont beaucoup plus difficiles à prévoir. Nous pouvons prédire de façon précise ce que vous allez obtenir en essence, comme le travail épanouissant que vous souhaitez, plus que la forme sous laquelle il va se présenter.

Le futur est déterminé
par ce que vous avez l'intention de créer.

Si vous deviez nous demander : « Quand vais-je rencontrer mon âme sœur, ma future femme ou mon futur mari ? », de nombreux guides seraient capables de vous dire avec une certaine précision si quelqu'un va croiser votre route dans un futur proche. Nous pouvons vous dire si telle est votre intention et, en général, nous pouvons trouver l'âme et l'énergie de l'homme ou de la femme qui s'en vient. Cependant vous pouvez d'un seul coup vous ouvrir et choisir d'entrer dans un cycle de développement accéléré. Vous pouvez changer vos habitudes et vos goûts, et donc votre vibration. Si vous faites cela, vous allez avoir la capacité d'entrer en harmonie avec une personne différente. Vous attirerez peut-être à vous quelqu'un d'autre ou une expérience très différente de cette première personne.

La plupart des gens que vous rencontrez commencent à se connecter avec vous à un niveau énergétique avant que la rencontre réelle n'ait lieu, de sorte que, si cette personne est déjà entrée dans votre champ énergétique, nous pouvons vous dire assez précisément dans quel délai vous allez faire sa connaissance, si vous révéler cette information est approprié. D'habitude, cette rencontre a lieu dans les quelques semaines qui suivent leur entrée dans votre champ énergétique. Souvent, les gens s'en rendent compte par eux-mêmes. Il leur arrive de dire : « Je pense que je vais très bientôt rencontrer quelqu'un de spécial. Je le sens. »

Il peut parfois se passer plusieurs années avant que vous ne rencontriez quelqu'un avec qui vous allez avoir une relation à long terme, et nous pouvons voir se profiler une relation à plus court terme. Si nous vous disions que celle-ci n'est pas votre âme sœur, cela risquerait de vous priver de votre développement. Plutôt que de vous dire si cette relation va durer pour toujours ou si cette personne est ou non votre âme sœur, il est plus approprié de vous aider à voir ce que vous êtes en train d'apprendre et de quelles manières vous pouvez aimer davantage.

Les guides sont conscients de vos pensées et de vos émotions et, à partir d'elles, ils sont capables de dire quels évènements vous êtes susceptible de créer. Vous faites parfois l'expérience de situations inattendues et non désirées, et vous avez la certitude de n'avoir pris aucune part à leur création. Mais posez-vous une nouvelle fois la question ! Votre univers est un univers de causes et d'effets. Si vous vous considérez constamment comme impuissant, comme une victime, vous allez interpréter ce qui vous arrive de façon à croire que vous êtes effectivement une victime. Vous allez continuellement vous sentir persécuté(e) par les circonstances et par les autres.

Si vous réfléchissez souvent à la chance que vous avez, vous allez faire l'expérience de nombreux évènements dus à un « heureux hasard ». Vous attirez les évènements qui confirment vos croyances. Nous pouvons voir l'énergie, les pensées et les émotions qui constituent qui vous êtes. Partant de là, nous pouvons dire quels évènements vous allez probablement attirer. Une fois encore, il n'y a ici aucune certitude. Vous pouvez changer la vision de victime que vous avez de vous-même, et décider que vous allez prendre en charge votre vie ou telle situation. Cela va modifier le cours de votre futur.

D'une manière générale, votre guide va donner une réponse d'ordre spirituel à toute question que vous, ou quelqu'un d'autre, posez concernant des prédictions. Si quelqu'un demande s'il réussira dans sa nouvelle entreprise, au lieu de prédire ce qui va se passer, votre guide peut fournir des indices sur la façon de faire de ce projet un succès. Quand une personne demande « Est-ce que je vais me marier, est-ce que je vais rester marié(e) ? », au lieu de lui répondre par oui ou par non, votre guide peut l'aider à voir ce qu'elle peut faire pour créer la relation pleine d'amour qu'elle souhaite.

Vous pouvez transformer toute question concernant le futur en un conseil sur la façon de donner réalité à ce futur. Une fois que votre guide transforme ces questions en opportunités d'aider les gens à créer le futur qu'ils souhaitent, il ou elle leur a rendu service en contribuant à leur éveil spirituel. Ensemble, vous avez élevé votre capacité à aider les autres à transformer leur vie.

Processus : Étudier les futurs probables vous concernant

Objectif

Voyager dans le futur et transmettre une guidance pour le présent.

Préparation

Ne pratiquez cette méthode que lorsque vous avez établi une connexion verbale avec votre guide. Tenez votre magnétophone prêt à fonctionner. Asseyez-vous dans une position confortable et détendez-vous. Décidez à quelle distance dans l'avenir vous souhaiteriez regarder ; le mieux est sans doute d'opter pour six mois à un an.

Étapes

1. Entrez dans un espace de channeling et connectez-vous à votre guide. Dites-lui que vous souhaitez son aide pour en savoir plus sur votre futur. Demandez-lui ses visions, sa guidance et sa clarté par rapport à votre avenir et ce que vous pouvez faire pour que le futur que vous créez soit le plus élevé possible.

2. Imaginez que vous avez progressé dans le futur et que vous êtes maintenant la semaine prochaine. Laissez votre guide tenir la lumière et amplifier votre aptitude à observer le futur. Mentalement, regardez un calendrier et marquez la date. Laissez s'élever toutes vos sensations et pensées. Quelles questions occupent votre esprit ? Quelles choses nouvelles êtes-vous en train de programmer ou de faire ? Consacrez quelque temps à laisser les images venir à vous, avec l'assistance de votre guide. Demandez-lui de vous montrer, ou de vous transmettre par channeling, tout ce qu'il est important pour vous de savoir à propos de cette

période à venir. Si vous le souhaitez, enregistrez sur votre appareil la guidance que vous recevez. Ensuite, laissez ces images se dissiper.

3. Vous allez répéter ce processus. Imaginez à présent que vous êtes à un mois d'aujourd'hui. Mentalement, regardez à nouveau le calendrier et marquez la date. Laissez venir à votre conscience toutes les sensations, images et pensées associées à cette date. Qu'êtes-vous en train de faire, de penser ou de planifier ? Soyez le canal de tout ce que votre guide veut vous montrer concernant cette période future. Remarquez les différences qu'il y a entre vous-même aujourd'hui et ce que vous seriez dans votre futur le plus souhaitable. Enregistrez vos impressions. Maintenant, laissez ces images se dissiper.

4. Imaginez à présent que vous êtes dans trois mois. Regardez le calendrier et marquez la date. Remarquez ce que vous pensez faire et comment vous vous sentez dans trois mois. Suivez la procédure employée dans les étapes 2 et 3 pour recueillir des informations relatives à ce temps futur. Ajoutez également toutes les questions ou pensées qui vous viennent et sur lesquelles vous souhaitez interroger votre guide.

5. Suivez les mêmes étapes, en regardant ce qui se passe dans six mois. Ensuite, en fonction de la date qui vous intéresse, passez à neuf mois, puis à un an ou plus. Imaginez que, depuis ce futur, vous regardez vers le passé et voyez votre moi présent, et que celui-ci reçoit des conseils de la part de votre moi futur, aidé par la vision de votre guide. Examinez les problèmes que vous avez dans votre vie actuelle, quels qu'ils soient, et, à partir de cette perspective supérieure, plus sage et dont la connaissance est totale, donnez-vous des conseils.

6. À la lumière des sensations et des images provenant de ces points du futur, vous voudrez peut-être poser à votre guide quelques questions directes. Voici quelques suggestions :

a: Quels choix puis-je faire et quelles décisions puis-je prendre maintenant dans ma vie, de façon à me placer sur la voie la plus élevée ?

b: Quels actions, pensées et comportements seraient les plus appropriés aujourd'hui, la semaine prochaine et le mois prochain, pour que je suive mon chemin de lumière ?

7. Quand vous avez fini, remerciez votre guide et terminez.

Évaluation

Certaines personnes trouvent ce processus très puissant. Vous souhaiterez peut-être le pratiquer de façon périodique, et vous allez probablement découvrir que la perspective que vous avez de votre vie a une ampleur beaucoup plus grande, assez semblable à celle de votre guide. De temps à autre, relisez vos notes ou transcriptions; vous serez content(e) de voir ce que vous avez accompli et de constater votre développement.

Pratiquer le channeling pour vous-même

SANAYA ET DUANE : *Certaines personnes parviennent facilement à se donner à elles-mêmes une consultation, d'autres trouvent cela difficile. Il est parfois plus facile de débuter par des questions qui ont pour vous peu ou pas de charges émotionnelles, car un fort degré d'investissement par rapport au résultat peut faire que vous placiez moins de confiance dans les réponses que vous recevez. Les questions qui suivent dans* Processus pour se donner une consultation à soi-même, *ont été conçues par Orin et DaBen pour vous aider à apprendre à obtenir une guidance pour vous-même.*

SANAYA : *Il m'a fallu plusieurs années de channeling avant de faire une consultation pour moi-même. J'ai trouvé que cela demandait un très fort degré de détachement personnel, et de calme. Si les réponses suscitaient en moi une forte réaction émotionnelle, cela interrompait la connexion. Obtenir des détails spécifiques sur ma vie a également nécessité plusieurs années de pratique. Au début, il a été beaucoup plus facile pour Orin de me transmettre une guidance générale à propos de ma vie. Dans les premiers temps, lorsque je canalisais des détails, je me retrouvais tellement impliquée que je coupais la connexion.*

Processus pour se donner une consultation à soi-même

Objectif

Obtenir des réponses à des questions personnelles.

Préparation

Ne pratiquez cette méthode que lorsque vous avez établi une connexion verbale avec votre guide. Tenez votre magnétophone prêt à fonctionner.

Peut-être souhaiterez-vous préparer vos questions pour votre guide. Vous pouvez également noter les réponses qui vous sont déjà venues, pour les comparer ensuite à ce que dit votre guide sur les mêmes sujets. Certaines personnes mettent par écrit leurs questions tout au long de la semaine, de sorte que lorsqu'elles s'assoient pour pratiquer le channeling, elles ont de bonnes questions, mûrement réfléchies, à poser.

Étapes

1. Entrez dans un état de channeling et connectez-vous à votre guide. Mettez le magnétophone en marche.
2. Posez vos questions et enregistrez les réponses. Qu'elles paraissent évidentes ou inattendues, laissez les informations couler librement.

Questions que vous pouvez souhaiter poser à votre guide

a : Quelle est pour moi LA chose la plus importante sur laquelle me focaliser au cours des six prochains mois, et qui représente mon but supérieur ? Quelle est la deuxième chose la plus importante ?

b : Pensez à une situation dans votre vie actuelle. Demandez à votre guide : « Qu'est-ce que cette situation m'apprend ? Comment sert-elle mon évolution spirituelle ? »

c : Comment puis-je devenir un meilleur channel ? Quelles choses puis-je faire physiquement, émotionnellement, mentalement et spirituellement pour me connecter plus étroitement avec vous et avec mon âme ?

3. Quand vous êtes prêt(e), remerciez votre guide et revenez à une conscience pleinement éveillée et vive.

Évaluation

Si vous avez du mal à recevoir des réponses aux questions de nature personnelle, continuez à pratiquer. Vos émotions ou vos idées préconçues par rapport à une situation peuvent être très fortes, et votre guide peut éprouver des difficultés à traverser ces émotions intenses ou ces idées préconçues. En outre, si vous avez déjà pensé aux réponses que vous recevez de votre guide, des doutes peuvent s'élever quant à savoir si c'est vous qui parlez ou votre guide. Beaucoup de gens trouvent qu'il est plus difficile de canaliser pour soi-même que pour les autres ; pour certaines personnes, c'est l'inverse. C'est une expérience individuelle ; soyez patient(e) et expérimentez. Vous trouverez ci-dessous quelques petits conseils pour améliorer votre aptitude à vous accorder à vous-même une consultation. Essayez-les.

Petits conseils pour recevoir plus d'informations de votre guide

Voici quelques-uns des moyens que nous avons découverts pour transmettre davantage d'informations et parvenir à une guidance plus claire dans le travail avec un guide. Il s'agit de différentes façons de focaliser votre esprit et vos pensées pour vous aider à recevoir plus d'informations sur un sujet, à prendre conscience de détails supplémentaires et à avoir une vision plus large, ce qui permet souvent de savoir plus facilement quelles actions entreprendre.

Quand vous êtes dans un état de channeling, connecté(e) à votre guide, si vous ne savez pas vers quoi orienter votre séance, gardez le silence, et laissez un centre d'intérêt vous venir à l'esprit. Il peut s'agir de questions qui portent sur des sujets ou des concepts d'ordre spirituel ou qui concernent votre propre voie d'évolution spirituelle, sur un problème relationnel, sur un projet auquel vous travaillez, sur votre métier ou votre carrière, ou bien encore visant à obtenir de simples idées sur telle ou telle chose que vous devez par exemple faire dans la journée. Vous souhaitez peut-être choisir le prochain domaine que vous voulez étudier ou mieux connaître, et interroger votre guide sur ce sujet.

Quand un thème vous vient à l'esprit, laissez votre guide en parler à travers vous. Peut-être va-t-il ou va-t-elle simplement vous donner le début d'une réponse ; soyez-en sûr(e), une fois que vous allez commencer le channeling, d'autres informations vont suivre. Si vous avez le sentiment de ne pas avoir eu suffisamment d'information sur cette question ou si vous vous sentez bloqué(e) et que rien ne vient, il existe des moyens vous permettant d'aider votre guide à vous fournir des informations bonnes et utiles.

En pensant à ce thème, demandez à votre guide de vous montrer un tableau beaucoup plus large dans lequel le sujet en question ne représente qu'une partie de l'ensemble. Vous étendez et élargissez ainsi votre focalisation. L'une des façons d'y parvenir consiste à imaginer que vous devenez conscient(e) de ce sujet sur une période beaucoup plus longue, pouvant couvrir des jours, des semaines, des mois ou des années, voire toute votre vie. Canalisez sur ce sujet en ayant une perspective beaucoup plus large du temps, en y incluant même des évènements du passé qui semblent avoir leur influence. Cela développe souvent l'aptitude du channel à transmettre davantage d'informations sur un sujet.

Vous pouvez demander à vous rendre compte des liens que ce thème ou domaine peut avoir avec d'autres personnes, avec d'autres idées et d'autres concepts qui sont les vôtres, ou d'autres domaines de votre vie. Vous pouvez comprendre, par exemple, que quelque chose que vous voulez faire aujourd'hui a des connexions avec beaucoup de gens qui vont être concernés maintenant et dans le futur, ou qui l'ont été dans le passé; que cela est également lié à des projets futurs que vous voulez créer, et à de nombreux autres domaines de votre existence.

Découvrir comment chaque domaine que vous abordez dans le channeling est relié à d'autres devrait vous permettre de transmettre beaucoup plus d'informations sur n'importe quel sujet. À mesure que, avec l'aide de votre guide, vous prenez conscience de ces connexions, vous vous rendez compte que ce que vous pensiez être au départ un petit sujet pour votre séance de channeling pourrait vous ouvrir beaucoup de nouveaux domaines à explorer avec votre guide.

Demandez à voir toutes vos pensées concernant ce sujet, à mieux vous rendre compte des pensées des autres en ce domaine, et posez des questions sur les pensées-formes qui existent sur ce même thème dans la conscience de masse. Demandez à avoir des visions nouvelles et inspirantes sur la question, qui soient différentes de celles que vous avez eues dans le passé.

Une fois que vous vous êtes focalisé(e) sur le tableau plus vaste, incluant un cadre temporel plus étendu, une vision plus large et les diverses connexions, essayez de réduire votre focalisation, de telle sorte que le problème ou le sujet en question soit l'unique objet de votre pensée. Commencez par demander à votre guide de vous aider à prendre conscience de davantage de détails et à envisager le problème ou le sujet avec une acuité plus fine.

Vous demandez donc à ce que votre focalisation soit étroite et limitée, centrée sur de petits aspects de ce sujet. Si vous êtes capable de garder en même temps présent à l'esprit le tableau plus large, cela est utile, mais maintenir simultanément ces deux perspectives risque d'être un trop gros défi au début. Avoir simplement l'intention de réduire votre focalisation et de servir de canal uniquement à de petites parties de ce sujet est très efficace pour obtenir des informations utiles de la part de votre guide.

Laissez celui-ci ou celle-ci vous prêter assistance en choisissant un niveau de détails à regarder qui soient suffisamment amples pour que vous ne vous y perdiez pas. Si vous devenez trop précis et entrez dans de petits détails infimes sans maintenir une vision plus large, il vous sera difficile de percevoir où porte le courant en ce domaine.

Vous pouvez savoir que c'est ce qui s'est passé si votre channeling devient plus difficile, s'arrête ou si vous ne recevez plus d'informations utiles dans ce domaine. Néanmoins, si vous optez pour un tableau trop grand ou trop large, vous n'aurez peut-être pas les détails dont vous avez besoin pour entreprendre une action fondée sur la guidance. Il est donc important de choisir le niveau juste auquel pratiquer. Vous savez que c'est le cas quand votre channeling est fluide et vous paraît fructueux et aisé.

Abandonner toute image de ce que vous voulez voir se produire ou de ce dont vous espérez recevoir de l'aide. Remettez-vous-en, autant que vous le pouvez, à la sagesse et à la compréhension de votre guide, et soyez ouvert(e) à tout conseil qui vous est transmis par channeling. Parfois, avoir simplement le courage de laisser votre guide s'exprimer conduit à de merveilleuses visions et à une guidance que vous n'aviez même pas pensé demander, vous apportant des informations et des conseils utiles qui vous amènent au-delà des limitations du passé dans votre façon de penser et d'être.

Un autre moyen d'obtenir davantage d'informations de la part de votre guide consiste à lui demander de vous aider à examiner les croyances, idées et concepts que vous avez considérés comme allant de soi, et qui, si vous les révisiez, vous permettraient de mener une vie plus épanouissante. Le channeling consacré aux choses que vous pensiez évidentes offre souvent d'abondants éclairements et ouvre de nouveaux espaces à explorer avec votre guide.

Demandez à voir l'évidence; les problèmes, les concepts, et tout ce qui est juste sous votre nez et qui pourtant vous échappe ou dont vous n'avez pas conscience ; ces choses qui, si vous les reconnaissiez, pourraient vous donner d'incroyables éclairements sur votre vie.

Un autre aspect fécond à explorer avec un guide consiste à lui demander de vous aider à prendre plus conscience de votre connexion avec lui, et à en découvrir davantage sur la nature de cette connexion. Cela peut vous aider dans votre exploration de la nature de l'énergie, du royaume des guides, et de bien d'autres choses encore.

PARTIE III

Récits d'ouverture au channeling

CHAPITRE 10

Notre expérience du channeling

Première apparition d'Orin

SANAYA : *Les gens me demandent souvent comment j'ai rencontré Orin pour la première fois et si je savais à l'avance que je pourrais devenir channel. Je n'y avais pas réellement songé jusqu'au jour où, consultant une femme connue, celle-ci me dit qu'aux alentours de mes vingt-cinq ans je serai un channel et que le channeling serait le travail de ma vie. À cette époque-là, j'avais dix-huit ans, j'allais à l'université, et devenir un channel me paraissait une vision merveilleuse, mais très lointaine. J'y ai pensé un peu, et puis je l'ai remisée avec d'autres rêves.*

Une fois l'université terminée, j'ai été accaparée par des choses pratiques telles que gagner ma vie, ce que j'ai fait en travaillant pendant plusieurs années dans un bureau. J'aimais le monde des affaires, mais j'avais l'impression que quelque chose me manquait. À cette époque-là, Jane Roberts transmettait par channeling plusieurs livres de son guide, Seth, que j'ai lus et aimés. Avec un certain nombre d'amis, nous avons commencé à nous réunir pour discuter de ces livres ; nous voulions être les channels de nos propres guides. J'ai demandé le guide le plus avancé qu'il me soit possible d'obtenir ; je voulais un guide comme Seth.

Quelque temps plus tard, après de nombreuses semaines passées à demander constamment qu'un maître, un guide avancé, se manifeste à travers moi, j'ai eu ma première rencontre avec Orin. Quand il s'est manifesté, il a annoncé qu'il était un maître enseignant et que j'en apprendrai davantage de sa part à mesure que je deviendrai plus apte à capter sa présence.

Je me souviens de mon hésitation initiale à l'idée de servir de channel verbal. Je craignais que rien ne se passe ou que les messages puissent s'interrompre en n'ayant aucun sens. Au début, ceux que je recevais ressemblaient à un enregistrement écouté en vitesse accélérée. Des idées traversaient ma conscience en trombe avant même que je puisse les exprimer. J'ai demandé que les mots arrivent plus lentement. Alors, ils sont venus si lentement que mon esprit se mettait à vagabonder et que je perdais la connexion.

Ce processus a duré quelques semaines, jusqu'à ce que la vitesse d'information et mon aptitude à la recevoir se mettent en adéquation. Les images mentales étaient si vives et si riches que j'avais le sentiment que les mots n'étaient que l'ombre de l'essence dont je faisais l'expérience. Mon aisance à transmettre les messages dépendait de mon énergie et du degré d'approbation et de croyance que j'acceptais d'accorder à ce que je communiquais. En me focalisant sur la réception du premier ou des deux premiers mots, j'ai réussi à canaliser avec succès. Une fois que j'avais reçu les premiers mots, le reste du message coulait. En ce temps-là, je parlais avec ma propre voix, car j'étais très intimidée à l'idée de paraître étrange à mes amis.

Après la connexion initiale, Orin ne s'est plus manifesté pendant un an, durant lequel j'ai fini par travailler avec un autre guide du nom de Dan. Celui-ci m'a expliqué qu'il allait diminuer la fréquence énergétique d'Orin jusqu'à ce que je sois capable d'en recevoir directement la vibration supérieure. Orin expliquait que mon corps était comme un fil électrique qui ne pouvait supporter que vingt volts alors que lui se situait plutôt dans les cinquante volts.

J'ai appris que, si je laissais mon attention s'égarer ne serait-ce qu'un moment, je perdais le message et devais focaliser ma conscience à nouveau pour le retrouver. Le channeling exige une énorme concentration. C'était comme capter une chaîne sur ma télévision et pouvoir garder sa transmission tant que, dans mon esprit, ma pensée restait sur elle de manière continue et stable. Au bout de quelque temps, j'étais capable de percevoir mes propres pensées parallèlement aux messages de Dan. Je lui posais mentalement des questions pendant qu'il expliquait quelque chose à quelqu'un, et je pouvais percevoir la réponse qu'il me faisait, même lorsque j'étais en train de lui servir de channel pour transmettre un message à quelqu'un d'autre.

J'ai reçu un certain nombre de suggestions pour m'aider à amplifier ma vibration, de manière à être apte à capter Orin. La première fois que j'ai essayé de laisser Orin se manifester verbalement, je me suis quasiment évanouie. J'avais l'impression de me dilater, de la tête aux pieds, de devenir plus grande que la pièce tout en me trouvant encore au sein d'un champ énergétique. J'éprouvais une sensation écrasante dans la poitrine et un sentiment de pouvoir et d'amour. Ma perception de la lumière et des couleurs avait changé. J'ai arrêté d'essayer de servir de channel verbal à Orin, mais j'ai suivi sa suggestion de faire ce qu'il fallait pour être en forme, et j'ai commencé à aller courir dans les collines boisées qui se trouvent derrière ma maison.

Mon vrai début a eu lieu quand j'ai acheté un magnétophone et que je me suis assise pour faire un enregistrement. Je suis entrée dans un très profond espace de channeling et j'ai enregistré un message. Quand j'ai écouté ce que j'avais enregistré, j'ai compris que j'avais canalisé Orin verbalement. Le message consistait en une méditation guidée qui m'était destinée, portant sur la façon d'améliorer ma connexion avec Orin et de devenir un meilleur channel. Après cela, Orin s'est manifesté régulièrement pour faire d'autres enregistrements audio.

Orin m'a appris beaucoup de choses sur le channeling, et je les partage avec vous dans ce livre. Il m'a fait travailler sur ma respiration, pratiquer des exercices de focalisation et de concentration, et bien d'autres choses encore. C'est à ce moment-là que Dan est parti, disant qu'il avait accompli son but et qu'à partir de maintenant Orin allait être mon guide.

J'ai passé les trois années suivantes à donner des consultations et à parler avec toutes sortes de gens. Avec le recul, je vois que c'était une période consacrée à la pratique, à la pratique, et encore à la pratique. Mon aptitude à servir de channel avec clarté et à refléter fidèlement les messages que je recevais s'est trouvée améliorée. Les messages étaient instructifs et précis, et ils aidaient les gens à améliorer leur vie. J'avais toujours un emploi à plein-temps, et chaque minute dont je disposais était consacrée à suivre ma voie avec Orin.

Être avec Orin et pratiquer le channeling étaient un plaisir tel que je préférais cela à toute autre chose. Je percevais Orin comme un être d'une grande sagesse et plein d'amour. Il avait une façon de voir le monde qui était totalement différente de la mienne. Ce qui comptait de plus en plus pour moi était d'évoluer spirituellement, de servir les autres et d'élargir ma conscience. Orin est devenu mon enseignant et mon guide vers une conscience supérieure; il m'a aidé à m'éveiller à ma propre sagesse, et à faire l'expérience de sentiments plus aimants et d'une paix plus grande. Il a continué à me donner de nombreuses méditations guidées pour m'aider à accomplir mon évolution spirituelle.

J'ai rencontré Duane lorsqu'il s'est adressé à Orin et à moi pour une consultation. Il avait entendu parler d'Orin par un ami commun et venait pour des informations concernant sa vie. Il avait pendant de nombreuses années fait carrière dans la géologie et la géophysique, matières dans lesquelles il avait un doctorat. Il était consultant et voyageait à travers le monde en tant que conseiller pour la construction de barrages dans les régions sismiques, et il dirigeait une grande société d'exploration de gisements de pétrole. Le soir, il enseignait des techniques de travail corporel qu'il avait lui-même développées et avec lesquelles il soignait également. Il ne savait pas trop s'il voulait poursuivre sa carrière actuelle, monter sa propre affaire de consultant, se consacrer à plein-temps à l'enseignement et au développement de son travail sur le corps, ou bien explorer différentes régions de la terre tout en écrivant et en recherchant les points de pouvoir (lieux qui possèdent une puissante énergie).

Orin a encouragé Duane à suivre ses messages intérieurs et à essayer de nouvelles choses. La consultation portait sur le but de sa vie et le fait de trouver le moyen de choisir parmi les nombreuses opportunités qui se présentaient à lui.

Après la consultation, j'ai dit à Duane que j'avais des difficultés à rester assise à cause de déchirements musculaires dans le dos que je m'étais fait en suivant un nouveau programme d'exercices trop rigoureux. En quelques minutes, Duane a fait disparaître toute la douleur. Je trouvais incroyable qu'il y soit parvenu si rapidement. En fait, je ne pensais pas qu'on puisse la faire disparaître. J'avais toujours pensé que la douleur musculaire et la souffrance allaient forcément de pair avec la pratique d'exercices physiques.

C'était là le début d'un excitant parcours d'apprentissage sur l'énergie et le corps, le psychisme et l'esprit, avec Duane comme professeur. Nous avions de nombreux intérêts en commun et nous aimions nous pousser l'un l'autre à explorer de nouveaux domaines de développement. Nous avons ainsi travaillé ensemble pendant plusieurs années d'affilée, en alternant les rôles d'enseignant et d'élève.

En travaillant avec Duane, j'ai commencé à laisser tomber toutes mes idées préconçues par rapport à ce qui était possible dans le domaine de la guérison, en particulier l'idée que celle-ci prend nécessairement du temps. Duane m'a montré qu'elle pouvait prendre place à une vitesse miraculeuse. Il m'a aidé à aligner mon corps sur la fréquence supérieure que je transmettais quand j'étais channel.

Je donnais donc, avec Orin, les cours qui allaient devenir le livre Living with Joy, *au moment où, avec DaBen, il a suggéré que nous commencions à enseigner le channeling. À ce stade-là, j'avais abandonné tout autre travail et consacrais tout mon temps à celui que je faisais avec Orin. Ce dernier encourageait Duane à développer sa vision clairvoyante et l'aidait à comprendre les changements qui survenaient dans son travail corporel.*

La venue de DaBen

DUANE : *Ma première expérience avec DaBen s'est déroulée durant des séances de travail corporel. Alors que je travaillais sur l'énergie des gens, je me suis retrouvé en train de faire des choses qui ne semblaient pas provenir d'une quelconque formation ou connaissance antérieure, et ces mouvements et techniques produi-*

saient des résultats étonnants. Les personnes découvraient que des blessures ou une douleur qu'elles avaient depuis parfois des années disparaissaient en une heure à peine. J'étais tout simplement incapable d'expliquer comment j'obtenais ces résultats.

J'avais l'impression de « savoir » quand j'avais réellement terminé une certaine procédure et je sentais une présence invisible qui semblait m'assister. J'étais incapable de passer à une autre partie du corps de la personne tant que je n'avais pas mené à bien certains gestes et techniques. Cette présence invisible m'aidait à savoir ce que je devais faire, me « donnant » des méthodes de soin qu'on ne m'avait jamais apprises et que je n'avais jamais utilisées auparavant.

J'étais fasciné par l'interaction de l'esprit et du corps, en particulier depuis que j'avais commencé à me consacrer à la course à pied. Les débuts de ma carrière de coureur avaient été ponctués par pratiquement deux ans de douleur dans les pieds, les chevilles et les genoux. Sans trop y croire, j'avais essayé de me guérir moi-même. On m'avait dit que la cause était un problème osseux ou structurel. En me mettant de plus en plus à l'écoute de mon corps, j'ai commencé à avoir l'impression que je pouvais réellement en voir l'intérieur. Je réalisais que pratiquement tout ce qui n'allait pas était d'origine musculaire.

Petit à petit, je me suis rendu compte que je parvenais à soigner mes blessures en faisant appel à mon esprit pour changer la façon dont j'y pensais, puis en restructurant les muscles grâce à une manipulation physique. J'ai compris que je pouvais soigner de la même manière les blessures des autres. Des athlètes ont commencé à venir me voir. Au début, je recréais la blessure dans mon propre corps. J'arrivais à comprendre comment la soigner en moi et je pouvais alors y remédier chez l'autre.

Après leur départ, je guérissais la blessure que j'avais apportée dans mon corps. J'ai ensuite commencé à explorer des moyens de guérir les gens sans prendre en moi leurs problèmes. Une des choses que j'ai commencées à faire a été d'aider les personnes à découvrir comment elles pouvaient se guérir elles-mêmes pendant que je travaillais sur elles.

En travaillant ainsi sur les blessures des gens, j'ai compris que je sentais une énergie qui était à la fois à l'intérieur et autour du corps, mais qui n'était pas celle du corps physique proprement dit. Le sentiment d'avoir une présence à mes côtés lorsque je travaillais était de plus en plus fort, mais je rejetais l'idée de guides et de guérison médiumnique, car cela ne cadrait pas avec ma formation scientifique.

Étant scientifique, j'ai entrepris une recherche méthodique sur toutes les techniques de travail corporel que je pouvais trouver — allant des approches orientales, telles que le shiatsu et les disciplines apparentées, jusqu'aux techniques occidentales, comme le massage du tissu conjonctif, la kinésiologie, la performance sportive, l'étude du mouvement et une pléthore d'autres styles et approches du travail corporel.

Une amie pour qui le channeling était chose familière, et qui avait reçu des consultations de nombreux guides, m'en a offert une avec Orin. J'avais choisi Orin après avoir écouté les enregistrements des consultations que cette amie avait eues par l'intermédiaire d'autres channels, car les informations d'Orin et son style parvenaient à se frayer un chemin à travers mon scepticisme concernant les facultés « paranormales ». C'est ainsi que j'ai rencontré Sanaya et Orin. La consultation m'a réellement fait réexaminer la façon dont je considérais ma vie. Je ne croyais pas Orin lorsqu'il m'a dit que j'allais probablement quitter mon travail, et je n'étais pas convaincu non plus que le channeling lui-même soit réel. Je m'abstenais cependant de conclure, car je n'avais trouvé dans les approches traditionnelles aucune réponse à mes nouvelles expériences dans le travail corporel. En continuant à travailler avec Sanaya, j'ai remarqué un changement dans son énergie et dans son aura quand elle pratiquait le channeling. J'ai aussi compris que l'amour d'Orin et sa perspective pleine de sagesse dépassaient ceux de tout être humain, à ma connaissance. Je me retrouvais donc confronté à de nombreuses contradictions entre ce en quoi je croyais et ce qui se déroulait sous mes yeux.

Une suite d'expériences relevant du paranormal a intensifié les contradictions croissantes dans mon schéma de croyances. Un jour que je courais dans les collines, tout m'est apparu en tant que structures en mouvement. Les arbres ne ressemblaient plus à des arbres, mais à des structures vibratoires et je pouvais voir directement à travers eux. Je me suis immédiatement inquiété de ma santé mentale. Non seulement je ne voulais pas en parler, mais je ne voulais même pas m'admettre à moi-même que ces choses se produisaient.

Quelques jours plus tard, à un feu rouge, je me suis arrêté à côté d'une voiture. J'ai jeté un coup d'œil vers sa conductrice et, à ma stupéfaction, au lieu de voir une personne, j'ai vu un cocon de lumière et des lignes d'énergie autour de son corps. J'étais tellement inquiet que j'ai demandé que ces expériences cessent, et c'est ce qui s'est passé. Il m'a fallu un peu de temps avant que je puisse les faire revenir quand, par la suite, j'ai voulu développer davantage cette vision clairvoyante.

Tandis que je continuais à travailler avec Sanaya, des personnes qui pratiquaient le channeling et étaient sensibles aux énergies psychiques ont commencé à venir me voir pour des soins. Je me suis mis à étudier la possibilité d'aider les gens dans leur channeling à travers le toucher et le travail sur les énergies. J'ai découvert que je pouvais parvenir à des résultats significatifs en suivant mes sens intérieurs et la présence invisible qui semblait se trouver autour de moi.

C'est à peu près à cette époque-là que j'ai commencé à voir à nouveau très distinctement l'énergie à l'intérieur et autour du corps des gens. Je pouvais distinguer trois puis quatre qualités ou couches d'énergie. Par la suite, en observant avec soin, j'ai découvert qu'elles étaient étroitement liées aux auras physique, mentale, émotionnelle et spirituelle de ces personnes. Certains individus avaient autour d'eux des vortex tourbillonnants d'énergie. Quand j'étais capable de « calmer » ces tourbillons et de les rétablir, à travers le toucher, dans des schémas plus organisés, ces individus faisaient l'expérience de modifications spectaculaires dans leur capacité à s'élever et à pénétrer dans des royaumes spirituels.

Je commençais à ressentir un profond déchirement. La partie scientifique de mon être partait chaque jour au travail pour s'occuper de management et des réalités ordinaires de la science et du monde des affaires. Une fois la journée terminée, je rentrais à la maison et travaillais sur l'énergie des gens, voyant des choses qui, selon la science, n'existaient pas, et parvenant à des résultats apparemment impossibles. Cet « équilibre » avait beau avoir été idéal et confortable pendant plusieurs années, le gouffre entre les deux réalités s'élargissait.

Je savais qu'il fallait que je trouve une solution pour continuer à être opérationnel. Mon moi scientifique me disait que j'allais perdre les pédales si je me consacrais à plein-temps à l'énergie et au travail corporel. Mon moi intuitif me disait qu'il ne pouvait plus supporter d'aller travailler et de nier ce qui devenait la partie la plus intéressante de ma vie, mes expériences portant sur l'énergie et la guérison. J'ai décidé de passer une journée entière avec Sanaya et Orin, dans l'espoir de résoudre le conflit.

Je savais que quelque chose allait se passer ce jour-là. Des semaines auparavant, le nom DaBen m'était venu pendant que je conduisais. J'avais entendu ce nom comme si on me l'avait murmuré à l'oreille et, depuis ce moment-là, j'avais éprouvé un besoin urgent d'explorer ce phénomène. Je n'étais pas encore certain de croire au channeling, même si je pouvais voir l'aura des gens changer quand leur guide se manifestait. Il m'était de plus en plus difficile de nier ce que je voyais. En tout cas, il n'était pas question que je remette ma vie à un guide ; ma vie, je voulais la gérer moi-même.

Ce jour-là, Orin m'a fait prononcer le nom DaBen et inviter la présence à s'approcher. En le faisant, j'ai commencé à avoir chaud et froid. J'ai commencé à voir Sanaya en couleurs et en strates, et je pouvais voir directement à travers elle. L'entité semblait s'approcher et devenir plus réelle. Les sensations physiques étaient très fortes, la partie inférieure de mon diaphragme vibrait de manière incontrôlable et je suffoquais.

C'était très spectaculaire, et je comprends rétrospectivement que si cela n'avait pas été une expérience saisissante je n'aurais pas cru qu'elle était réelle. À cette époque-là, je croyais que les choses étaient réelles uniquement si elles présentaient un degré de difficulté, et je me disais que si elles étaient physiquement exigeantes elles valaient probablement le coup. J'ai réalisé plus tard que la venue de DaBen n'avait pas besoin d'être étonnante et, à présent, je me connecte à lui facilement.

Mon ouverture au channeling a immédiatement créé des changements dans ma vie. Depuis la perspective supérieure de DaBen, ce que j'avais besoin de faire pour que ma vie fonctionne devenait clair. J'avais passé de nombreux mois dans l'indécision, à être deux personnes à la fois, à me demander quoi faire. Je savais maintenant, avec une profonde certitude, qu'il me fallait suivre ma voie dans le travail corporel, quelle qu'elle soit, et aider les autres à se connecter avec leur propre pouvoir, et je voulais aussi en apprendre davantage sur le channeling. Le lendemain, j'ai esquissé un plan de sortie et j'ai annoncé à la société pour qui je travaillais que je les quittais.

C'était une décision majeure, car je devais confronter toutes les années de formation scientifique pendant lesquelles j'avais refusé les phénomènes métaphysiques ou en avais ri. Le channeling et les guides n'étaient vraiment pas des sujets dont on discutait entre collègues scientifiques ! Je savais que, pour ma propre santé mentale, j'avais besoin de trouver des explications logiques et scientifiques au channeling, et je me suis donc mis à l'étudier comme j'avais étudié la science et le travail corporel.

L'étude du corps et des systèmes énergétiques dans la perspective d'une ouverture au channeling est devenue mon objectif principal. J'ai aussi commencé à lire tout ce que je pouvais trouver qui puisse m'aider à comprendre le channeling à partir de points de vue philosophiques, religieux et scientifiques.

C'est à ce moment-là que Sanaya et moi avons commencé à pratiquer le channeling ensemble. Apparemment, Orin et DaBen se connaissaient. Ils voulaient souvent parler des mêmes sujets, l'un prenant le relais là où l'autre s'arrêtait. Nous avons reçu beaucoup de guidance, et cela nous a aidé à opérer des changements majeurs dans nos vies cette année-là.

Ce n'est pas une chose ou un évènement unique qui m'a convaincu de la réalité du channeling, mais toute une série d'évènements. Il y avait une cohérence dans ce que DaBen disait. Même s'il parlait d'un sujet des mois plus tard, il le reprenait exactement là où il l'avait laissé auparavant. Il me parlait de choses qui allaient se passer, et elles se passaient. Lentement, presque à contrecœur au début, j'ai commencé à être fasciné par les visions que DaBen me montrait, et à en être avide. Je faisais fréquemment appel au channeling dans mon travail sur le corps et les systèmes énergétiques. Les choses ont continué à fonctionner de manière incroyable, et une confiance et une relation de travail se sont fermement établies entre DaBen et moi.

CHAPITRE 11

Se préparer à enseigner le channeling

La préparation

SANAYA : *Nous voulons partager avec vous l'expérience qui a été celle d'autres personnes lorsqu'elles se sont ouvertes au channeling, et la façon dont cela a changé leur vie. Votre expérience sera toujours unique, mais nous espérons qu'à travers ces récits vous pourrez découvrir encore plus les possibilités inhérentes au channeling en ce qui vous concerne. Plus que toute autre chose, le channeling a été un plaisir. En le pratiquant, nous avons suivi ce que nous adorons faire. Il nous a montré que chaque moment de la vie peut être riche et plein de sens.*

En novembre, un an après que Duane se soit ouvert au channeling, Orin et DaBen ont suggéré que nous enseignions le channeling. Nous proposions déjà des cours donnés par Orin et DaBen, dont une table ouverte, le lundi soir, une fois par mois, et des cours sur les Corps invisibles — les chakras —, les corps astral, éthérique et causal, et les moi multidimensionnels. Nous ne connaissions pas grand-chose à ces sujets, mais Orin et DaBen nous disaient que c'était ce qu'ils voulaient enseigner, et nous attendions ces cours avec impatience.

Au beau milieu de nos envois de cartes de vœux pour Noël et de la programmation de nouveaux cours, nous préparions aussi un voyage dans le désert de Californie du Sud pour chercher des lieux de pouvoir et continuer notre apprentissage. Nous avons passé quelques semaines merveilleuses dans le désert et, pendant que nous étions là-bas, Orin et DaBen nous ont fourni beaucoup d'informations sur les guides, sur qui ils sont, sur la façon dont ils transmettent les informations et sur le moyen de savoir si un guide est avancé ou non, informations qu'ils voulaient enseigner dans un cours destiné à aider d'autres personnes à apprendre à être des channels, et qui sont aujourd'hui rassemblées dans ce livre.

Mettre en place une bulle de lumière

SANAYA : *La date que nous avions retenue pour le premier cours de channeling était fin février. En janvier, nous avions déjà plus de monde que ce que nous pensions pouvoir gérer, nous avons donc choisi une nouvelle date pour un second cours, en mars. Nous étions aussi invités à Dallas, au Texas, pour donner deux cours de channeling, et nous commencions à être inquiets de la vitesse à laquelle les choses évoluaient, puisque nous n'avions même pas encore mis ce cours au point. Orin et DaBen nous avaient fourni les informations, mais ne nous avaient pas encore donné les méthodes. Les gens venaient de partout, manifestant leur intérêt pour l'apprentissage du channeling. C'était comme si nous étions emportés par un fort courant ; le simple fait de tenir le rythme était un défi en soi.*

Nous avons rassemblé toutes les informations que nous avions reçues d'Orin et de DaBen concernant le channeling, et les avons reliées afin d'en faire un livre à donner aux participants à cette formation pour qu'ils puissent s'en servir pour préparer leur ouverture. Entre des averses torrentielles, il y avait quelques chaudes journées ensoleillées que nous passions à pratiquer le channeling dans les collines situées derrière la maison de Duane, et Orin et DaBen nous donnaient les méthodes qui, disaient-ils, allaient aider les gens à s'ouvrir.

Nous disposions maintenant à la fois des méthodes et d'un livre à donner aux participants, et Orin et DaBen ont déclaré que nous étions prêts à enseigner aux gens à canaliser. Nous attendions ce cours avec impatience mais, la veille au soir, Duane et moi étions nerveux. Que se passerait-il si nos guides s'étaient montrés trop optimistes quant à la capacité des gens à pratiquer le channeling? Nous étions pressés de voir si les gens pouvaient réellement apprendre à se connecter verbalement avec leurs guides.

Témoignages personnels : Comment j'ai découvert le channeling

SANAYA ET DUANE : *Le matin du premier jour de chaque formation « S'ouvrir au channeling », nous commencions par demander aux gens comment ils avaient été attirés par le channeling. Pour la plupart d'entre eux, l'idée de servir de channel à un guide était très excitante et représentait l'étape suivante de leur cheminement spirituel. Pour certains, c'était comme une chose qu'ils avaient attendue. D'autres ignoraient tout du channeling ou des guides quelques mois à peine avant le début du cours, mais à la minute où ils en avaient entendu parler, ils avaient su que c'était ce qu'ils devaient faire. Maintes et maintes fois nous avons entendu ce propos de la bouche de nombreuses personnes venues pour s'ouvrir à cette pratique.*

Les gens qui venaient étaient très motivés, autonomes, et avaient toutes sortes de professions. Il y avait des scientifiques, des médecins, des avocats, des hommes d'affaires, des cadres, ainsi que des guérisseurs, des artistes, des musiciens, des thérapeutes, des employés de bureau et des femmes au foyer. Certaines personnes avaient reçu des informations transmises par channeling bien des années auparavant et avaient mis de côté leur désir d'étudier cela plus profondément tant que leurs enfants n'étaient pas élevés, ou tant qu'ils n'avaient pas suffisamment de temps à y consacrer. Certains avaient prodigué des soins pendant toute leur vie, en tant que médecins, thérapeutes corporels, astrologues ou psychothérapeutes traditionnels.

Ils avaient été exposés à l'idée du channeling et ils avaient eu une forte envie d'en savoir davantage. Aucun d'eux n'avait programmé de devenir un channel; cela semblait juste être l'étape suivante. Beaucoup disaient avoir le sentiment de ne pas « cadrer » avec le monde autour d'eux. Ils ne comprenaient pas pourquoi certains étaient ici, sur Terre. Tous, cependant, se sentaient poussés à faire quelque chose. Ils savaient qu'ils avaient une mission, ou quelque chose d'important à accomplir, bien que beaucoup n'aient pas encore découvert de quoi il s'agissait. Ils sentaient que le channeling allait leur fournir quelques-unes des réponses qu'ils avaient cherchées.

Ils étaient tous intéressés par l'évolution spirituelle et le travail sur soi. Ils avaient été attirés à ce domaine par des livres, des séminaires, des enseignants ou des stages. Certains avaient des maladies pour lesquelles la médecine conventionnelle ne pouvait apporter aucune aide et s'étaient tournés vers des méthodes alternatives de soins ou d'alimentation. Cela les avait ouverts à un système totalement nouveau de croyances par rapport à ce qui est possible.

Beaucoup disaient qu'ils avaient d'abord pris conscience de l'existence des guides et du channeling à travers des livres qu'ils avaient lus, écrits par des gens qui avaient rencontré des channels ou l'étaient eux-mêmes. En lisant des choses sur ce sujet, il leur avait semblé que le channeling correspondait peut-être à ce quelque chose qu'ils cherchaient à faire. Certains avaient eu des rêves qui, par la suite, s'étaient révélés vrais ou qui contenaient de puissants messages.

Certains entendaient le murmure de voix intérieures qui étaient devenues si fortes qu'ils ne pouvaient plus les ignorer. D'autres, dans leur quête de réponses, avaient étudié des religions orientales, suivi divers séminaires et stages, et pris part à des disciplines telles que la méditation et le yoga. Certains avaient lu les livres de Seth, écrits par Jane Roberts, et voulaient se connecter eux-mêmes à une sagesse et à une intelligence supérieures, mais ils n'envisageaient que depuis peu que cela leur soit possible. D'autres avaient entendu parler du channeling et des guides par des amis et s'apercevaient que cela résonnait en eux. Certains encore avaient étudié avec les guides d'autres personnes et voulaient à présent canaliser eux-mêmes.

Il y en avait parmi eux qui se trouvaient dans une période de transition ; ils mettaient fin à une relation à long terme ou pensaient à le faire, quittaient le travail qu'ils avaient eu pendant des années ou se tournaient vers d'autres domaines. Certains vivaient de grands changements intérieurs qu'ils n'étaient pas capables d'expliquer. Beaucoup remettaient en question des choses qu'ils avaient toujours considérées comme allant de soi.

À maintes et maintes reprises les gens parlaient d'une quête qu'ils n'avaient pas consciemment choisie, mais qu'ils se sentaient obligés de poursuivre, même s'ils ignoraient où elle les conduirait. Il y avait un sentiment général d'excitation et d'aventure. La résistance et les doutes de la plupart des participants n'étaient pas aussi forts que leur désir d'aller de l'avant et de découvrir les possibilités qui étaient en eux.

Beaucoup avaient réussi dans la vie; ils avaient atteint leur objectif matériel et obtenu ce qu'ils pensaient vouloir, mais avaient pourtant le sentiment qu'il leur manquait quelque chose. La plupart de ces personnes n'avaient pas trouvé dans les systèmes traditionnels religieux, scientifiques ou psychologiques qu'elles avaient explorés la réponse à leur questionnement.

Elles ne souhaitaient pas forcément abandonner ces systèmes, mais éprouvaient le besoin de les améliorer d'une façon ou d'une autre. Nombre d'entre elles étaient religieuses. Certaines pratiquaient une psychothérapie traditionnelle et trouvaient qu'elles pouvaient mieux aider les gens quand elles faisaient un travail sur leur âme par la méditation et d'autres formes de pratiques non traditionnelles qu'avec les seules méthodes de psychologie classique.

Un thème commun se dégageait de tous leurs récits. Dès qu'elles avaient décidé d'en apprendre plus sur le channeling, une succession de coïncidences était venue renforcer leur décision. Quelques jours à peine après avoir fait ce choix, elles tombaient sur un livre portant sur ce sujet, ou bien un(e) ami(e) leur fournissait des informations complémentaires ou le nom de quelqu'un avec qui parler du channeling.

Des opportunités se présentaient d'aller dans des endroits ou de faire des expériences qui allaient apporter des réponses. C'était comme si une force invisible les guidait. La plupart étaient intriguées et se laissaient porter par leur curiosité et leur goût de l'aventure. Elles étaient en majorité attirées par la joie de l'évolution et la possibilité de s'élever.

Après avoir entendu l'histoire de chaque personne, le matin du premier jour, nous leur donnions de plus amples informations sur le channeling. Nous les guidions dans les méthodes qu'Orin et DaBen nous avaient données. Orin les faisait appeler leurs guides et les amenait à s'ouvrir pendant que Duane veillait sur elles et travaillait sur l'ouverture de leur énergie à travers le toucher.

Plus tard, au cours de la journée, nous demandions à tous les participants de se donner les uns les autres des consultations. Ils obtenaient immédiatement, de la part d'autrui, un retour d'informations sur leurs consultations, ce qui semblait grandement accroître leur confiance en eux-mêmes. Ils étaient capables de fournir des informations sur des questions dont il était impossible qu'ils aient connaissance si ce n'était à travers le channeling. Ils trouvaient la précision de leurs réponses extrêmement validante. Nous finissions la journée par un channeling de groupe au cours duquel tous les guides s'exprimaient sur la raison pour laquelle de nombreuses personnes apprenaient à canaliser.

Quelques jours après cette première journée, nous réunissions à nouveau tous les participants un soir, pour qu'ils apprennent comment faire des consultations pour eux-mêmes et comment examiner les futurs probables. Chacun avait des histoires à raconter sur son expérience et la façon dont il avait changé, récits que nous partageons avec vous dans les prochains chapitres.

Au cours du mois et demi qui a suivi le premier cours, nous l'avons donné quatre fois et tout le monde a été capable de canaliser. Puis, pendant plusieurs années, nous avons enseigné cette formation au channeling chaque fois que nous avions des gens intéressés, c'est-à-dire une fois par mois en moyenne. À notre stupéfaction, toutes les personnes avec lesquelles nous avons travaillé ont été capables de canaliser.

Ces méthodes que nous avons utilisées dans ces stages, nous les proposons à présent sous forme de cours audio, intitulés « S'ouvrir au channeling », et dans ce livre. Des milliers de personnes n'ont cessé de s'ouvrir pour canaliser leur guide ou leur moi supérieur en utilisant ces processus, et nous sommes très reconnaissants que tant de gens aient fait cette connexion.

CHAPITRE 12

S'ouvrir au channeling

Récits de première rencontre avec des guides

SANAYA ET DUANE : *Les histoires qui suivent illustrent certaines des réactions typiques lorsque des gens rencontrent leurs guides pour la première fois dans nos cours. Une grande majorité — plus de 80 % — a commencé à pratiquer le channeling facilement. Certains ont eu des difficultés mineures. Nous accompagnons leurs histoires de suggestions que vous pouvez suivre si vous-même rencontrez l'un de ces problèmes.*

Nous présentons les faits comme s'ils s'étaient déroulés au cours d'un seul et même stage, bien que ces exemples soient tirés de diverses formations données au fil des ans. À travers ces histoires, vous pouvez sentir l'excitation que ressent chaque personne qui s'ouvre au channeling, car c'est vraiment un moment particulier, que vous soyez en groupe, avec un(e) ami(e) ou seul(e).

Le cours de channeling avait duré toute la matinée, et l'excitation dans la salle n'avait cessé de grandir. Orin et DaBen avaient tous deux fait un travail sur l'énergie pour ouvrir et préparer les gens à se relier à leur guide. Les participants avaient déjà appris les états de channeling, la posture et les ajustements de position pour de meilleures connexions. Ils s'étaient mis à l'écoute de la force vitale des fleurs et des cristaux. Ils étaient maintenant en train de se connecter pour la première fois à leur guide, et l'excitation était intense.

Une femme pleurait à chaudes larmes. Elle avait passé toute la matinée à se tordre les mains et à indiquer qu'elle avait du mal à se détendre et à s'élever. Nous l'avons vue se détendre de plus en plus en appelant son guide. Puis, lorsque celui-ci a été totalement présent, elle a enfin fait l'expérience d'un immense relâchement. Elle expliqua que son petit ami venait de rompre avec elle et que, tout au long de la semaine, elle avait eu de forts sentiments d'abandon, de rejet, et l'impression de n'avoir aucun mérite. Elle se demandait si elle allait trouver un guide, car elle ne s'en sentait ni digne, ni spéciale en aucune façon. Ses larmes étaient des larmes de soulagement et de joie ; elle dit par la suite qu'elle s'était sentie submergée par un sentiment d'amour et de protection de la part de son guide. C'était comme si une partie profonde d'elle-même se détendait et s'ouvrait enfin.

Orin lui a donné pour instructions de dire à son guide de l'aider à libérer la douleur émotionnelle qu'elle avait portée en elle. Lentement, son visage est devenu plus rayonnant. Bien vite, elle a indiqué qu'elle avait la sensation de flotter. Elle est devenue très calme et son guide a commencé à s'exprimer par elle. Il s'est identifié et a continué à lui dire beaucoup de choses sur sa relation avec son petit ami, sur son but plus profond, sur ce qui se passait entre eux et sur la raison pour laquelle il avait dû la quitter.

Elle a affirmé après coup que cela avait été pour elle une immense guérison. Elle savait qu'elle avait fait l'expérience d'un guide, car tout ce qu'elle éprouvait auparavant n'était que tristesse, colère et absence de pardon. Elle comprenait à présent pourquoi son petit ami l'avait quittée, et une partie des reproches qu'elle se faisait à elle-même et de sa tristesse avaient disparu.

Par la suite, Orin lui a expliqué qu'elle s'était préparée pour ce guide pendant longtemps. L'une des croyances les plus importantes sur laquelle elle avait travaillé avant d'apprendre à pratiquer le channeling était celle selon laquelle elle ne comptait pas et qu'elle ne pouvait pas faire évoluer les choses dans le monde. Elle avait progressé dans le sens d'une résolution de ce problème, car un guide ne pouvait pas œuvrer efficacement à travers elle tant qu'elle ne comprenait pas qu'elle pouvait contribuer à améliorer le monde — un guide de haut niveau est efficace et fait évoluer les choses dans le monde.

Plusieurs mois après, elle nous a confié qu'elle se sentait plus sûre d'elle-même, qu'elle était contente que sa relation ait pris fin et qu'elle mettait de l'ordre dans sa vie avant de recommencer à sortir avec quelqu'un. L'année suivante, elle nous a annoncé qu'elle avait un nouveau travail et qu'elle avait emménagé dans un nouvel appartement, qu'elle sortait avec un homme qui était guérisseur et que tous deux étudiaient la possibilité d'enseigner ensemble.

Si, au moment de l'ouverture, vous vous retrouvez dans un état très chargé d'émotions, laissez simplement vos sentiments s'écouler. Ouvrez-vous aux larmes ou à la joie que vous pouvez ressentir. Respirez calmement et pratiquez les techniques de relaxation que vous avez apprises. Une fois que vous vous sentez plus calme, vous pouvez établir une connexion verbale. Demandez à votre guide de vous donner plus d'informations sur le problème qui vous émeut, ou choisissez un sujet qui vous intéresse et interrogez votre guide sur ce thème.

Un homme de forte corpulence, avec l'accent du Sud et un délicieux sens de l'humour, n'avait jamais eu auparavant la moindre expérience en quelque domaine médiumnique ou métaphysique que ce soit, et il était venu à ce cours pour apprendre cette « nouvelle chose » merveilleuse dont il avait entendu parler. Il possédait et dirigeait plusieurs grandes sociétés immobilières et des exploitations minières un peu partout dans le monde, et il voulait utiliser le channeling pour l'aider dans ses affaires.

Il voulait apprendre à canaliser, car il était ouvert aux choses nouvelles; se développer et trouver des réponses l'intéressaient. Il avait suivi tous les processus précédents avec une facilité apparente pourtant, arrivé au stade de la rencontre avec son guide, il avait eu du mal. Il n'arrêtait pas de dire que parvenir à son guide était comme essayer de trouver un mot qu'il avait sur le bout de la langue, quelque chose de très proche mais inatteignable, et que c'était frustrant.

Comme cela se produit parfois, il avait un fort désir de se connecter avec les royaumes supérieurs mais il n'avait pas encore trouvé les moyens de s'élever. Il n'avait pas médité, n'avait rien lu sur la métaphysique et n'avait jamais employé son esprit à se relier vers le haut de cette manière. Quand Duane travaille avec ce genre de personnes, il les aide à diriger leur énergie vers le haut, en les guidant parfois dans la façon d'harmoniser leur énergie mentale et émotionnelle.

DaBen avait fait un cours audio appelé « Awakening Your Light Body[6] » pour enseigner aux gens comment faire cela eux-mêmes et accéder à des états supérieurs de conscience. Duane a aidé cet homme à élever son énergie jusqu'à ce que son guide puisse transmettre et s'exprimer à travers lui. Nous avons découvert que, pour de nombreuses personnes, il suffit de dire à leur guide d'ajuster la respiration ou de stimuler l'énergie de leurs channels. Les guides le font ou montrent aux gens comment procéder pour s'ouvrir plus facilement.

Tandis que son guide commençait à parler, l'homme s'est mis à transpirer et à trembler ; avec le temps, quand il s'est aperçu qu'il pouvait gérer la vibration supérieure, ces sensations ont diminué. Son guide s'est mis à lui parler de la façon dont il pouvait gérer certains détails pratiques de ses affaires, et l'homme était très content. Bien qu'il ait eu du mal à entrer dans un état de channeling en début de journée, à la fin de l'après-midi il déclarait que l'état de channeling lui était devenu une sensation familière. Son guide avait un merveilleux sens de l'humour et il a donné à tous les participants de cette formation le sentiment qu'ils s'amusaient.

Un an plus tard, cet homme racontait qu'il avait reçu une aide incessante de la part de son guide dans tous les domaines de son existence et qu'il avait le sentiment d'avoir trouvé un ami véritablement bienveillant. Il disait qu'il lui était beaucoup plus facile de prendre des décisions dans ses affaires et que le channeling avait beaucoup développé son sens de la compassion et de la compréhension à l'égard d'autrui.

Si vous avez du mal à « atteindre » votre guide, continuez d'imaginer que vous vous élevez toujours plus haut. Détendez-vous, ouvrez l'arrière de la tête et la nuque à un flux d'énergie plus vaste,

---

6. « Éveiller votre corps de lumière » (N.d.T.).

en imaginant qu'il en va ainsi ou en demandant à votre guide de vous aider à ouvrir cette zone.

Entraînez-vous à vous concentrer sur la pensée de votre guide, et demandez-lui de stimuler votre énergie. Demandez-lui de s'approcher et imaginez que vous vous ouvrez à cette connexion quand vous vous sentez prêt(e). Mettez une musique inspirante et ayez des pensées belles et pleines d'amour. Faites comme si vous étiez vraiment en train de pratiquer le channeling et concentrez-vous sur des questions auxquelles vous voulez des réponses, même si vous avez le sentiment de ne pas être réellement en train de canaliser. Commencez par un mot ou deux, et ayez confiance : d'autres vont suivre. Toutes ces choses vont vous aider à étendre votre conscience, à élever votre vibration et à vous approcher du royaume de votre guide.

Orin travaillait avec une femme qui n'avait pas encore été capable de manifester son guide. Elle avait médité pendant des années et était inquiète à l'idée de ne pas pouvoir trouver l'espace différent requis pour le channeling. En fait, elle y est parvenue facilement. Quand elle s'est ouverte pour rencontrer son guide, elle l'a « vu » au loin, assis dans un nuage, sans savoir comment faire pour qu'il s'approche. Elle hésitait à parler, car elle n'était pas certaine au début d'avoir envie qu'il vienne plus près. Le nuage semblait le couvrir. Elle n'était pas sûre que son guide soit amical, ou qu'il s'agisse réellement de lui.

Orin lui a dit d'imaginer que la lumière du soleil dissolvait le nuage et il lui a suggéré de parler un peu à son guide. Très timidement, elle lui a demandé, dans son esprit, de prouver qu'il était un guide avancé et animé de bonnes intentions. Elle a entretenu un dialogue intérieur pendant un moment, jusqu'à ce qu'elle soit apparemment convaincue de sa gentillesse. Elle l'a alors laissé s'approcher de plus en plus près, jusqu'à ce qu'il puisse enfin s'exprimer à travers elle. À l'évidence, cette connexion l'excitait et la rendait très heureuse. Elle était clown et avait monté sa propre entreprise ; elle nous a confié, plusieurs mois plus tard, qu'en tant que clown, elle se connectait à son guide et apportait par son canal l'amour et l'énergie de celui-ci aux enfants avec lesquels elle travaillait.

Si, comme certaines personnes, vous apercevez votre guide dans le lointain, faites mentalement sa connaissance pendant un moment. Prenez votre temps; demandez-lui de s'approcher uniquement quand vous serez prêt(e).

Une femme écrivain, qui voulait apprendre à canaliser pour terminer l'écriture de son livre, était dans un profond espace de channeling. Elle disait que, bien qu'encore consciente des sons dans la pièce, elle était aussi très consciente de son guide et souhaitait transmettre sa guidance; elle avait néanmoins du mal à parler.

Duane a travaillé avec elle sur la façon de rester centrée et de maintenir une connexion stable avec son guide pendant tout le temps où elle recevait de nombreuses vagues d'énergie. Elle aurait pu faire la même chose par elle-même en détendant mentalement son corps, ce que Duane lui a appris à faire.

Suivant de près ce qui se passait, Orin l'a aidé à réaliser que l'énergie de son guide était si puissante que, lorsqu'elle s'ouvrait, elle avait le sentiment d'être engloutie. Il lui arrivait tellement d'informations qu'elle se sentait submergée et n'obtenait que des parcelles et des morceaux de pensées diverses qui semblaient n'avoir aucun sens.

Son guide transmettait par vagues. Quand l'une d'entre elles arrivait, elle contenait tellement d'informations que cette femme se sentait débordée et ne savait pas par où commencer. Puis la vague repartait, et elle avait l'impression d'avoir perdu la connexion. Orin lui a dit de choisir un fil de pensée et de se focaliser dessus. Grâce à cette focalisation, elle a pu stabiliser la transmission. Nous savons qu'elle a terminé son livre en faisant appel au channeling, et qu'un an plus tard elle en avait un autre en cours.

Vous saurez que la transmission arrive par vagues si, à un moment donné, vous avez l'impression de capter le message et que, l'instant suivant, vous avez le sentiment de l'avoir perdu. Demandez à votre guide de stabiliser la transmission, de l'accélérer ou de la ralentir comme il convient. Concentrez-vous sur la partie du message que vous avez reçue et commencez à le transmettre, même si ce n'est qu'un fragment. Si, après avoir formulé ce fragment, vous ne recevez rien, attendez simplement la prochaine vague, et dites le « morceau » de message tel qu'il vient.

Un entrepreneur est venu apprendre le channeling parce qu'il voulait changer de métier. Il avait voulu être consultant et s'intéressait beaucoup à sa propre évolution spirituelle et à l'aide à apporter à autrui. Il n'avait pas consacré de temps à la méditation, mais avait lu tout ce qu'il pouvait trouver sur les guides et ce qui s'y rapportait. Quand il s'est connecté avec son guide, il était incapable de parler ou de se mouvoir.

Pour l'aider, Duane a canalisé DaBen et celui-ci a trouvé cet homme perdu dans un monde de couleurs, d'images, de sons et de lumières. Il demeurait là, planant comme devant un spectacle psychédélique. Il ne percevait aucun guide, simplement une sensation d'extrême bien-être. Il se servait de ses yeux intérieurs pour avoir une vision dans les royaumes supérieurs mais, n'étant pas habitué à les voir, il se sentait désorienté par ce qu'il voyait et ressentait.

Duane a continué à lui donner pour instruction de travailler avec son guide jusqu'à ce que celui-ci commence à effectuer les changements nécessaires. L'homme est parvenu à un stade où il a pu percevoir son guide comme une réalité. Finalement, il a établi une connexion directe. Son channeling était excellent et, à compter de ce jour, il a obtenu de bons conseils et une bonne guidance pour sa vie.

Un an plus tard, il était toujours entrepreneur, mais à mi-temps, et consacrait beaucoup de temps à donner des consultations et à organiser des stages de développement personnel. Avec l'aide de son guide, il avait pris conscience de croyances et d'anciennes programmations selon lesquelles il ne méritait pas l'abondance, qui l'avaient empêché d'avancer. Son guide lui avait donné des méthodes pour s'en défaire, et il les avait utilisées. Deux ans plus tard, il avait totalement quitté son métier de constructeur, et à présent il gagne sa vie en menant une carrière florissante d'enseignant et de consultant qui l'occupe à plein-temps.

Si vous vous sentez pris par des couleurs, des lumières et des sensations, continuez à demander mentalement un message verbal. Utilisez votre volonté et votre esprit pour éviter d'être détourné(e) de votre objectif. Se perdre dans les couleurs et les sensations ne présente aucun danger, mais cela retarde le channeling verbal. Focalisez-vous sur une question à laquelle vous voulez que votre guide réponde, et maintenez vos pensées sur la question plutôt que sur les couleurs ou autres sensations distrayantes.

Une femme sophistiquée et cultivée est venue apprendre le channeling parce qu'elle avait le sentiment qu'elle y avait été amenée par toute une série d'évènements. Elle disait que, deux ans plus tôt, elle ne croyait absolument pas à des phénomènes tels que le channeling, mais qu'à présent elle était impatiente d'établir la connexion. Elle était cependant très préoccupée à l'idée qu'elle serait peut-être la seule à ne pas se connecter à un guide. Quand elle a demandé à son guide de venir, elle a dit qu'elle ne ressentait rien. À travers DaBen, Duane pouvait voir que son guide était pleinement présent dans son aura.

Orin, par le canal de Sanaya, a parlé à cette femme, car il était manifeste qu'elle intellectualisait le processus et bloquait son aptitude à canaliser. Orin lui a posé plusieurs questions pour qu'elle y réponde, en lui disant de faire comme si elle pratiquait le channeling. Grâce à cette suggestion, elle a formulé de merveilleuses réponses pleines de sagesse, avec une voix plus douce et plus empreinte de compassion que celle qu'elle avait normalement. Elle ne cessait d'indiquer qu'après chaque phrase une partie d'elle disait : « Ce n'est pas réellement un guide, c'est simplement moi » ou « Tu te racontes des histoires, tu ne dis rien qui en vaille la peine. » Elle s'était attendue à ressentir un énorme changement et à quasiment tomber à la renverse. Au lieu de cela, elle ne sentait aucune sensation physique.

Orin lui a demandé de répondre à quelques questions personnelles sur des choses de sa vie qui étaient problématiques. À travers son guide, elle a fourni de très fines explications qui, comme elle l'a admis elle-même, étaient différentes de tout ce qu'elle avait pu concevoir auparavant. Son partenaire l'a interrogée sur des questions personnelles concernant des individus qu'elle ne connaissait pas, et son guide a donné des réponses justes et pertinentes.

Bien que, durant le channeling, elle sentait qu'elle pouvait avoir un guide, quand elle arrêtait, elle doutait à nouveau que ce soit réel. Son esprit faisait obstruction. Son guide était si puissant qu'il transmettait uniquement une infime partie de lui-même pour qu'elle puisse ajuster son système énergétique en douceur. Il disait à Orin qu'elle avait très peur et que, s'il se manifestait trop vivement, il y avait de fortes chances pour qu'elle ne veuille plus rétablir la connexion. Il préférait pécher par excès de douceur que par trop de force.

Orin a dit à la femme de continuer à faire comme si elle canalisait et de s'attacher aux informations reçues. Tout au long de la journée, elle a canalisé pour d'autres personnes, leur fournissant des informations sur des choses dont il était impossible qu'elle ait connaissance.

Bien que, durant tout ce temps, elle ait continué à dire qu'elle faisait seulement semblant, son intellect avait de plus en plus de difficulté à trouver une explication rationnelle à la précision de toutes les consultations qu'elle donnait. Quelques mois plus tard, elle nous a téléphoné pour nous dire qu'elle ressentait des sensations physiques quand elle pratiquait le channeling et qu'elle admettait enfin, même à elle-même, qu'elle se connectait réellement à un guide.

Un an plus tard, elle confiait qu'elle avait encore des doutes et qu'elle n'avait pas pratiqué autant qu'elle l'avait espéré. Elle indiquait toutefois qu'elle avait de temps à autre amené son guide à se manifester et donné, pour elle-même et pour d'autres, des consultations qui, à sa grande surprise, étaient d'une justesse stupéfiante.

Elle disait qu'elle travaillait sur ses doutes en reconnaissant que douter jouait un rôle majeur dans sa façon de fonctionner et que l'un des points les plus importants qu'elle avait à régler dans sa vie était d'apprendre à avoir confiance en elle, au lieu de douter d'elle-même dans tous les domaines.

Si vous doutez d'être réellement en train de canaliser, lisez dans le chapitre 14 la partie intitulée « Transformez vos doutes en amis. »

Une femme artiste qui dirigeait une maison de couture en vogue est venue apprendre le channeling pour étendre sa créativité. Sa plus grande peur était de perdre le contrôle ou de se sentir sous l'emprise du guide. Elle était très indépendante, avait une forte volonté et aimait tout superviser dans sa vie. Elle avait consulté Orin et il lui avait dit que, grâce à sa grande intelligence, de son engagement à toujours faire de son mieux et de sa faculté d'attention, elle serait un bon channel.

Orin lui avait signalé que même le fait d'être critique et de porter des jugements pouvait l'aider, en particulier si elle utilisait ces qualités pour développer un haut niveau de maîtrise de channeling. Il indiquait que son attention, son désir d'avoir une vue d'ensemble et de contrôler, son attention aux détails et son envie de réussir allaient contribuer à son succès dans le channeling.

Durant la formation, elle s'est beaucoup donnée pour essayer de tout faire « bien » ; pourtant, une part d'elle-même la retenait, inquiète à l'idée que son guide puisse prendre le dessus sur elle et la contrôler. Elle avait peur de perdre son identité et d'être « avalée » par celle du guide. Cela a amené celui-ci à se connecter avec elle avec énormément de douceur, ne voulant ni la menacer ni la contrôler. Du fait de cette douceur, elle ne percevait pas beaucoup de sensations et se demandait donc s'il était vraiment présent.

Elle était confrontée à un dilemme ; elle avait peur d'être contrôlée, de voir son guide se manifester avec trop de force, et, quand celui-ci s'approchait en douceur, elle craignait de ne pas être réellement en train de canaliser. Duane et DaBen l'ont aidée en la guidant dans sa relaxation et dans sa focalisation. DaBen lui a dit de demander à son guide de l'aider à ouvrir son énergie, ce qui l'a beaucoup aidée. Orin a continué à parler à son mental, qui bloquait la connexion.

Il lui a dit : « Chez beaucoup de celles et ceux qui deviennent d'excellents channels, il y a une peur initiale de perdre le contrôle. Contrôler peut signifier différentes choses pour différentes personnes. Cela peut vouloir dire qu'il y a un sentiment intérieur d'être en train de faire du bon travail et que les choses se déroulent d'une façon qui vous semble bonne.

En tant que channel, vous pouvez trouver que c'est un vrai défi de faire correspondre ce que vous dites avec les messages que votre guide vous envoie. Vous avez dit que vous pensez que votre esprit fait obstacle à votre channeling. Reconnaissons que votre esprit est très actif, très aiguisé et intelligent. Vous maniez bien les mots, et votre esprit a la faculté de voir et de retenir des images et des symboles intérieurs. Grâce à cela, nous trouvons que la transmission avec vous est facile.

Nous ne voulons pas prendre le pouvoir sur vous ni écarter cette partie de vous-même qui veut garder le contrôle. Il importe au contraire d'attribuer à cette part-là une autre mission, de manière à ce qu'elle puisse vous aider au lieu de vous gêner. Nous aimerions que la partie de vous qui veut tout contrôler soit très attentive, pour voir si vous accordez avec précision les mots que vous prononcez à la transmission de votre guide. En outre, comme le contrôle de vos cordes vocales requiert de notre part beaucoup plus d'énergie quand vous êtes inconsciente, nous préférerions que vous soyez consciente et participiez, car cela nous demande moins d'énergie. »

La femme en question a commencé à se détendre un peu et à s'ouvrir aux sensations. Son guide a continué à l'aider à libérer les zones où elle bloquait la circulation d'énergie dans son corps. Elle avait espéré un immense changement et de fortes sensations physiques comme preuves qu'un guide était réellement présent, mais elle était aussi très prudente et n'aurait jamais permis à un guide d'entrer si elle sentait qu'on la contrôlait.

Après coup, elle a compris qu'elle abordait nombre de choses nouvelles de cette façon, y compris la création de sa maison de couture. Elle a pris conscience que son schéma habituel était de s'inquiéter et de lutter, même si les résultats étaient forts et couronnés de succès. Toute la journée, elle a continué à travailler sur le lâcher prise par rapport à ses doutes, surmontant sa déception de ne pas éprouver de sensations plus fortes et oubliant la peur qu'elles le deviennent. Ses consultations étaient invariablement bonnes et les informations, de grande qualité.

Elle nous a dit, plusieurs mois plus tard, qu'elle avait eu quelques expériences de channeling très réussies, qu'elle avait ressenti de fortes sensations physiques et qu'elle acceptait avec plus de confiance le fait que son guide était réellement présent. Dans les mois qui ont suivi, sa société a décollé. Bien qu'elle ne trouve pas autant de temps qu'elle l'aurait souhaité pour maintenir cette connexion, les choses dans sa vie ont commencé à se passer de façon beaucoup plus facile et magique. Elle sentait que son guide transmettait directement à son esprit, chaque fois qu'elle le demandait, des visions et une guidance en de nombreux domaines qui auparavant exigeaient d'elle de pratiquer un channeling verbal pour obtenir des informations.

Un an plus tard, sa maison de couture était si prospère qu'elle voyageait fréquemment dans tout le pays et connaissait un succès dépassant tout ce qu'elle avait pu imaginer. Elle disait qu'elle faisait appel au channeling pour des choses très terre à terre, telles que déterminer quelles collections se vendraient le mieux, savoir si un voyage allait être fructueux et en valait la peine, et pour découvrir de nouvelles choses à explorer.

Elle expliquait que, peu à peu, elle faisait davantage confiance à son guide, tout en voulant être sûre de garder le contrôle de sa vie et de ne pas dépendre de lui. Quand elle recevait un conseil, elle le vérifiait très soigneusement à l'aide de sa propre guidance intérieure et n'en tenait compte dans ses actes que s'il lui semblait bon à un niveau profond. Elle ajoutait qu'après réflexion ces conseils lui paraissaient en général justes, et les suivre lui avait apporté d'excellents résultats.

Une femme chaleureuse et pleine de tendresse, qui aimait beaucoup élever ses deux enfants adolescents dans la croyance qu'ils créaient leur propre réalité, est venue pour se connecter verbalement avec son guide. Elle s'occupait de plusieurs activités au sein d'un musée et dans le domaine culturel, et avait par ailleurs beaucoup d'autres projets. Elle avait rencontré son guide des années auparavant, alors qu'elle suivait un cours de développement médiumnique. À cette époque-là, elle s'était retrouvée en train d'écrire des informations qui semblaient provenir d'une source au-delà d'elle-même. Elle était alors trop occupée à élever sa jeune famille pour approfondir cela mais, à présent, elle sentait que le moment était venu.

Quand son guide est venu pour la première fois, elle a éprouvé une forte sensation physique, de la chaleur, puis des vertiges. Duane est intervenu et a commencé à la calmer en la faisant respirer profondément. Il lui a donné pour instruction de continuer à s'ouvrir pour laisser son guide se manifester. En quelques minutes, elle a été capable de pratiquer le channeling verbal. Ses informations étaient bonnes et elle était heureuse de cette connexion verbale.

Dans les mois qui ont suivi, elle a réalisé qu'il y avait un domaine qui l'intéressait et qu'elle n'avait jamais exploré : le travail sur le corps. Elle s'est inscrite à plusieurs formations, alors qu'elle était toujours impliquée dans d'autres projets, et a développé une activité croissante dans l'art de guérir. Elle avait le sentiment d'être dans une phase intense d'évolution spirituelle, apprenant le travail corporel et suivant des cours de développement spirituel. Elle apprenait tout ce qu'elle pouvait. Elle sentait la présence de son guide et l'impulsion accrue de suivre sa voie supérieure.

Si, au début, vous avez la tête qui tourne quand votre guide arrive, modifiez votre respiration et détendez-vous pour laisser plus d'énergie circuler à travers votre corps. Certaines personnes retiennent leur respiration ou respirent vite ou superficiellement sans s'en rendre compte, ce qui, dans un cas comme dans l'autre, peut provoquer des vertiges.

Le channeling peut souvent vous donner un peu chaud et, si la température de la pièce est déjà trop élevée, cela aussi peut contribuer aux vertiges. Respirer normalement, et aérer ou rafraîchir la pièce va vous aider. De toute façon, la sensation dure rarement plus de quelques minutes.

Une autre femme qui était tisserande et créait des vêtements d'une qualité exceptionnelle racontait que, lorsqu'elle avait rencontré sa guide pour la première fois, elle avait vu uniquement des tableaux, des images et des couleurs. Elle s'inquiétait du fait que sa guide puisse ne pas être réelle, car elle semblait trop douce et gentille, et ne paraissait pas capable de donner des informations verbales.

Orin lui a répondu : « Votre nature douce et gentille se reflète dans celle de votre guide. C'est la nature des guides supérieurs que de choisir pour channels des personnes qui correspondent à leur propre énergie et qui sont sur le même chemin d'évolution et de lumière. Votre guide reflète votre gentillesse, votre douceur et votre bienveillance envers les autres. Elle reflète votre capacité et votre désir de soigner par les couleurs et les formes. Elle sera pleine de ressources. En plus de vous aider dans votre profession, votre guide va apporter la guérison par un toucher léger et une parole douce. Soyez vous-même ; votre chemin est unique et votre channeling va se développer de façon naturelle, à son propre rythme. »

Il a fallu à cette tisserande de nombreux mois pour trouver comment travailler avec sa guide. Elle continuait à voir des couleurs et des images plus que des mots. Comme elle se comparait à d'autres qui obtenaient des données verbales, elle avait le sentiment de ne pas faire ce qu'il fallait. Elle a commencé à s'intéresser à l'analyse des couleurs et à étudier de quelles façons travailler avec elles aussi bien dans le domaine du vêtement que de l'environnement.

Elle a remarqué que, pendant qu'elle pratiquait le channeling, elle pouvait voir des couleurs autour des gens, et elle a fini par comprendre que ces couleurs correspondaient à différentes choses. Ses tableaux, symboles et images sont devenus plus clairs.

Au lieu d'essayer de canaliser verbalement, elle s'est mise à décrire aux gens les images qu'elle recevait. À sa stupéfaction, ces images avaient un sens pour eux ; les aidaient à voir symboliquement ce qu'ils étaient en train de traverser. Ces personnes pouvaient travailler avec ces images et apporter des changements dans leur façon de voir les situations.

Elle a continué à recevoir des informations sous la forme de couleurs et de symboles qui l'ont aidée dans son travail. Elle conseillait aux gens les couleurs qu'ils devaient porter pour accroître leur sentiment de bien-être. Elle faisait des méditations basées sur les couleurs pour aider les gens à guérir par eux-mêmes et elle a étudié la façon d'utiliser les couleurs différemment dans son tissage. Elle disait que sa plus grande difficulté était d'avoir attendu de voir son channeling se dérouler d'une certaine manière et se manifester sous une forme particulière. Ce n'est que lorsqu'elle a accepté l'expérience de sa guide telle qu'elle était tout simplement que, pour elle, son channeling a évolué et s'est développé.

Si vous recevez des images et des représentations plutôt que des mots, commencez à transmettre en décrivant ces symboles et ces images. Les guides transmettent de l'énergie pure, et les symboles sont souvent plus proches de leur transmission que les mots. Quand vous décrivez ces images, vous renforcez le lien avec votre guide. Avec le temps, vous allez très probablement recevoir directement des mots, au lieu de représentations à décoder. Ou peut-être allez-vous travailler avec votre guide pour transmettre par l'art, le dessin, la poterie, ou une belle œuvre novatrice d'un autre type.

C'était la fin de la journée; tous les participants étaient parvenus à se relier à un guide et tous étaient ravis, voire un peu secoués, par tout ce qu'ils avaient appris, et par les nouvelles visions et les nouveaux potentiels qu'ils commençaient à entrevoir. Nous venions une fois encore d'en faire l'expérience: chaque être est unique, et il y a une grande diversité de guides et de façons de recevoir les informations. Il y a aussi de nombreuses manières de s'ouvrir au channeling.

Le blocage initial le plus courant est, de loin, la peur que ce ne soit pas le guide qui parle, mais soi-même. À cause de cette peur, certaines personnes se retiennent de communiquer ce qu'elles reçoivent. Si telle est votre inquiétude, votre défi consiste à lâcher prise et à exprimer ce qui arrive par votre canal. Une fois que vous commencez à parler et que les mots se mettent à couler, les guides prennent la relève et les messages paraissent de moins en moins être le produit de votre imagination. C'est comme lorsque vous poussez une voiture pour qu'elle démarre; une fois que vous avez réussi à la faire bouger, il est de plus en plus facile de la faire avancer.

Il se peut que la seule chose dont vous ayez besoin pour vous ouvrir soit le courage de commencer, que vous sentiez ou non la présence d'un guide. Il a fallu à beaucoup de gens des mois, voire plus, pour sentir ou percevoir leur guide. La plupart de celles et ceux qui ont continué à pratiquer le channeling ont fini par faire la différence entre eux-mêmes et les guides.

CHAPITRE 13

Récits sur la période qui suit l'ouverture au channeling

La réaction des gens après l'ouverture

SANAYA ET DUANE : *Nous ne nous étions pas réellement attendus à ce que la vie des gens commence à changer immédiatement, et nous avons donc été surpris par les nombreuses histoires que les participants avaient à partager concernant ce qui leur était arrivé juste après s'être ouverts au channeling. Nous avons commencé à voir certains schémas apparaître. L'apprentissage du channeling exigeait une concentration et une capacité à maintenir une focalisation spirituelle supérieures à celles dont la plupart des gens avaient l'habitude. Nous partageons avec vous ce qu'ils ont vécu pour que vous sachiez quelles sont les réactions courantes.*

Une expérience fréquente est une intensification des rêves. Un avocat était venu apprendre le channeling, car il savait qu'il devait y avoir autre chose que le travail dans la vie. Dans sa profession, il faisait principalement appel au cerveau gauche, l'esprit logique. Il voulait se servir du channeling pour développer sa créativité.

Durant le stage, il était bien parvenu à se connecter à son guide, mais n'avait quasiment pas dormi la nuit suivante. Ses rêves étaient emplis de nombreuses idées révélant, l'une après l'autre, toutes les choses qu'il pouvait faire de sa vie. Une fois la porte ouverte, c'était comme si tous ses rêves refoulés, ses talents cachés et ses ressources commençaient à remonter à la surface. Le channeling avait créé l'intense connexion avec son cerveau droit, le côté créatif, qu'il désirait.

Pour certains, une autre réaction à l'ouverture au channeling est un sentiment de déception le jour suivant, sentiment qui en général ne dure que quelques heures, ou au maximum une journée. Une femme qui avait une agence de voyages est revenue le lendemain avec un sentiment de déprime concernant sa vie. Elle disait que c'était inhabituel, car elle passait ses journées concentrée sur les clients, les ventes et autres impératifs. Elle avait adoré sa pratique du channeling, et elle était contente du niveau et de l'exactitude des informations qu'elle avait reçues. En fait, elle ne voulait pas arrêter, cela lui paraissait si bon. Mais maintenant, rien ne semblait plus aussi bien qu'avant.

Nous avons demandé à son guide de commenter cette réaction. Il a répondu qu'elle avait mis de côté nombre de ses plus profonds désirs, de ses vrais besoins, ainsi que son évolution spirituelle, en se focalisant sur des questions de business qui n'étaient pas aussi joyeuses ou importantes pour elle. Quand elle avait établi le lien vers son moi supérieur avec son guide, elle avait eu le sentiment d'arriver chez elle. Maintenant, par comparaison, les autres parties de sa vie lui semblaient ternes. C'était comme de commencer à laver un tapis blanc. Si vous en nettoyez un coin, tout le tapis, qui semblait propre auparavant, vous paraît sale.

Avec le temps, elle a mis son monde extérieur en harmonie avec sa vie intérieure. Elle a reconnu qu'elle avait déjà entendu de forts murmures affirmant que ce qu'elle faisait n'était pas satisfaisant et que ses besoins profonds n'étaient pas satisfaits. Elle était toujours affairée et ne prenait pas le temps d'écouter son moi essentiel, profond. En se connectant à son guide, elle commençait à entendre aussi ce moi plus profond. Elle a donc restructuré son agence, transmettant certaines responsabilités à un directeur qu'elle a engagé. Elle a commencé à s'accorder du temps libre et s'est mise à la peinture comme hobby.

Au bout d'un moment, elle nous a rapporté qu'à de nombreuses occasions la guidance semblait arriver directement dans son esprit.

Elle a toutefois continué à pratiquer le channeling et à se connecter à son guide de façon plus formelle, pour obtenir des informations dans de nouveaux domaines, et lorsqu'elle canalisait pour d'autres ou qu'elle peignait. Elle indiquait que le futur l'inquiétait moins et qu'elle permettait simplement aux choses dont elle avait besoin de venir à elle.

Un autre type de réaction, lui aussi de nature émotionnelle, est un sentiment de paix et de contentement. Une femme, qui s'était disputée avec son mari parce qu'elle avait le sentiment de ne pas être soutenue, s'est sentie libérée, le lendemain de son ouverture au channeling, de tout besoin de se défendre ou de lui prouver quoi que ce soit. Elle a commencé à se défaire du sentiment qu'elle avait d'être délaissée et a pardonné tout le tort qu'elle imaginait qu'il lui avait causé. Au lieu d'en vouloir à son mari parce qu'il ne lui parlait pas ou ne la comprenait pas, elle éprouvait de la compassion pour sa vie et ce qu'il endurait. Elle a commencé à faire plus attention à lui et à apprécier les petites choses qu'il faisait pour elle et qu'elle avait considérées comme naturelles.

Après quelques semaines, ils communiquaient de façon honnête et intime pour la première fois depuis des années. Quand nous avons eu de ses nouvelles, plusieurs mois après, elle était tout excitée parce que sa relation était devenue si bonne qu'elle avait le sentiment de vivre avec un nouvel homme.

Certaines personnes rapportent une sensation de fatigue et de lassitude, ainsi qu'une difficulté à réfléchir clairement pendant un jour ou deux. Ils sont comme des coureurs qui auraient trop couru. Leurs « muscles » mentaux et spirituels sont fatigués le lendemain et ont besoin de repos. Le channeling demande un état de conscience et une focalisation.

La plupart des gens ne sont pas habitués à se servir de leur esprit de cette façon pendant de longs moments. Se reposer, se détendre, marcher en plein air, dessiner, écouter de la musique ou se plonger dans un bain chaud apaisent en général tout sentiment de planer. Certains trouvent qu'une activité physique intense les aide en ce sens. Cette fatigue est une réaction temporaire. Lorsque les gens continuent à pratiquer le channeling, ils disent qu'ils se sentent la tête plus claire.

D'autres personnes se sentent incroyablement pleines d'énergie après le channeling. Certaines rapportent que, le lendemain, elles avaient envie de nettoyer toute leur maison et de faire des choses qu'elles avaient remises à plus tard depuis des mois. C'était comme si la vie avait soudain plus d'éclat. D'autres racontent qu'elles voulaient jeter des vêtements et des objets qui semblaient ne plus cadrer avec leur vie.

Avec le changement qui s'opère dans votre vibration quand vous commencez à canaliser le channeling, des choses qui représentaient votre vieux moi peuvent commencer à quitter votre vie. Certaines personnes s'aperçoivent au bout de quelques jours qu'elles ont acheté des tenues de couleurs et de styles différents de ce qu'elles portaient auparavant. Elles veulent s'habiller avec des vêtements qui leur donnent le sentiment d'être plus vivantes. Leurs vieux habits ne semblent plus représenter qui elles sont désormais.

Une autre répercussion est que ce que les gens considéraient comme allant de soi paraît soudain différent, inhabituel ou étrange. C'est comme s'ils voyaient le monde pour la première fois ou se réveillaient d'un rêve.

Un couple qui avait suivi la formation disait que lorsqu'ils étaient allés dîner après le stage la nourriture avait un goût totalement différent. Ils s'étaient promenés en regardant les vitrines de quelques boutiques et les choses qu'ils voyaient leur paraissaient irréelles; les couleurs étaient exceptionnellement vives; les gens semblaient bizarres. Comme s'ils venaient tout juste d'arriver sur Terre. Les sensations normales sont revenues plusieurs jours plus tard. Ils disaient que cela leur avait tellement plu qu'ils auraient aimé demeurer beaucoup plus longtemps dans cet état accru de conscience.

Après le channeling, certaines personnes commencent à vraiment observer et prêter attention à ce qui les entoure, au lieu de marcher en étant préoccupées la plupart du temps. D'autres, s'étant rendues à des fêtes ou à des réceptions au cours des jours suivants, s'étaient retrouvées à voir les gens de façon entièrement nouvelle. Les conversations qui n'avaient pas de réelle signification en avaient encore moins et étaient encore plus ennuyeuses, alors que des personnes qu'elles n'auraient pas remarquées auparavant devenaient intéressantes. C'était comme si elles voyaient les gens au niveau de l'âme plutôt que de la personnalité.

Une autre réaction commune chez les gens après leur ouverture au channeling est qu'ils se demandent si oui ou non ils ont réellement canalisé. (Nous avons consacré à cette question une partie du chapitre 14, Channeling, un grand éveil). Une femme élégante et sportive, mère de trois enfants, qui avait pratiqué avec succès et avait eu une bonne connexion avec son guide, était, le lendemain, submergée de doutes quant à la réalité de son expérience. Elle n'avait cessé de demander à son guide s'il était réel.

Pendant qu'elle conduisait sa voiture, avec l'un de ses enfants endormi à l'avant et un autre qui jouait tranquillement à l'arrière, elle avait ressenti un picotement dans tout le corps. Puis, une voix avait commencé à lui parler dans sa tête, évoquant son futur et des choses dont elle ne pouvait pas avoir connaissance et qui s'étaient révélées vraies par la suite. Elle est revenue nous dire que cette expérience était si saisissante que désormais elle ne doutait plus de la réalité de son guide. Un monde totalement nouveau s'ouvrait à elle.

D'autres effets peuvent se produire le jour suivant ou apparaître plus tardivement. Il arrive que des personnes ne remarquent aucun changement ni le lendemain ni au cours des semaines suivantes; cependant, lorsqu'elles regardent en arrière, elles sont presque toujours capables de se rappeler des évènements sortant de l'ordinaire. Une femme qui avait programmé un voyage dans le désert avec une amie nous a raconté qu'elle avait décidé d'aller plutôt dans les montagnes Rocheuses. Elle projetait d'appeler son amie pour lui demander si elle voulait bien changer de programme lorsque celle-ci lui avait téléphoné pour lui dire qu'elle préférerait aller dans les Rocheuses plutôt que dans le désert!

Beaucoup de gens ont commencé à avoir des nouvelles d'anciens amis et à mettre un terme à d'anciens désaccords et à de vieilles disputes. Les choses qui les entravaient à un niveau énergétique ont commencé à se révéler à eux, pour qu'ils les éclaircissent et s'en libèrent.

Une femme a rapporté que, alors qu'elle rentrait chez elle après avoir appris à canaliser, un ami dont elle n'avait plus entendu parler depuis six ans lui avait téléphoné. Il avait brusquement coupé toute relation après un différend et avait fermement refusé toute tentative d'apaisement. L'ami l'avait appelée le soir du stage pour s'excuser et étudier la possibilité de remédier aux blessures du passé et de les pardonner.

Quelques modifications d'ordre physique se produisent parfois, comme une légère douleur à l'épaule, à la nuque et dans le haut du dos, qui sont des réactions à l'ouverture au channeling. L'une des raisons de ce genre de douleur sur le plan physique peut être due au fait que vous êtes habitué(e) à vous tenir d'une certaine manière et que, lorsque vous canalisez votre guide, vous adoptez souvent une position nouvelle. Les muscles n'y sont pas habitués et sont parfois douloureux. Demandez à votre guide de vous aider à vous détendre et n'oubliez pas de corriger votre posture de manière à ce qu'elle soit confortable. En général, la raison d'une telle douleur est une entrave à la libre circulation de l'énergie.

Les guides fusionnent souvent avec votre champ énergétique dans la région du cou et des épaules. Comme ils apportent à votre corps une énergie plus élevée, il arrive que certaines zones ne soient pas capables de supporter ce flux plus important. Imaginez un tuyau conçu pour un débit de tant de litres d'eau par minute. Si vous augmentez d'un seul coup le volume de liquide qui doit le traverser, le tuyau n'est plus apte à en gérer le flot. Il risque de gonfler par endroits et de se déformer à d'autres. Si votre guide vous transmet plus d'énergie que ce à quoi vous êtes habitué(e), il vous est facile de vous ouvrir à ce flux supplémentaire : imaginez que votre énergie s'ouvre et demandez à votre guide de vous aider. Toute gêne va très probablement disparaître en quelques minutes.

Certaines personnes ont remarqué une baisse d'énergie, un sentiment de tristesse, ou ont ressenti une sensibilité émotionnelle, lorsqu'elles sortaient de l'espace de channeling. Orin et DaBen expliquent que c'est là le contrecoup du sentiment accru de bien-être, d'ouverture du cœur et de connexion à l'Univers qui contraste tant avec la conscience ordinaire de la plupart des individus.

Beaucoup de gens mènent leur vie dans un état de conscience qu'ils appellent « normal ». Ils croient que c'est ce qu'ils sont capables de percevoir de plus haut. Quand ils font l'expérience de la réalité supérieure de leur guide, ils se rendent compte qu'il existe un monde totalement nouveau de joie et d'expansion qui leur est accessible. Le contraste peut-être frappant.

Nous avons observé qu'à mesure que les gens poursuivent leur pratique du channeling, évoluent et opèrent des changements dans leur vie et dans leurs attitudes la distance entre ces deux états diminue et les personnes commencent à se sentir constamment plus heureuses et plus épanouies. Il n'y a plus alors ni baisse d'énergie ni tristesse après avoir canalisé.

Trop pratiquer le channeling peut être une autre raison à cette baisse d'énergie. Il faut du temps pour développer la capacité de pratiquer pendant longtemps. Un coureur ne va pas se mettre à courir un marathon sans avoir développé une certaine endurance. Les signes indiquant une pratique trop longue sont la fatigue après coup, un sentiment d'agitation, une anxiété ou le fait de vous sentir surexcité(e), comme si trop d'énergie circulait dans votre corps. Si tel est le cas, passez moins de temps à canaliser. Vous pouvez également faire de l'exercice ou avoir des activités physiques qui ne requièrent pas une concentration intense; ces activités vont vous aider à libérer votre excès d'énergie.

À maintes et maintes reprises les gens nous rapportent l'histoire de petits miracles, si tant est qu'un miracle soit jamais mineur: le remboursement d'un prêt qui tardait tant et qui arrive enfin; la vente soudaine d'une maison qui était à vendre depuis un an; le précieux objet que l'on avait perdu et que l'on retrouve. Certaines personnes voulaient expliquer ces faits comme étant de pures coïncidences mais, ces « coïncidences » continuant à se produire, elles devenaient convaincues de la présence et de la protection de leur guide.

SANAYA: *Au début, quand j'ai commencé à servir de channel à Orin, je n'étais capable de supporter son énergie que pendant vingt ou trente minutes. Un an plus tard, je pouvais le faire pendant une heure. Peu à peu, j'ai pu pratiquer pendant des périodes plus longues et, après beaucoup de pratique, pendant des heures d'affilée, avec quelques pauses. Parvenir à tenir de longues séances de channeling sera peut-être plus facile et plus rapide pour vous, alors suivez votre propre rythme.*

DUANE : *Au début, avec mon travail corporel, j'ai constaté que je pouvais tenir l'espace de channeling et me concentrer pendant une heure environ. Avec le temps, j'ai découvert qu'il était possible, et même vivifiant, de passer trois ou quatre heures complètement focalisé dans un état de channeling, à travailler sur le champ énergétique et le corps de quelqu'un.*

SANAYA ET DUANE : *La plupart des gens commencent à se connecter verbalement avec leur guide et continuent simplement à améliorer et à renforcer la connexion, chaque fois qu'ils pratiquent. Si vous restez vigilant, vous allez découvrir beaucoup de richesse dans votre pratique.*

Une doctoresse accomplie était venue apprendre le channeling pour trouver encore plus de moyens de guérir et d'aider les gens. Elle avait eu beaucoup d'ouvertures personnelles, qu'elle souhaitait étendre de toutes les façons possibles, et le channeling lui semblait être logiquement l'étape suivante. Elle pensait que la médecine traditionnelle traitait les symptômes et non les causes. Elle espérait donc, grâce à son guide, être capable de voir la cause des maladies — que celles-ci soient d'ordre mental, émotionnel, spirituel ou physique.

Bien que récemment parvenue à cette nouvelle approche, elle apprenait vite et s'investissait dans tout ce qu'elle faisait avec un immense enthousiasme. Dès l'instant où elle appelait son guide, elle était partie et fonçait. Il s'exprimait avec éloquence et fournissait de belles réponses aux questions qu'elle ou d'autres posaient.

Elle était venue d'une autre ville et, quand elle est rentrée chez elle, elle s'est sentie un peu perdue. Personne autour d'elle ne s'intéressait au channeling ou y croyait. Elle se sentait pleine de doutes et se demandait si elle allait perdre sa forte connexion initiale avec son guide. Elle avait du mal à canaliser et finit par y renoncer presque complètement. Elle se mit pourtant à lire tout ce qu'elle pouvait trouver sur des sujets métaphysiques. Elle se demandait si elle avait d'une certaine manière déçu son guide, et a appelé Orin pour savoir si elle devait se servir de sa force de volonté pour pratiquer le channeling tous les jours.

Orin lui a expliqué qu'elle avait besoin d'élargir ses concepts pour être un meilleur channel pour son guide, et qu'elle faisait exactement ce qu'il fallait pour développer sa pratique. Il lui a dit de continuer à lire, car son guide voulait qu'elle étende ses propres connaissances, et que son désir d'être un channel allait revenir.

Quelques mois plus tard, elle est venue participer à l'atelier de channeling destiné aux personnes déjà avancées en ce domaine, qu'Orin et DaBen nous encourageaient à animer, pour permettre aux gens d'étendre et de renforcer leur connexion initiale avec leur guide. Elle a été capable de se connecter beaucoup plus fermement, et Orin lui a conseillé de pratiquer cinq minutes par jour, car, à son stade de développement, une connexion régulière lui serait grandement bénéfique.

Elle a appelé quelques mois plus tard pour dire que cinq minutes par jour s'étaient transformées en une connexion forte et régulière d'une demi-heure. Elle canalisait beaucoup d'informations sur la médecine et commençait à comprendre d'une nouvelle manière le corps humain et son système énergétique. Elle disait également qu'elle rencontrait des gens qui s'intéressaient au channeling et qu'elle avait donné avec succès plusieurs consultations de groupe.

Elle a passé un an à se demander comment elle pouvait utiliser cette connaissance supérieure. Puis elle a découvert l'homéopathie, et une autre transformation dans sa façon de penser a eu lieu. Elle a vu que traiter les symptômes physiques des gens ne représentait qu'une partie infime du tableau. Elle a compris que les symptômes physiques indiquaient l'existence de troubles énergétiques et que traiter la question au niveau des énergies empêchait qu'apparaisse une succession de problèmes physiques. Quand elle a changé sa façon de pratiquer la médecine de manière à y inclure cette approche, sa vie entière a fait l'objet d'ajustements majeurs.

Aux dernières nouvelles, elle se sentait fermement en connexion avec son guide et proposait l'homéopathie à celles et ceux qui étaient ouverts aux méthodes de soins alternatives. Elle transmet de remarquables informations sur la guérison et la santé, et nous nous attendons à entendre encore beaucoup plus parler d'elle, à mesure qu'elle poursuit cette voie.

Técu, le guide de Sanaya qui provient d'une autre dimension

SANAYA : *Au terme de la première année, nous avions enseigné à plus d'une centaine de personnes à canaliser. Durant cette même période, nous éprouvions, Duane et moi, le besoin de quitter régulièrement la ville pour nous rendre dans des endroits calmes et au grand air, afin de travailler sur notre propre énergie et d'accroître notre connexion aux royaumes supérieurs.*

Ce printemps-là, nous sommes allés à Maui et avons passé la plus grande partie de notre temps là-bas à travailler sur l'énergie et le channeling. Duane a découvert un monde sous-marin complètement nouveau en faisant de la plongée. Cela modifiait sa conscience pendant des heures et lui donnait un sentiment de plénitude. Ayant grandi dans le Middle West, je n'avais pas une grande expérience de l'océan, alors apprendre à m'en sortir avec les déferlantes et un tuba a été un grand pas. J'adorais la plongée avec un tuba et j'aimais regarder Duane disparaître dans les profondeurs de l'océan.

En général, nous pratiquions le channeling un peu tous les matins, mais nous y avons aussi consacré plusieurs journées entières. On aurait dit que l'énergie particulière de Maui, avec l'Haleakala, cette magnifique montagne volcanique haute de 3000 mètres, faisait monter notre énergie plus haut que jamais. Orin et DaBen nous ont dit que ce lieu recelait des « points de pouvoir », des portes entre notre réalité et d'autres dimensions. Nous avons parcouru toute l'île en voiture, senti l'énergie en différents endroits et pratiqué le channeling pour voir si notre connexion à nos guides changeait en fonction des différents lieux, conditions atmosphériques, altitudes et environnements.

Vers la fin de notre séjour, j'ai vécu une sacrée expérience lorsqu'un autre guide, Técu (prononcer Tey-coo), s'est manifesté. Técu s'était déjà présenté à moi une fois, lors d'un voyage de trois semaines à Kauai que j'avais fait avec une amie. À l'époque, il s'était manifesté tous les matins pour me donner des informations sur la façon de guérir les autres et moi-même, et pour parler des lois universelles de l'énergie. Orin avait encouragé cette connexion, en me disant que Técu était un être très avancé et qu'ils travaillaient ensemble. Depuis ce voyage à Kauai, Técu n'était pas revenu.

Técu s'est lui-même identifié comme étant un Seigneur du temps, provenant des portails du monde de l'essence où est créée toute matière. Il a parlé d'autres univers et des mondes de la forme et de la matière. Duane et moi trouvions ses informations fascinantes. Técu avait le sens de l'humour. Il disait qu'il venait d'un lieu différent de celui d'Orin, ni plus élevé ni plus bas. Il expliquait qu'il lui était actuellement le plus facile de se manifester dans ces régions de notre monde qui étaient le plus proche de volcans. Il parlait de son monde qui périodiquement entrait en synchronisation avec le plan terrestre, puis en ressortait. Il nous disait que sa connexion avec nous était liée au fait que nous étions à certains endroits à certains moments. Il expliquait qu'il lui serait difficile de se manifester chaque fois que je le voulais, parce qu'il existait dans un univers ayant une fréquence très différente, qui « entrait en phase » avec les nôtres uniquement à certains moments et en certains lieux.

Je trouvais l'expérience fascinante. J'appris que, dans le monde de Técu, l'énergie était symétrique. Il trouvait que le corps humain était un défi très drôle pour lui et prenait plaisir à faire l'expérience de mon corps en train de marcher. Il se demandait comment je parvenais à maintenir en équilibre ce véhicule asymétrique. Chaque fois qu'il essayait de marcher, je tombais presque par terre, jusqu'à ce qu'il commence à s'habituer à la pesanteur et à l'équilibre.

Quand Técu nous observait, Duane et moi, en train de manger, il était surpris par notre façon de nous nourrir. Au début, il semblait perplexe, et ensuite il était follement amusé. « Je comprends maintenant, a-t-il dit. Manger est la source de vos problèmes. D'abord, il vous faut de la nourriture. Ensuite, vous avez besoin d'assiettes. Puis vous devez construire une maison pour y mettre la vaisselle. Et il vous faut alors travailler pour payer la maison. Tout ça parce que vous devez manger ! » *Il a ajouté que, dans son système, ils absorbaient simplement de l'énergie chaque fois qu'ils en avaient besoin et que cela rendait la vie beaucoup plus facile.*

Son sens de l'humour était si délicieux que nous nous tordions de rire. Sa façon de regarder notre monde nous amenait à réexaminer certains de nos principes et postulats les plus fondamentaux, et tout cela avec amour. Un jour, il s'est manifesté pour nous donner des informations complémentaires sur les changements qu'il observait concernant la Terre, et il nous a encouragés à continuer à enseigner aux gens la pratique du channeling, car cela les aiderait à s'adapter aux changements de fréquence et de vibration qui étaient en train de se produire sur Terre.

Il est revenu à plusieurs reprises depuis que nous avons quitté Maui, chaque fois de façon inattendue, et en général pour nous en dire plus sur ce qui se passe dans l'Univers et pour nous donner des conseils pratiques sur la façon d'utiliser les énergies pour évoluer, créer et réaliser notre but supérieur.

Notre visite au mont Shasta

SANAYA : *Duane et moi sommes partis pendant le mois d'août dans une belle ville de Californie du Nord, Mount Shasta City, au pied du mont Shasta, pour travailler sur ce livre, explorer de nouveaux lieux de pouvoir, et nous connecter plus fortement à nos guides. Le mont Shasta est la demeure légendaire des Maîtres ascensionnés qui, dit-on, vivent sur cette montagne. Beaucoup de gens se sont rendus en ce lieu dans l'espoir de rencontrer ces grands maîtres qui n'apparaissent, selon la rumeur, qu'à celles et ceux qui sont spirituellement prêt(e)s.*

Nous logions dans une maison confortable cachée au milieu des arbres, où nous pouvions écrire et jouir de la tranquillité et du calme. Nous sommes allés camper quelques jours, plus haut dans la montagne, pratiquant le channeling et faisant de la randonnée et du jogging. Duane se mettait en forme pour parvenir jusqu'au sommet à 4300 mètres d'altitude, ce qui exige de bonnes compétences pour la randonnée en haute montagne. Nous n'avons jamais rencontré ces êtres spéciaux, mais nous avons passé de merveilleux moments avec Orin et DaBen. Le pouvoir de la montagne est tel que nous avons tous deux senti une connexion plus forte avec nos guides et une aptitude accrue à nous élever.

Duane était impatient de monter là-haut. Il faisait un temps magnifique. Partant d'un camp de base situé à 2700 mètres, il lui fallut six heures pour atteindre le sommet. De là-haut, il pouvait voir à des centaines de kilomètres à la ronde, d'un côté la côte et, de l'autre, les monts de la Sierra Nevada. Il a commencé à canaliser DaBen.

De mon côté, de retour à la maison, j'ai soudain senti un énorme afflux d'énergie me traverser. J'ai arrêté ce que j'étais en train de faire et j'ai fermé les yeux. J'ai eu l'impression d'être, moi aussi, assise au sommet de la montagne et de voir clairement le paysage. Je ne savais pas à l'avance à quel moment Duane allait atteindre le sommet, mais, par la suite, quand nous avons comparé les heures, mon élévation de conscience et le sentiment d'être transportée en haut de la montagne ont eu lieu au moment précis où Duane servait de channel à DaBen. Le panorama que j'ai décrit et l'endroit que j'ai vu étaient exactement ce que Duane était en train de regarder depuis le sommet.

Nous avons découvert qu'à travers le channeling nous avons un lien télépathique beaucoup plus étroit. Nous avons des expériences de plus en plus fréquentes au cours desquelles nous sommes intuitivement reliés et conscients l'un de l'autre, même à des kilomètres de distance. Beaucoup d'autres personnes pratiquant ensemble le channeling nous ont parlé d'expériences similaires.

PARTIE IV

Développer votre channeling

CHAPITRE 14

Le channeling, un grand éveil

Le channeling, un chemin d'évolution spirituelle accélérée

SANAYA ET DUANE : *Après avoir rencontré leurs guides, les gens avaient tellement d'expériences ouvrant sur de nouveaux horizons qu'ils souhaitaient se retrouver régulièrement pour partager et examiner ensemble leur merveilleuse aventure. Nous avons commencé par des rencontres mensuelles pour leur donner l'opportunité de continuer à développer leur channeling, et pour qu'Orin et DaBen répondent à leurs questions. À partir de leur expérience et des réponses et informations fournies par Orin et DaBen, nous avons beaucoup appris sur le développement du channeling et sur la façon dont il transforme la vie des individus.*

ORIN ET DABEN : Une fois que vous accueillez un guide de haut niveau, ou que vous vous connectez à votre âme et à votre moi supérieur, vous êtes sur un chemin d'évolution accélérée. L'ouverture au channeling crée un lien plus grand entre le moi supérieur et le moi ordinaire. Cette ouverture peut générer ou accélérer un éveil spirituel.

Vos guides vont être capables de vous assister dans cet éveil. Ils peuvent vous aider à faire l'expérience de plus de joie, de plus de confiance, d'une plus grande conscience de qui vous êtes. Quand vous travaillez avec des guides, vous pouvez remarquer des modifications et des changements dans votre vie. Il se peut que ceux-ci ne soient pas énormes mais, au bout de quelques mois ou de quelques années, vous vous connaîtrez sans doute de façon totalement nouvelle.

Souvent, après s'être ouverts au channeling,
les gens ressentent une excitation nouvelle
à l'égard de leur vie
et de leur illumination intérieure.

Il y a l'énergie intense qui est caractéristique de tout nouveau début. C'est une période d'enthousiasme, de vision, de réalisation de soi et de désir de changer. Certaines personnes nous ont rapporté qu'après leur ouverture elles éprouvent un immense amour pour tous ceux qui les entourent. Elles ressentent une grande plénitude et ont le sentiment de faire un avec l'Univers. Elles ont l'impression d'être capables de tout faire. Tout dans leur vie se pare d'une aura particulière. Cela ressemble beaucoup aux premiers émois amoureux. Les gens ont l'impression d'être sur un nuage. Ils se sentent gagnés par de nouvelles et merveilleuses façons de percevoir leur monde et eux-mêmes.

Cette période dure plus ou moins longtemps. Comme pour la marée, il y a un flux et un reflux après l'ouverture ; c'est le moment de mettre à jour la réalité normale. Vous aurez peut-être besoin de changer de métier ou vos relations avec autrui. Il se peut que vous ayez à traiter et à résoudre des problèmes personnels. Ce processus d'actualisation et le fait de vivre au jour le jour peuvent vous apparaître comme une baisse d'énergie.

Rendez-vous compte que le processus consistant à créer dans votre vie des formes extérieures qui correspondent à votre lumière intérieure plus intense peut ne pas être toujours excitant. Il peut parfois conduire à des situations inconfortables. Cependant, effectuer les changements dont vous avez besoin dans le monde réel va en définitive renforcer votre channeling et votre connexion.

L'éveil spirituel comporte des cycles, comme les vagues de l'océan qui vont et viennent. Certaines vagues peuvent être énormes et durer longtemps. D'autres vont être plus petites et plus fréquentes. Passé la première phase d'excitation, le stade suivant est en général celui de l'intégration, au cours duquel les visions commencent à atteindre des niveaux plus profonds et à se fondre avec le reste de l'être.

Les personnes qui, au début, abordaient le channeling avec ardeur peuvent le pratiquer moins souvent. Maintenant que la connexion est établie dans certains domaines, elles peuvent avoir besoin d'intégrer cette nouvelle ouverture dans tous les domaines de leur vie avant de se connecter à nouveau avec leur guide et d'aller encore plus haut. Elles peuvent consacrer leur énergie à mettre leurs activités quotidiennes en adéquation avec leurs visions supérieures, en se focalisant sur de meilleures façons de mener leur vie.

Si, au bout de quelque temps, vous ne pratiquez pas le channeling aussi souvent que vous le faisiez au début, acceptez-le. Il peut s'agir pour vous d'une période de profond changement intérieur et il y aura parfois aussi des changements extérieurs. Cela peut correspondre à une phase où les choses vont de l'intérieur vers l'extérieur, au lieu du contraire. Vous êtes en train d'intégrer une vibration supérieure à tous les niveaux de votre vie.

Parfois, quand vous vous efforcez de trouver une réponse à un problème, ce n'est que lorsque vous êtes passé(e) à autre chose que celle-ci apparaît. C'est comme si votre esprit avait travaillé intérieurement sur la question pendant que vous faisiez autre chose. Il en va de même avec le channeling ; vous pouvez marquer une pause pendant quelque temps, y revenir plus tard et découvrir que votre connexion est meilleure qu'elle ne l'a jamais été.

En général, après l'ouverture initiale, il y a une phase de marée basse. Vous êtes en train de réexaminer et de remettre en question votre vie, d'intégrer une nouvelle sagesse ; peut-être ne pratiquez-vous même pas le channeling. Soyez sûr(e) qu'il s'agit seulement d'une phase temporaire. Quand vous serez prêt(e) à vous ouvrir encore plus, vous allez très probablement découvrir une connexion plus profonde, plus claire et plus forte avec votre guide.

Le channeling vous donne les outils
pour trouver vos propres réponses.

Certaines personnes ont des attentes auxquelles le channeling ne répond pas toujours. Au début, certains individus pensent que cette pratique va les connecter à un être sage qui va résoudre tous leurs problèmes sans effort de leur part et sans aucune tentative de changement. Au lieu de cela, ils découvrent qu'ils ont quand même besoin d'apprendre leurs propres leçons; qu'ils sont encore responsables de l'évolution et de la gouverne de leur propre vie. Une fois que les gens acceptent que leur guide ne vont pas résoudre tous leurs problèmes, mais plutôt leur donner les outils dont ils ont besoin pour les résoudre eux-mêmes, ils s'adaptent assez bien.

Le channeling ne vous prive pas de vos leçons ou opportunités de grandir. Il vous permet de comprendre la situation à partir d'une perspective plus élevée, de sorte que vous puissiez entreprendre des actions plus appropriées et accomplir les choses avec joie et aisance au lieu de lutter.

Quand l'excitation initiale diminue, nombre de problèmes que vous ignoriez concernant votre vie, tels que le travail que vous vouliez quitter ou les relations avec les autres qui ne vous nourrissent pas, deviennent intolérables; il peut soudain sembler urgent d'agir.

Le channeling vous oriente dans la direction de votre dynamique de vie et de votre développement. Tout ce qui interfère avec votre dimension vivante et votre bien-être va devenir douloureusement manifeste. Vous allez probablement avoir une image plus claire de la façon dont vous voulez que soient les choses, parce que vous verrez votre vie à partir d'une perspective plus élevée et parce que vous saurez ce qui est possible.

Il devient difficile de nier votre aptitude à créer une vie meilleure, même si vous ne comprenez pas immédiatement comment vous y prendre. La plupart des défis relèvent de domaines de votre vie où vous avez refoulé vos sentiments et vécu une existence qui ne vous correspondait pas.

Vous allez peut-être constater que vos conflits remontent directement à la surface, là où vous pouvez les voir. Souvenez-vous que, lorsqu'ils deviennent visibles, il est possible de les résoudre. Il s'agit parfois de vieux problèmes qui refont surface et qui, grâce à votre nouveau niveau de clarté, peuvent être plus complètement résolus et évacués.

Au début, quand ces problèmes refont surface, certaines personnes sont tentées de nier la validité ou la réalité des perspectives et des expériences de leur channeling. Nous avons vu, dans cette phase-là, des doutes, des résistances et des critiques devenir très intenses. Une partie de votre être peut vouloir revenir à son ancienne réalité confortable, ou du moins familière. Cependant, comme vous avez été exposé(e) à de nouvelles visions de vous-même, il est pratiquement impossible de revenir en arrière et d'accepter les choses qui ne fonctionnent pas dans votre vie.

Parfois, les gens ont tendance à être durs avec eux-mêmes, voire à se dénigrer, pour ne pas avoir agi et vécu plus tôt en accord avec leurs visions nouvelles. Soyez bon(ne) avec vous-même. Tout arrive au moment qui est le sien. Au cours de cette phase, certaines personnes se disent parfois qu'elles n'ont pas de volonté. Elles ont le sentiment qu'elles devraient faire davantage de leur vie. Elles peuvent parfois se sentir indécises. Ayant fait l'expérience des royaumes supérieurs, il arrive qu'elles aient le sentiment d'être inadaptées ou hypersensibles face à la douleur ou à la négativité. Souvenez-vous que c'est là une période intense d'examen de vous-même. Votre personnalité compare peut-être votre nouvelle réalité potentielle à celle que vous êtes en train de vivre et trouve qu'il manque quelque chose.

Certains individus ont le sentiment que tout devrait être différent après le channeling. Ils se disent qu'ils devraient être capables de tout faire sans prendre en considération leur situation, leurs facultés, leurs forces et leurs faiblesses actuelles. Ils s'aperçoivent pourtant qu'ils ont encore affaire à leur réalité. Certaines personnes se sentent tellement pleines d'énergie qu'elles apportent trop de choses nouvelles d'un seul coup dans leur vie. Elles font beaucoup de projets, se lancent dans de nouvelles entreprises et se retrouvent impliquées dans un tas de choses. Elles découvrent par la suite qu'elles ne disposent que d'une certaine quantité de temps et d'énergie, et qu'elles doivent focaliser leur énergie au lieu de la disperser.

À des degrés divers, nous avons vu ces problèmes chez pratiquement toutes celles et tous ceux qui suivent un chemin spirituel. Ils ne sont pas propres au channeling. Cela se produit chez toutes les personnes qui s'ouvrent à une réalité plus élevée et qui s'éveillent spirituellement.

Le channeling va vous aider à opérer
les changements de vie que vous vouliez faire.

Après cette phase vient souvent un élan de créativité et d'inspiration. C'est une période où vous accomplissez, complétez, achevez et manifestez ce que vous vouliez. Cela peut souvent débuter par l'élimination des choses qui vous ont empêché(e) de vous sentir joyeux(se). Vous avez peut-être traversé une période de lâcher prise. Même si par moments vous pouvez encore être d'humeur fluctuante et hésitez entre vous sentir bien et plein(e) d'assurance ou peu sûr(e) de vous, vous avez en général le sentiment d'être pleinement vivant(e) et responsable de votre vie.

C'est le stade où vous commencez à développer une confiance en votre guidance intérieure et où vous cessez de dépendre de l'autorité d'autrui. Cela ne se fait pas du jour au lendemain mais, à mesure que vous traversez cette période, vous allez vous trouver plus fort(e) sous bien des aspects qui seront nouveaux pour vous. C'est comme lorsqu'on déménage, le vieux mobilier est emballé et remisé et le nouveau est encore en train d'arriver. Quand ce qui est ancien s'en va et que ce qui est nouveau arrive, il peut y avoir un peu de confusion. Par la suite, une fois que tout est en place, comme on se sent bien !

Transformer vos doutes en amis

ORIN ET DABEN : Il est courant de douter de la réalité du channeling. Des questions telles que « Est-ce que je le fais réellement ? » et « Un guide est-il présent ou est-ce juste mon imagination ? » apparaissent quand vous vous ouvrez au début. En général, les doutes sont un système de protection qui provient de la programmation que vous avez acquise de vos parents et de la société pour vous aider à choisir quelles informations accepter. On vous a peut-être dit d'être prudent(e) et de faire attention. Les doutes peuvent être vos amis, en vous empêchant de vous emballer tant que vous n'avez pas suffisamment exploré quelque chose pour savoir si cela a de la valeur et si c'est sans danger pour vous.

Quand vous atteignez le stade d'éveil spirituel où vous rencontrez des doutes, il y a de nombreuses façons de les traiter. Cela vous aidera à y faire face si vous comprenez pourquoi ils s'élèvent après que vous vous soyez ouvert(e) au channeling. Quand vous devenez plus conscient(e) de votre moi supérieur, les moi inférieurs vous deviennent souvent plus visibles. Nous utilisons le terme « inférieur » pour parler des parties de votre être qui n'ont pas encore senti leurs connexions avec l'Intelligence créatrice supérieure de l'Univers, les parties de votre être qui ne sont pas encore sages et imprégnées de lumière.

Imaginez que votre personnalité est composée de nombreuses parties — une partie sage, une partie qui doute, une partie confiante, une partie aimante, un moi qui aime avoir de l'autorité, un moi qui aime qu'on lui dise ce qu'il faut faire. Un équilibre délicat est maintenu entre toutes vos différentes parties. Chaque aspect a sa contrepartie. Le moi qui veut qu'on le laisse libre et jouer tout le temps est contrebalancé par le moi qui veut travailler dur et éviter de jouer, etc.

Il y a une partie de vous qui veut se développer rapidement et une partie de vous qui aime la stabilité et ne veut voir aucun changement. Quand vous pratiquez le channeling, la partie de vous qui désire grandir rapidement est renforcée. Cela a pour effet de modifier l'équilibre entre cette partie-là et le moi stable, aimant la sécurité qui vous a gardé les pieds sur terre. Ce «moi-sécurité» a veillé sur vous, présumant que si la part évolution prenait trop de pouvoir elle risquait de laisser les choses échapper à tout contrôle et d'effectuer trop de changements trop vite. Cette part protectrice peut essayer de saboter vos efforts pour vous élever, en créant une résistance. Elle dispose de nombreux moyens pour vous ralentir, tels que le doute, la résistance, la peur ou l'impatience.

Vos doutes essayent de vous aider.

Parfois, vos doutes agissent afin de vous ralentir, en vous empêchant d'établir la connexion de channeling aussi souvent que vous le pourriez, donnant ainsi à votre personnalité le temps de s'adapter, de se mettre au diapason de tous les changements que vous êtes en train d'accomplir dans votre vie et de les intégrer. Il est bon d'évoluer à la vitesse qui est la vôtre, quelle qu'elle soit. Vous voulez parfois grandir plus vite que le rythme qui vous convient, faire entrer d'un coup trop de lumière.

Vous avez sans doute constaté les effets physiques d'un excès de lumière quand on s'allonge au soleil des heures durant sans une protection adéquate et qu'on prend des coups de soleil. Il est préférable de s'habituer graduellement à la lumière et de donner à toutes les parties de votre être le temps de s'adapter. Quand vous pratiquez le channeling, vous apportez plus de lumière dans votre vie. Ce peut être un processus doux et sûr. Parfois, vos doutes peuvent agir comme des coupe-circuits qui vous empêchent de surcharger vos circuits. Si vous pratiquez trop le channeling, sans écouter les messages intérieurs qui vous disent de modérer votre ardeur, vos doutes peuvent intervenir pour vous ralentir.

Il y a en vous deux autres « personnalités » dont l'équilibre peut être perturbé par votre pratique. L'une d'elles croit aux guides et vous aide à pratiquer. Elle est disposée à voyager au-delà de la réalité telle que vous la connaissez. Mais il peut y avoir également une autre personnalité qui dit : « Je crois en ce que je vois, touche, sens, goûte et entends, et en rien d'autre. »

Cette personnalité montre-moi-que-c'est-vrai peut être activée lors du processus de channeling. Elle veut une preuve que les guides sont réels et elle peut créer en vous un conflit en faisant surgir des doutes sur la réalité du channeling et l'existence des guides. Ce conflit peut survenir si vous transmettez des informations qui constituent un défi pour vos croyances ou qui forcent votre imagination, ou peut-être même si vous transmettez une simple guidance d'ordre pratique.

Vous demandez à vos guides des informations stupéfiantes qui vont vous convaincre que vous avez établi un contact avec un royaume supérieur. Quand nous vous les donnons, vous vous demandez si vous les avez inventées. Quand nous vous donnons un conseil simple et ordinaire, vous pensez « Je le savais déjà. » Il est difficile de vous convaincre de notre réalité, car votre esprit rationnel peut expliquer tout ce que nous vous disons comme étant une chose que vous connaissiez peut-être déjà.

Soyez assuré(e) que nous nous rendons compte de ce par quoi vous passez. Nous ne sommes pas offensés lorsque vous vous demandez si nous sommes réels. Nous vous envoyons simplement de l'amour et de la compassion. Si vous pouviez ressentir ne serait-ce qu'une fraction de notre amour, vous sauriez que nous vous aidons de toutes les façons possibles, que nous ne vous jugeons ni ne vous critiquons.

L'une des raisons pour lesquelles vous doutez peut être que vous doutez de vous-même. Si vous n'avez pas l'habitude de faire confiance à vos messages intérieurs, il peut être difficile d'avoir confiance en votre channeling, car les deux viennent de l'intérieur. L'une des meilleures façons de travailler quand vous doutez de vous consiste à repenser à tous les moments où vous avez su croire en vos messages intérieurs et les avez suivis, et que les choses se sont bien passées.

Si vous vous sentez tourmenté(e) par le doute, continuez à pratiquer. Au fur et à mesure, vous allez obtenir de petites confirmations que vous êtes vraiment en train de canaliser. Si, pendant un jour ou une semaine, vous ne sentez aucune énergie pour le channeling et que vous n'avez pas le cœur à le pratiquer, alors respectez ce sentiment profond, car il essaye probablement de vous protéger d'une ouverture trop rapide.

Pour gérer ces conflits internes entre vos diverses « sous-personnalités », vous pouvez vous tourner vers certaines choses que vous faisiez avant, que vous cataloguiez comme étant d'un niveau « pas très élevé », mais qui semblaient relaxantes. Au cours d'une telle période, les gens font face à leur résistance de différentes manières. Certains regardent la télévision, s'évadent, et ne font pas grand-chose. Ils peuvent se rebeller de différentes manières : arrêter par exemple leur programme d'exercice, se suralimenter, mal se nourrir, ou faire diverses autres choses pour se raccrocher à une vieille réalité familière. Ils peuvent avoir le sentiment d'avoir régressé.

Il existe de nombreux moyens vous permettant de neutraliser temporairement votre expansion de conscience. Certains d'entre vous peuvent ressentir le besoin de dormir davantage. D'autres personnes vont s'apercevoir qu'elles sont prêtes à faire n'importe quoi sauf pratiquer le channeling ou travailler à leur développement, pendant quelque temps. Ne vous inquiétez pas si de vieux schémas semblent réapparaître. Votre personnalité « je-ne-veux-pas-changer », qui aime la sécurité, tente de réinstaurer l'ancien équilibre. Observez simplement les vieux schémas pendant quelque temps avant d'entreprendre toute action pour les transformer. Souvenez-vous qu'il s'agit là de réactions fréquentes lors d'une ouverture à de plus grands niveaux de lumière, ouverture qui s'opère grâce à divers processus, pas uniquement grâce au channeling.

Si vous doutez que vous êtes réellement en train de canaliser, accordez à vos doutes un nouveau rôle. Demandez à la part de vous-même qui doute d'observer votre pratique pour voir si vous transmettez fidèlement les messages et pour vous assurer que la guidance que vous obtenez provient d'une source élevée. Demandez-vous si vous pouvez utiliser les informations que vous transmettez. La chose la plus importante face à ces doutes, c'est de ne pas les laisser entamer votre joie.

Vous pouvez donner un nom à la part de vous-même qui résiste, doute ou se sent menacée par les changements que vous apportez dans votre vie. Commencez à lui parler. Demandez-lui quelles bonnes choses elle essaye de faire pour vous. Vous allez découvrir que, souvent, elle tente de vous maintenir en contact avec votre vision antérieure de la réalité. Ce qui lui importe, c'est que vous soyez efficace dans le monde « réel ». Vous ne voulez sûrement pas désactiver cette subpersonnalité. En revanche, vous voulez lui montrer une vision nouvelle et plus élevée de qui vous êtes en train de devenir et l'enrôler pour qu'elle vous aide à y parvenir. Dites-lui de vous aider à utiliser votre channeling pour accomplir des choses d'ordre pratique de façon plus simple.

Utilisez vos doutes comme une force positive
pour vous motiver à devenir un meilleur channel.

Amener les voix du doute, de la résistance et de la peur à se manifester au grand jour n'est pas leur accorder une attention indue. Ne faites pas de ces voix une nuisance, n'ayez pas peur d'elles, ne leur accordez pas un pouvoir tel qu'elles vous bloquent. Quand vous entendez ces doutes vous dire « Je ne suis pas vraiment en train de pratiquer le channeling ; je ne suis pas en train de faire du bon travail », vous pouvez choisir de vous arrêter et de demander « Qui est-ce qui parle, et qu'est-ce que tu veux ? » Traitez cette voix comme un petit enfant qui a besoin d'être rassuré. C'est normal d'avoir des doutes. Pratiquement tout le monde traverse des périodes de doutes, même les channels les plus excellents et les plus expérimentés. Vous n'êtes pas le seul ou la seule.

Quand vous atteignez un nouveau niveau de channeling ou un autre niveau d'éveil spirituel, même après avoir acquis une bonne expérience de la pratique, vous pouvez voir des doutes s'élever. La différence entre celles et ceux qui deviennent de très bons channels et les autres, c'est que les premiers excellent dans la continuité de leur pratique et ne laissent pas leurs doutes les arrêter.

Les gens qui se demandent « Comment puis-je être meilleur(e) ? » utilisent leurs doutes comme des forces positives qui les amènent à des connexions meilleures et plus fortes avec leur guide. Votre côté qui doute ne veut pas vous saboter ; il veut trouver les moyens d'intégrer ses vieilles visions du monde aux nouvelles perspectives dont vous devenez conscient(e) à mesure que vous pratiquez le channeling. Une fois que vous accordez à vos doutes un nouveau rôle, ils vont vous aider à progresser, au lieu de vous entraver.

SANAYA : *Après s'être ouvert au channeling, un homme qui possédait une chaîne de magasins est venu consulter Orin. Bien que pratiquant et transmettant de bonnes informations, il doutait constamment de leur source et pensait qu'il inventait tout cela. Il disait que, grâce à sa pratique, il était parvenu à un point de vue différent sur son travail et ses employés et à un nouveau niveau de paix intérieure. Il voulait réellement se débarrasser de ses doutes, et Orin lui a demandé de parler à la partie de lui-même qui doutait. L'homme a alors réalisé que son côté fort et pratique se sentait menacé. C'était la part de son être qui avait été responsable de tous ses succès en affaires. Elle n'était pas du tout prête à abandonner le contrôle à cette nouvelle partie audacieuse de lui-même qui semblait perdre les pédales !*

L'homme a demandé à cette part de lui qui doutait de surveiller soigneusement son channeling pour s'assurer que cette pratique l'aidait de façon concrète, et de vérifier qu'il traduisait exactement les informations du guide. La part de cet homme qui doutait fut heureuse de cette nouvelle mission et les doutes ont vraiment commencé à disparaître.

Orin a fait s'exprimer le guide de cet homme sur ce problème et le guide lui a demandé: « Qui est en train de parler, vous ou moi ? » *Orin a répondu:* « Cette inquiétude a perduré longtemps, et ce n'est pas vraiment important. Dis à ton esprit de se focaliser plutôt sur les informations que tu obtiens. Décide si tu peux les utiliser. Quand tu lis quelque chose qui t'est utile, tu t'interroges rarement sur l'identité de l'auteur. Tu acceptes l'information parce qu'au fond de toi, tu as le sentiment qu'elle est vraie. Fais de même avec ton channeling. » *Ces mots et le travail antérieur que cet homme avait fait sur la part de lui-même qui doutait ont créé un changement qui lui a permis de continuer à pratiquer le channeling et d'abandonner quelques-uns des doutes qui le harcelaient.*

Le channeling est-il juste votre imagination ?

ORIN ET DABEN : Être le channel d'un guide exige très souvent l'expansion de votre imagination. À combien d'entre vous a-t-on appris à faire confiance à leur imagination ? Le fait qu'on ne doive pas se fier à l'imagination et uniquement compter sur les choses scientifiquement réelles et prouvables est une croyance largement répandue. Pourtant, nombre de vos plus grandes inventions scientifiques sont le fruit de l'imagination.

Apprenez à faire confiance à votre imagination et à la respecter.

Albert Einstein a « inventé » la théorie de la relativité. Puis il a prouvé qu'elle était mathématiquement possible. Thomas Edison a « inventé » l'ampoule électrique et le phonographe en les voyant dans son esprit avant d'être capable de les créer réellement. Il croyait tant à l'image dans son esprit qu'il a tenté des centaines de fois de créer l'ampoule lumineuse et n'a cessé de persévérer quand bien même tout le monde lui disait que c'était impossible. Tout dans votre réalité a existé en tant que pensée avant d'exister en réalité.

Pouvez-vous comprendre toute la richesse de votre imagination ? Votre imagination peut vous relier à d'autres univers. Elle peut vous faire avancer et reculer dans le temps. Elle peut vous relier à des êtres supérieurs. Quand votre imagination s'ouvre, vous pouvez voyager dans de multiples réalités. Votre imagination transcende le monde ordinaire de la matière ; elle est l'une des plus grandes facultés que vous possédiez. Elle vous procure des visions, des rêves et des perceptions dans un état de conscience qui transcende votre conscience normale.

Le simple fait que vous ayez le sentiment d'avoir inventé quelque chose ne veut pas dire que ce n'est pas réel. La réalité commence à l'intérieur de vous. Quand vous faites pour la première fois l'expérience du channeling, vous pouvez avoir l'impression de vous servir de votre imagination. Celle-ci se situe à un niveau vibratoire supérieur à celui de l'esprit, et elle est plus libre des limites et des constructions de la réalité physique. Elle est capable d'avoir des idées qui peuvent paraître inhabituelles ou impossibles à l'esprit.

Votre imagination est la pierre de touche de la réalité supérieure. Continuez à pratiquer le channeling et servez-vous de votre imagination pour exprimer les messages de votre guide ; vous allez découvrir que vous transmettez ainsi des informations de plus en plus profondes et amples.

Votre nouvelle relation avec votre corps

Orin et DaBen : Quand vous pratiquez le channeling, vous ouvrant à une vibration plus élevée, vous apportez littéralement plus de lumière à chaque niveau de votre être. Vous pouvez percevoir cet accroissement de lumière à un niveau physique à travers votre désir de vous nourrir différemment.

Au cours des mois qui suivent votre ouverture, votre corps peut passer par un processus de relâchement et de nettoyage. Il se peut que vous ayez le désir de faire un travail corporel ou d'apporter un changement dans vos besoins d'exercice ou alimentaires. Vous voudrez peut-être passer plus de temps au grand air. Vous trouverez peut-être que votre sens du toucher est accru. Ou peut-être découvrirez-vous que vous avez une plus grande conscience de votre corps. Les changements sont personnels. Vous allez redéfinir votre relation avec de nombreux éléments de votre vie, y compris avec votre corps.

Il est important d'accroître la vibration de votre corps lorsque vous voyagez dans ces vibrations supérieures. Vous voulez que l'état de votre corps et celui de votre esprit soient harmonieux et en adéquation. Il n'y a pas de régimes préétablis ni de programmes d'exercices pour cela. Nous vous recommandons plutôt de suivre votre élan intérieur et de laisser votre guide vous aider.

ORIN ET DABEN : Souvenez-vous que vous n'avez pas forcément besoin de vous défaire d'une habitude ; vous pouvez avoir seulement besoin de transformer la façon dont elle se manifeste dans votre vie. La pulsion qui vous pousse vers le sucre exprime peut-être un besoin d'affection qui n'est pas satisfait. Allez vers l'affection, plutôt que d'utiliser votre volonté pour arrêter de manger du sucre. Votre besoin de cigarette peut refléter un désir de respirer plus profondément. Fumer est peut-être le meilleur moyen que vous ayez trouvé pour le faire. N'arrêtez pas simplement de fumer ; veillez à avoir une respiration plus profonde.

Vous pouvez élever vos habitudes à leur mode d'expression supérieur. Les habitudes essayent toujours de vous donner quelque chose de positif. Au lieu de les considérer comme mauvaises, demandez à être guidé(e) vers leur mode d'expression supérieur. Une fois que vous aurez trouvé ce mode élevé, leur ancienne forme va disparaître.

Un exercice dont nous nous servons consiste à demander aux gens d'imaginer une horloge. Midi est la position de départ, six heures la position moyenne, et minuit la position la plus haute et la plus évoluée. Fermez les yeux et imaginez cette horloge dans votre esprit. Si vous assimilez le temps à l'évolution, quelle heure est-il à votre horloge si vous considérez votre corps physique ? Quelle heure est-il du point de vue de votre développement émotionnel ? Quelle heure représente le mieux votre développement mental ? Quelle heure est-il au regard de votre développement spirituel ?

Remarquez là où il y a plus de trois ou quatre heures de différence. Peut-être avez-vous le sentiment que votre corps physique se situe à quatre heures et votre moi mental, à neuf heures. Si vous souhaitez apporter équilibre et harmonie à votre vie, focalisez-vous d'abord sur l'évolution de votre corps physique, ou sur tout autre niveau qui semble avoir besoin de fonctionner à un niveau supérieur.

Une femme a vu sa vie changer rapidement après s'être ouverte au channeling. Elle a pu faire une chose qu'elle avait souhaitée pendant des années : perdre 15 kilos ! Elle les a perdus au cours des six premiers mois, sans régime. Elle pratiquait le channeling tous les jours, et son guide, à travers sa guidance et son énergie, l'aidait quotidiennement à effectuer les changements dans sa vie qui lui permirent de perdre du poids. Son guide travaillait avec elle pour qu'elle perde son envie de sucreries et pour réduire son appétit. Elle disait que, pour la première fois depuis des années, elle avait le sentiment que sa vie n'était plus dominée par la nourriture.

CHAPITRE 15

Renforcer votre channeling

Avec quelle fréquence pratiquer le channeling ?

ORIN ET DABEN : Beaucoup parmi vous demandent avec quelle régularité il faut pratiquer le channeling pour développer une connexion forte et claire avec son guide. On peut définir la « régularité » comme correspondant à une séance par semaine ou à quelques minutes, voire plus, par jour. Cela peut aussi consister en un travail sur un projet pendant de nombreuses heures d'affilée durant des périodes bien établies. Ne faites pas de votre pratique un devoir ou une obligation.

Pratiquez le channeling aussi souvent et aussi longtemps que cela vous semble agréable. Par-dessus tout, suivez votre joie intérieure. À mesure que vous allez vous ouvrir aux royaumes supérieurs, vous allez probablement ressentir un profond désir de canaliser. Si vous trouvez que vous ne le pratiquez pas aussi souvent que vous le souhaiteriez, vous pouvez faire appel à votre volonté pour pratiquer tout le temps, mais nous constatons que les résultats les plus durables viennent d'un channeling qui fait ressentir de la joie et semble utile. Certaines personnes trouvent que cinq minutes trois ou quatre fois par semaine peuvent suffire pour maintenir une forte connexion et fournir une guidance pratique et continue.

Il y aura des jours où la connexion sera forte et où vous serez ouvert(e) et réceptif(ve). Les messages sembleront couler librement et vous inspirer. À d'autres moments, vous pourrez éprouver plus de difficultés à établir la connexion ; la réception paraîtra voilée, peu claire, ou bien les idées ne viendront tout simplement pas. De nombreux facteurs entrent ici en jeu, alors ne vous blâmez pas, même si les jours passent et que vous avez du mal à établir la connexion. La transmission peut varier.

Quand la connexion est difficile à établir, tournez votre attention vers quelque chose d'autre pendant quelque temps. Vous avez peut-être besoin de changer de décor, de plus d'exercice, de plus de sommeil. Vous pouvez simplement avoir besoin de faire une pause pendant quelque temps. Il y a parfois dans nos royaumes des « orages magnétiques » ou des interférences qui affaiblissent la connexion. Si vous avez du mal à pratiquer le channeling, essayez à un autre moment.

Les gens vivent le channeling comme un afflux soudain d'idées, de visions, de créativité et de guidance claire.

Il peut également vous arriver d'entrer facilement dans un espace de channeling lorsque vous faites des choses induisant une relaxation ou une conscience accrue. Vous gardez toujours le contrôle de ce qui se passe. Cela peut se produire quand vous faites de l'exercice, quand vous courez, quand vous prenez une douche, écoutez de la musique, préparez le dîner, regardez la télévision, priez ou méditez. Certains des moments les plus faciles pour vous connecter soit à votre guide soit à votre faculté de connaissance intérieure sont ceux où vous vous sentez détendu(e) et en paix.

DUANE : *Au début, je trouvais que le mieux était de me connecter à DaBen pendant peu de temps à la fois. Cela me permettait de m'adapter aux changements physiques et de personnalité que m'apportait le channeling par petites touches régulières, sans sur-*

charge. J'avais un magnétophone et, quand j'avais à attendre avant un rendez-vous de travail, je consacrais cinq minutes au channeling. DaBen continuait de transmettre des informations sur le sujet, quel qu'il soit, dont il était question la fois d'avant.

Je trouvais qu'utiliser le channeling pour les choses du quotidien était une façon de développer ma connexion. Plusieurs fois par semaine, je faisais également des séances d'une demi-heure environ, pour transmettre des informations de nature scientifique. Parfois, je choisissais un sujet que je connaissais bien, j'y réfléchissais moi-même et je posais ensuite à DaBen des questions portant sur le même thème.

Pendant le channeling, DaBen me donnait une perspective nouvelle ; j'apprenais quelque chose à quoi je n'avais jamais pensé auparavant. Cela contribuait à renforcer la connexion et m'aidait à croire que mon channeling avait une réelle valeur.

Renforcer la connexion

ORIN ET DABEN : Pour accroître la connexion avec votre guide, vous pouvez consciemment penser à lui ou à son nom. Cela suffit à vous apporter sa lumière et son amour. Vous pouvez aussi apprendre à appeler votre guide pendant de brefs instants en fermant les yeux, en demandant sa guidance et en obtenant instantanément une simple impression de oui ou de non. Vous pouvez faire cela que vous soyez en train de faire la queue dans une épicerie, en train de conduire votre voiture ou de marcher dans la rue.

Vous pouvez manifester l'essence de votre connexion à votre guide à n'importe quel moment, pendant tout le temps que vous voulez — que ce soient trente secondes ou trois minutes. Ce type de connexion ne prend pas longtemps. L'un des avantages d'apprendre à pratiquer le channeling en établissant ce type de connexion sans entrer dans une pratique formelle, c'est que vous pouvez y faire appel au bureau, lors d'une réunion, en public, en fait pratiquement n'importe où et à n'importe quel moment où vous avez besoin d'une source supplémentaire d'inspiration et de guidance.

À mesure que vous continuez à pratiquer, vous allez voir s'accroître votre aptitude à vous connecter à de nouveaux niveaux de sagesse et à les transmettre. Vous allez très probablement faire l'expérience d'une suite continuelle de changements tout au long du développement de votre channeling. En vous accoutumant de plus en plus aux royaumes supérieurs, en apprenant à les parcourir et à étendre votre vibration pour vous connecter à eux, et à mesure que votre canal s'ouvre de plus en plus, vous pouvez manifester plus de pouvoir à un niveau de pure énergie.

Lorsque les gens parviennent à un nouveau niveau dans leur channeling, ils ressentent parfois après coup une nervosité. Cela peut se produire même pour les channels expérimentés. Quand quelqu'un fait la transition vers une vibration encore plus élevée, cela déclenche un processus de développement qui ressemble parfois à la première ouverture. La nervosité est en général due à l'entrée de plus d'énergie que ce à quoi vous êtes habitué(e).

Vous n'avez pas à être de bonne humeur
pour pratiquer le channeling,
soyez simplement disposé(e) à l'être.

Il vous est possible d'atteindre votre guide même quand vous êtes bouleversé(e) ou au milieu d'une crise émotionnelle. Il vous faut toutefois être disposé(e) à être de bonne humeur, car une fois que vous canalisez, vous allez avoir du mal à vous accrocher à ce qui vous dérange. À partir de la perspective de votre guide, vous allez très probablement voir les points de vue des deux personnes ou comprendre ce que vous apprenez d'une situation donnée et la part qui vous revient dans sa création. Partant de cette vision plus élevée et plus empreinte d'amour, il est difficile de rester en colère et fermé(e).

Recevoir plus d'informations spécifiques

ORIN ET DABEN : Vous pouvez obtenir des réponses plus spécifiques en faisant en sorte que les gens posent des questions plus précises, ou qu'ils clarifient ce qu'ils veulent savoir. Quand des personnes ont des requêtes d'ordre général, telles que « Parlez-moi de John », beaucoup de guides vont demander quel type de relation elles ont avec John et ce qu'elles veulent spécifiquement savoir sur lui. Si quelqu'un dit « Parlez-moi de mon travail », un guide peut demander « Que voulez-vous savoir en particulier concernant votre travail ? » Obtenir des informations spécifiques dépend aussi souvent de votre aptitude à vous détendre et à avoir confiance dans les messages que vous recevez.

Les guides pratiquent l'économie d'énergie.

Les guides font les choses simplement, en dépensant un minimum d'énergie. Nous pouvons être capables de tout voir sur quelqu'un ou sur son travail, mais il faudrait des heures pour en parler. Faire en sorte que la personne qui nous interroge soit précise sur ce qu'elle veut savoir et pose juste cette question-là est beaucoup plus rapide et cela économise beaucoup notre énergie. Cela aide aussi les gens à voir clairement quels sont les problèmes. Un bon moyen d'obtenir des réponses plus détaillées et spécifiques, c'est que les gens expliquent à votre guide exactement ce qu'ils veulent savoir.

Faire confiance à votre aptitude à relayer des informations détaillées est un autre défi. Votre esprit va souvent constituer un obstacle. Vous pouvez obtenir un conseil très concret de la part de votre guide et pourtant avoir du mal à le transmettre à cause de votre peur qu'il puisse être erroné. C'est l'un des obstacles au fait d'être précis(e). Souvenez-vous que vous recevez en général le channeling dans votre cerveau droit et que vous relayez l'information à partir de votre cerveau gauche ; votre aptitude en tant que traducteur est donc importante pour la transmission fidèle d'une information détaillée. Les données générales non spécifiques sont beaucoup plus faciles à recevoir au début, et c'est grâce à la pratique et à la confiance que vous pouvez devenir plus qualifié(e) en ce qui concerne les détails.

SANAYA : *Au début, quand j'ai commencé à canaliser Orin, je m'inquiétais de savoir si ses informations étaient utiles et valables pour les gens. Les nombreux retours positifs que j'ai eus de la part de celles et ceux qui venaient consulter m'ont donné confiance en l'exactitude et en la valeur des conseils spécifiques d'Orin à propos du but de la vie et de sa direction.*

Orin donnait parfois à quelqu'un des informations très détaillées — sur ses relations avec autrui, sur un nouveau domicile, de prochaines vacances, et d'autres choses sur lesquelles il m'était impossible de savoir quoi que ce soit. J'étais inquiète quant à la précision des détails qu'Orin donnait aux autres et, parfois, j'arrêtais de parler.

Comme pour la sagesse dont les gens rendaient compte pour les conseils généraux reçus à propos du but de la vie, j'ai appris que les détails d'Orin étaient également exacts et j'ai lentement commencé à faire confiance. Avec le recul, je ne sais pas pourquoi je m'inquiétais tant. Dans la perspective qui était la mienne à l'époque, j'ignorais si les détails étaient justes ou non, et il m'a donc fallu beaucoup de confiance pour relayer tout ce que je recevais.

À présent, je retransmets facilement ce que je reçois d'Orin. Les informations arrivent si rapidement que je sais rarement ce qu'il va dire avant de parler moi-même. Orin transmet ses messages une fraction de seconde avant que je les exprime. Il ne transmettait pas de cette façon-là tant que je n'avais pas développé une grande confiance en la justesse des messages et que je n'étais pas disposée à les laisser être formulés avant d'en avoir vérifié chaque phrase. Je ne pouvais ni compléter ni changer ses messages, mais je pouvais arrêter de parler et interrompre le flot d'informations.

Souvenez-vous que le channeling conscient, à l'opposé de celui qui est inconscient, vous donne l'opportunité d'apprendre à mesure que vous transmettez. Il constitue pour vous à la fois le défi de laisser les informations circuler et la responsabilité de relayer fidèlement les messages de votre guide.

DUANE : *Quand DaBen est venu la première fois, je lui ai dit « Je gérerai les détails de ma vie ; je ne veux aucune interférence de votre part. » DaBen était merveilleux pour me fournir des informations scientifiques, expliquer les changements survenant sur la Terre et parler de théories générales. Après quelques mois, j'ai voulu que DaBen me donne un avis détaillé à propos d'une décision à prendre dans mon travail, mais il ne l'a pas fait. J'ai commencé à penser que je n'avais pas une connexion claire et à m'inquiéter de mon inaptitude à obtenir des détails sur ma vie.*

Après six mois passés à tenter d'obtenir des informations personnelles précises, j'ai demandé à DaBen quel était le problème. Il m'a répondu que je l'avais expressément prié de ne pas me donner de détails et d'informations spécifiques, et qu'il suivait mes directives. Je lui ai dit que j'avais changé d'avis et qu'à présent je souhaitais une guidance personnelle et des informations spécifique. Après cela, il a été merveilleux dans les conseils et suggestions qu'il m'a donnés sur des sujets très précis. D'après mon expérience, les guides respectent vos frontières et requêtes personnelles. Ils poussent très loin le respect qu'ils ont pour vous et pour votre vie.

D'autres moyens par lesquels votre guide vous atteint

ORIN ET DABEN : Nous avons d'autres moyens de vous donner des informations, en plus de leur transmission par channeling. Nous ne gaspillons pas une énergie précieuse. Tout ce que nous faisons, nous l'accomplissons de la façon la plus simple possible, de manière à ce que toute notre énergie disponible puisse servir au bien suprême.

Les guides ont de nombreux moyens
de parvenir jusqu'à vous.

Il peut arriver qu'après avoir reçu une information par channeling, vous tombiez sur un livre ou rencontriez quelqu'un qui commence à vous parler des informations et des sujets dont vous venez tout juste d'être le canal. Quand Duane et Sanaya transmettaient par channeling des données portant sur certains sujets, chaque fois qu'ils abordaient un aspect nécessitant de plus amples explications, un livre faisait son apparition dans les jours qui suivaient ; il provenait d'un ami ou d'un petit tour dans une librairie et développait le thème, éclaircissant et validant les informations du channeling. Les livres fournissaient les données dont ils avaient besoin, leur épargnant des heures de channeling.

Nous, les guides, nous pouvons vous adresser un petit salut sous la forme d'un arc-en-ciel ou d'un cristal spécial. Les paroles d'une chanson que vous venez d'entendre à la radio peuvent vous donner l'impression de parler directement à votre cœur. Vous pouvez avoir un rêve porteur d'une réponse. Un cours ou un enseignant peuvent vous aider à trouver la réponse. Les guides ont de nombreuses façons de vous atteindre.

Le channeling va-t-il vous aider à gagner au Loto ?

ORIN ET DABEN : Les facultés psychiques et extrasensorielles utilisées dans la prédiction des nombres et des évènements sont différentes du channeling. Il existe sept centres d'énergie, appelés chakras. Ils sont en partie focalisés à l'intérieur du corps physique. Le premier chakra se situe à la base de la colonne vertébrale et le septième chakra se trouve au sommet de la tête, les autres étant entre les deux. Le centre psychique, le sixième chakra, est appelé le « centre ajna » ou « troisième œil », et il est situé entre les sourcils. Les facultés psychiques résultent de l'utilisation de ce sixième chakra, ou troisième œil.

Dans le channeling, la guidance que vous recevez provient du septième chakra, appelé le « centre couronne ». Quand vous ouvrez votre septième chakra, vous créez un pont vers les royaumes supérieurs, car ce centre est associé à l'éveil spirituel. Ce centre est aussi lié à l'imagination, aux fantasmes et aux visions. C'est la raison pour laquelle vous pouvez avoir le sentiment « de tout inventer » quand vous êtes dans un espace de channeling. Vous ouvrez ce centre en demandant à être guidé(e) vers votre but supérieur et en utilisant votre channeling pour enrichir votre vie et lui donner du pouvoir. Lorsque ce centre est ouvert, vous vivez les idéaux supérieurs, vous êtes responsable, honnête, et tout ce que vous faites est fondé sur votre intégrité.

Vous n'avez pas besoin de développer vos facultés psychiques pour devenir un bon channel.

Votre sixième chakra, le centre psychique, est en rapport avec la clairvoyance, la précognition, la télépathie, la perception à distance — la faculté de voir des choses se produire très loin de vous, alors que vous n'êtes pas physiquement présent(e) — et autres facultés similaires. En pratiquant le channeling, vous pouvez faire l'expérience de l'éveil de vos facultés psychiques, mais nous vous encourageons à faire de l'ouverture de votre centre couronne — votre centre spirituel — votre focalisation principale. La télépathie, la clairvoyance et l'intuition sont des aptitudes qui peuvent se développer quand vous pratiquez le channeling, mais vous pouvez également les développer sans apprendre à canaliser.

SANAYA ET DUANE : *Nous avons observé à maintes reprises que se servir des guides pour prédire quels seront les gagnants d'une course de chevaux ou les nombres qui vont sortir à la roulette fonctionne rarement. Nos guides nous ont dit que les guides avancés étaient là pour notre enrichissement spirituel, et, tout simplement, qu'obtenir de l'argent par le jeu ne les intéresse pas. Même les gens qui souhaitent utiliser l'argent qu'ils gagnent pour de bonnes actions s'aperçoivent que cet argent leur arrive en général par des activités spirituelles qui aident directement autrui, plutôt que grâce à une roue qui tourne ou à un jet de dés chanceux.*

Le channeling est une connexion aux royaumes supérieurs, et il vaut mieux se focaliser sur la connexion à un guide de haut niveau plutôt que développer vos facultés psychiques. Ces facultés se développeront en leur temps, si elles ont pour vous une valeur spirituelle. Les guides de haut niveau travaillent uniquement avec celles et ceux qui utilisent leur channeling pour leur développement spirituel. Il est toutefois probable qu'en suivant votre chemin spirituel vous connaissiez également une prospérité financière.

Pouvez-vous changer de guide ?

SANAYA ET DUANE : *Il n'est pas rare qu'un guide travaille avec vous pour commencer et qu'un autre vienne par la suite. Vous pouvez vous connecter à un guide au début et, à un certain stade, le moment viendra peut-être de travailler avec un autre. Cela ne veut pas dire que le guide avec lequel vous avez pratiqué ne convient pas, mais son rôle était peut-être de diminuer la vibration d'un guide encore plus élevé jusqu'à ce que vous soyez physiquement, mentalement et émotionnellement capable de gérer une fréquence encore plus avancée.*

Les guides ont un but spécifique dans votre vie et dans le travail que vous faites ensemble ; ils viennent à vous pendant certaines périodes de votre vie pour réaliser cet objectif. Certains d'entre vous vont peut-être travailler avec plusieurs guides en même temps, chacun d'eux ayant un domaine d'expertise différent.

Il y a de nombreuses façons de devenir conscient(e) d'un nouveau guide. Il ou elle peut s'annoncer et vous faire savoir qu'il ou elle va maintenant travailler avec vous en tant que guide. Avec un nouveau guide, votre état de channeling peut se révéler différent, plus léger ou plus profond. Votre voix peut changer, devenir plus grave, plus profonde ou avoir un accent. Les communications de votre guide peuvent changer de nature. Votre nouveau guide va peut-être vous donner des perspectives plus larges et vous amener à de plus profondes compréhensions.

Un soir, une femme qui avait pratiqué le channeling avec un guide pendant des années s'est retrouvée en train de canaliser ce qui semblait être un nouveau guide. La vibration de ce dernier était si élevée que tous ceux qui l'entouraient eurent de profondes visions et ressentirent une quantité de changements intérieurs. Elle demanda plus tard à son guide habituel si elle avait canalisé un nouveau guide, et il lui fut répondu que non, qu'elle s'était connectée à une part beaucoup plus grande qu'auparavant de son guide habituel.

Dans le passé, celui-ci n'avait pas pu manifester cette part de lui-même, à cause de la résistance qu'avait eue cette femme face à toute la puissance qui accompagnait cette expansion. Par la suite, elle ressentit une nouvelle fois cette expansion et ce changement dans les informations et la guidance qu'elle captait. Cette fois, son guide lui dit qu'un nouveau guide était effectivement présent et pouvait maintenant l'atteindre car, avec son premier guide, elle avait tellement élargi l'énergie qu'elle pouvait recevoir.

Dix pour cent environ des gens qui ont appris grâce à nos cours à canaliser un guide en ont changé durant la première année. Beaucoup d'entre eux avaient senti au début que leur premier guide ne serait pas permanent. Certaines personnes ont commencé à remarquer un changement après quelques mois de pratique régulière. Cela débutait souvent par un sentiment d'agitation ou de frustration par rapport à leur channeling. De nouveaux niveaux d'information semblaient être presque à leur portée. Avant que le nouveau guide ne se manifeste, quasiment toutes ces personnes avaient senti qu'un changement s'opérait ou avaient eu la prémonition que quelque chose était différent. Si vous vous demandez si un nouveau guide est présent, posez-lui la question. Les guides vont vous dire qui ils sont et ce qui se passe.

Une femme nous a téléphoné, tout excitée, pour parler de son nouveau guide. Elle aimait son premier guide, mais sentait que la connexion était faible et elle avait encore de nombreux doutes sur sa réalité. Elle rencontrait régulièrement un groupe de personnes qui avaient également suivi la formation. Soudain, un soir, alors qu'elle commençait à canaliser, une énergie masculine, forte et retentissante, l'avait traversée, annonçant qu'il s'agissait de son nouveau guide et qu'il était temps de commencer leur travail ensemble. Ce nouveau guide lui donna des instructions claires à propos des prochaines étapes qu'elle allait parcourir. Il était très concis, amusant, et ferme dans ses conseils. Tout le monde l'aimait et, à compter de ce jour, il a toujours été avec elle. La qualité des consultations qu'elle donne avec lui et la guidance qu'elle reçoit concernant sa vie la transportent. Son ancien guide est parti, ayant servi à ouvrir la porte pour le nouveau.

DaBen a souvent d'autres guides qui l'assistent. DaBen aide Duane au niveau de son énergie et de son travail corporel et il aime parler de sujets scientifiques. Avec sa voix et son énergie, il est capable d'emmener les gens « voyager » mentalement dans d'autres dimensions pour explorer de nouvelles expériences d'eux-mêmes.

Être le channel du même guide qu'autrui

ORIN : Les gens demandent souvent si plus d'une personne peut être le channel du même guide. Certains guides se manifestent à travers plusieurs personnes, même si, lorsqu'ils le font, ils ont des tons et des messages légèrement différents. Certains channels affirment qu'ils servent de canal à une conscience supérieure collective comprenant de nombreuses entités. Les entités ayant une conscience supérieure collective donnent souvent aux gens un nom qui est utilisé par toutes celles et tous ceux qui sont les channels de cette conscience collective particulière.

De nombreuses personnes ont le sentiment de canaliser Orin. Je dirais que je me manifeste à travers d'autres channels mais qu'alors je ne m'identifie pas en tant qu'Orin, car Orin est « l'identité » que j'utilise pour faire connaître mon énergie lorsqu'elle est transmise par Sanaya. Mon énergie va parvenir à travers chaque channel d'une façon légèrement différente et je vais employer un nom différent avec chacun d'entre eux. Il est évidemment possible qu'un autre guide prenne le nom d'Orin, tout comme beaucoup d'entre vous portent les mêmes noms ; néanmoins, si un autre guide dit qu'il s'appelle Orin, ce ne sera pas moi.

Nous, les guides, faisons tous partie d'une conscience multidimensionnelle, nous faisons partie de l'Unité. Nous nous percevons comme des individus, même si nous sommes une partie d'un ensemble plus grand. Vous vous sentirez encore comme un individu à mesure que vous vous développerez, que vous ferez un avec votre âme et que vous entrerez dans une conscience multidimensionnelle et dans l'Unité. Ce que vous appelez « moi » va englober une identité plus vaste, tout comme vous avez à présent une identité plus grande que lorsque vous étiez enfant.

Il y a d'autres guides qui me ressemblent et qui parlent des mêmes choses que moi, car il y a de nombreux guides qui viennent de ma réalité ou de mon niveau de réalité multidimensionnelle. Beaucoup d'autres guides et moi-même venons avec des messages similaires de paix et d'amour. Comme bon nombre de nos différences individuelles sont très subtiles et ne sont perceptibles qu'en dehors de votre capacité normale à percevoir l'énergie, il se peut que vous ne soyez pas capables de faire la différence entre nous tant que vous n'avez pas beaucoup élargi votre perception et votre conscience.

Peut-on perdre son aptitude au channeling ?

ORIN ET DABEN : Le channeling est une aptitude qui, une fois que la connexion est faite, ne s'interrompt pas à moins que vous ne le demandiez ; elle peut toutefois changer de forme. Il peut y avoir des périodes de votre vie durant lesquelles vous cessez de pratiquer pendant un temps plus ou moins long. Nous avons constaté que la plupart des gens qui décident d'arrêter pour des raisons diverses sont capables de reprendre leur pratique lorsqu'ils se sentent prêts.

Certaines conditions modifieront votre connexion directe à un guide. Il est possible que des personnes qui rencontrent des problèmes de santé majeurs soient sujettes à des suspensions temporaires de leur connexion verbale. C'est en partie parce que, pour nous atteindre, un certain niveau d'harmonie est nécessaire dans vos corps énergétiques. Une personne malade peut avoir du mal à parvenir à l'harmonie requise pour un channeling verbal. Nous ne retirons jamais notre amour et notre protection ; c'est seulement la connexion verbale qui peut paraître moindre. Quand vous êtes à nouveau prêt(e) pour le channeling et que vous sentez une aspiration à le faire, la connexion verbale est en général aussi forte qu'avant.

Quand nous retirons notre connexion verbale, c'est uniquement pour votre bien.

Une autre condition qui peut engendrer une suspension temporaire du channeling est le chagrin. Celles et ceux qui sont en deuil, qui ont perdu un être cher ou qui ont du chagrin pour toute autre raison constateront peut-être que leur connexion verbale est plus difficile à obtenir. Le chagrin et la tristesse sont des émotions très puissantes. Une émotion temporaire de tristesse ne va pas bloquer la connexion mais, pour certaines personnes, un certain temps de travail sur ce chagrin va être nécessaire, afin qu'elles parviennent à l'apaisement et à l'harmonie nécessaires à une connexion verbale.

Les émotions fortes peuvent agir comme des couches de nuages autour de vous et faire qu'il nous soit difficile de parvenir jusqu'à vous. Nous vous parlons dans votre esprit quand vous avez du chagrin ; vous avez cependant besoin d'accéder à un espace de paix intérieure pour entendre nos messages d'amour. Nous pouvons aussi vous envoyer les amis, les évènements et les informations qui pourront vous aider.

CHAPITRE 16

Se présenter au monde en tant que channel

Des amis qui vous soutiennent : une clé du succès

SANAYA ET DUANE : *Il a été important, pour le développement de nombreux channels réputés, de limiter au début leur pratique à un cercle d'amis qui les soutenaient. Un environnement personnel chaleureux est plus propice à l'éveil et à l'ouverture des aptitudes de channel qu'une ambiance froide où l'on porte un regard clinique et qui juge. Commencez par pratiquer pour les personnes qui, à la base, croient en ce processus, et non pour celles que vous devez convaincre de la réalité du channeling. Si, parmi vos ami(e)s ou votre famille, cela n'intéresse personne, vous pouvez rencontrer des gens réceptifs dans des centres et des associations new age.*

Développer prématurément une activité publique peut être source de problèmes, en particulier si vous n'avez pas encore suffisamment confiance en votre aptitude à canaliser. Les channels manquant d'expérience peuvent ressentir si fortement le doute et la peur des autres que cela coupe la connexion avec leur guide. La critique peut être difficile à accepter au début, quand vous-même n'êtes pas totalement sûr(e) et confiant(e).

Une femme avait aimé sa pratique du channeling et son guide jusqu'au jour où elle donna une consultation à une amie durant un stage. Cette amie n'obtenait pas de son mari ce qu'elle voulait. Duane avait clairement vu la présence du guide dans l'aura de la femme lorsqu'elle avait canalisé pendant le stage, et il était certain qu'elle avait une connexion bonne et claire.

Le guide avait dit à son amie, très honnêtement et avec beaucoup de compassion, qu'il était temps pour elle d'arrêter d'essayer de faire en sorte que son mari agisse comme elle le voulait et qu'elle devait l'accepter tel qu'il était. Avec douceur et amour, il lui avait dit qu'il était temps qu'elle cesse d'être une victime et qu'elle commence à apprendre à créer ce qu'elle voulait pour elle-même, car elle avait le pouvoir de créer une vie heureuse et merveilleuse.

L'amie avait réagi en disant à la femme qui canalisait qu'elle était sûre que ce qu'elle transmettait provenait de sa personnalité et non pas d'un guide. Comme elle n'était pas encore complètement sûre de ses capacités, cette femme fut si accablée qu'elle arrêta de pratiquer.

Faire l'expérience du scepticisme d'autrui avait fait remonter à la surface ses propres doutes concernant sa pratique. Il lui fallut plusieurs mois avant de reprendre. Elle a finalement compris que son amie s'était sentie menacée par son nouveau rôle d'autorité et qu'elle n'était pas prête à abandonner le rôle de victime.

Avant cette séance, la femme en question avait l'habitude de témoigner sa sympathie à son amie pour ce « mauvais » mari. Après la consultation, tout avait changé. Son guide tenait plus à aider son amie à créer une vie heureuse et épanouie qu'à écouter ses plaintes. Dès que la femme channel a compris pourquoi son amie réagissait ainsi, elle a repris sa pratique. Elle a également compris que son amie lui avait fait un cadeau en doutant de son channeling car, obligée de faire face à ses doutes et de les analyser, elle était devenue un canal encore plus fort et plus clair.

Une femme d'affaires séduisante et gagnant très bien sa vie, venue de Boston, avait très envie de pratiquer le channeling, mais elle sentait que ce ne serait pas le genre de choses qu'elle pourrait dire à ses amis. Un guide est venu à elle pendant le stage et elle canalisait de façon adéquate pour les autres participants.

En partant, elle avait assez confiance en son aptitude à canaliser. De retour chez elle, son mari refusa pratiquement de lui parler, à cause de ce qu'il considérait comme la bêtise à laquelle elle s'adonnait, et ses amis la regardaient comme si elle parlait une langue étrangère. Certains agissaient même comme s'ils doutaient de son équilibre mental quand elle mentionnait qu'elle était le channel d'un guide.

Elle nous a téléphoné plusieurs fois pour nous dire qu'elle avait du mal à maintenir sa connexion avec son guide face aux doutes qui l'entouraient. Orin l'a rassurée en lui disant qu'elle avait choisi de développer sa croyance en elle-même, même si les autres ne la soutenaient pas dans ce qu'elle faisait. Il lui a fait remarquer que, toute sa vie, elle avait fait des choses que les autres critiquaient et qui avaient bien marché. Il l'a aussi encouragée à rencontrer d'autres gens qui la soutiendraient dans sa pratique.

Quelques mois plus tard, elle a appelé pour dire qu'elle était allée à la librairie ésotérique de son quartier, où elle avait trouvé des cours et s'était fait quelques amis avec lesquels elle pouvait parler de ce nouvel aspect de sa vie. Son mari ne voyait toujours aucune valeur dans sa pratique, mais il n'était plus ouvertement hostile. Elle était encore très impliquée dans le monde des affaires et trouvait que c'était un vrai défi de continuer à croire en ce qu'elle faisait face à la désapprobation et à l'apathie qui l'entouraient.

Orin l'a encouragée à examiner si, oui ou non, elle voulait rester dans le monde des affaires, et à envisager la possibilité de réaliser le rêve de sa vie: quitter son travail et écrire un livre. Ce fut une décision difficile. Elle était inquiète à l'idée de ne pas pouvoir écrire, elle ne pensait pas avoir les moyens de laisser tomber son travail et elle se disait que son mari allait élever de très sérieuses objections.

Elle a rappelé un an plus tard. Elle avait quitté son travail et écrivait son livre. Son channeling l'avait aidé à trouver le courage d'évoluer dans cette nouvelle direction, et des choses étonnantes se produisaient tandis qu'elle écrivait. Elle avait trouvé une bonne partie du matériau dont elle avait besoin pour ses recherches, alors qu'elle pensait qu'il lui serait difficile d'y parvenir.

Chose étonnante, son mari l'avait soutenue dans son activité d'écriture et, d'une façon ou d'une autre, elle réussissait à payer ses factures. Elle ne se sentait plus inquiète de ce que les autres pensaient, était pleine d'enthousiasme et heureuse de sa vie. Elle ressentait une confiance en elle-même et une assurance nouvelles. Elle avait encore des doutes sur ses capacités à mener le livre à sa fin, et des difficultés à croire qu'elle pouvait réellement avoir ce qu'elle voulait, mais elle savait que ces doutes allaient disparaître avec le temps.

Un autre problème que rencontrent les gens est de s'attendre, après avoir appris le channeling, à être capables de le pratiquer professionnellement du jour au lendemain, ou à ce que tous leurs problèmes se résolvent d'une façon ou d'une autre. Une jeune femme avait traversé une période difficile juste avant de s'ouvrir au channeling. Elle avait rompu avec son petit ami et pris beaucoup de poids, mais elle avait le sentiment qu'à présent les choses étaient en train de changer. Elle ne se sentait pas encore très sûre d'elle-même, mais commençait à perdre du poids et à prendre soin de son corps.

Elle avait un poste de responsable dans un bureau et voulait pratiquer le channeling soit de façon professionnelle soit pour des amis, et découvrir sa propre voie et son but supérieur. Elle sentait que son métier actuel était seulement temporaire et qu'elle y mettrait un terme lorsqu'elle aurait trouvé sa véritable voie spirituelle. Elle était très enthousiaste à l'idée d'apprendre à être un channel et impatiente de se connecter à son guide, mais elle craignait de ne pas avoir de guide ou d'avoir du mal à établir la connexion.

Le matin du stage, elle était si nerveuse qu'elle avait mal au ventre. Elle se débrouillait bien, cependant, et fut très contente d'elle-même. Lorsqu'elle canalisait, sa voix se modifiait et son guide employait des gestes qui étaient nettement différents des siens. Mais, surtout, les informations qu'elle transmettait étaient claires et d'un haut niveau.

Quatre mois plus tard environ, elle a appelé pour dire qu'elle avait des problèmes, en partie parce que cela n'intéressait pas ses amis ou parce qu'ils ne la soutenaient pas. Elle avait le sentiment que sa connexion à son guide n'était pas aussi forte qu'avant. Lors de ce stage, elle s'était attendue à se sentir bientôt totalement sûre d'elle-même et à savoir exactement quelle était sa voie. Elle avait également espéré pouvoir pratiquer en public en tant que professionnelle.

Orin lui a dit : « Vous ne faites encore l'expérience que d'une fraction de la véritable énergie de votre guide. Votre corps physique ne pourrait pas en supporter davantage pour le moment. En fait, votre guide est venu un peu plus rapidement et vous a emmenée plus haut qu'il n'en avait l'intention au départ, à cause de votre enthousiasme. Il est revenu un peu en arrière pour permettre à votre corps, à vos émotions et à votre monde extérieur, de se mettre au niveau.

Votre guide transmet d'un seul coup de grands blocs de données, puis il attend un peu pour la transmission suivante, pour vous donner le temps d'assimiler les informations et pour que vous mainteniez le canal ouvert. Ne vous inquiétez pas lorsque ces vagues semblent avoir disparu. C'est comme la marée qui descend ; elle va remonter. Votre guide vous donne à présent le temps de penser par vous-même, pour que vous n'évoluiez pas dans la dépendance ou pensiez que votre sagesse vient uniquement de votre channeling.

Soyez patiente ! Profitez du processus par lequel vous apprenez à connaître votre guide. Prenez le temps de mettre votre vie en ordre. Les premières étapes vous offrent beaucoup de richesse et de développement. Vous êtes comme une enfant qui apprend à marcher, et vous avez besoin de temps pour pratiquer et trouver un équilibre avant d'aller dans le monde. Plus tard, vous présenterez votre travail, mais il vous faut d'abord développer une base forte et solide, fondée sur l'expérience et la sagesse.

Votre moi intérieur peut avoir besoin de beaucoup changer avant que vous soyez prête pour un nouveau métier ou pour prendre la responsabilité de servir les autres en pratiquant le channeling de façon professionnelle. Cela peut prendre plusieurs années avant que vous ne soyez prête. Votre guide ne peut pas vous donner confiance en vous, car c'est un don que l'on se fait à soi-même. Tout ce que vous accomplissez vous emmène sur votre voie supérieure, même si cela ne semble pas relié. Une fois que vous avez affirmé votre intention de suivre votre voie, tout ce qui se passe vous aide à le faire.

Vous pouvez aussi imaginer que suivre votre voie signifie être connue, et avoir beaucoup de gens qui viennent pour votre guide. Parvenir à une conscience supérieure est la chose la plus importante que vous puissiez faire pour aider les autres, car, en évoluant, vous devenez une station émettrice, offrant votre lumière intérieure et votre amour aux autres par votre simple présence.

Vous devenez un diapason et les autres ont l'opportunité de faire l'expérience d'une conscience supérieure en étant simplement auprès de vous. Beaucoup des grands maîtres enseignaient par l'exemple et en mettant leur propre vie en ordre. Les gens rapportaient qu'ils se sentaient éveillés simplement en étant près d'eux. Quand vous élevez votre conscience, vous êtes sur votre chemin. Les détails et la forme spécifiques viendront plus tard.

Votre guide, poursuivit Orin, ne va pas vous dire quelle est votre voie, il va vous aider à accéder à une vibration supérieure afin que vous puissiez voir cette voie par vous-même. Sa priorité consiste maintenant à vous aider à stabiliser et à renforcer la vibration supérieure que vous avez manifestée en vous connectant aux royaumes supérieurs. Il vous a déjà aidé à penser selon des modes supérieurs, mais vous ne vous en rendez pas compte, car ces changements ont été doux et compatibles avec votre orientation antérieure. Bientôt, votre monde extérieur va s'aligner avec votre monde intérieur.

L'importance que vous accordiez à votre monde extérieur, vous êtes en train de la déplacer vers votre vie intérieure. Une fois que vous aurez traversé cette période-là, vous allez découvrir que vous vous ouvrez à un autre niveau d'information de la part de votre guide. Bien que vous puissiez vous sentir frustrée actuellement, une partie de votre développement consiste à ouvrir votre cœur, à avoir foi en vous-même et en votre guide, et à apprendre à avoir confiance dans le fait que vous allez obtenir ce que vous voulez. Cela fait partie de votre processus d'ouverture et cela va très probablement se poursuivre tant que vous évoluez. »

La consultation a aidé cette femme à se défaire de sa frustration et de son anxiété, et à prendre plus de plaisir avec son channeling. Une fois qu'elle s'est trouvée libérée de son inquiétude, les changements qu'elle avait souhaités ont commencé à se produire. Elle a eu une promotion dans son travail, a reçu une augmentation de salaire, s'est mise au base-ball, et a continué à perdre du poids. Pendant un temps, elle a mis le channeling de côté, mais, six mois plus tard, il a commencé à revenir dans sa vie, et sa connexion est maintenant forte et stable.

Un an et demi plus tard, elle nous a rapporté qu'une opportunité de monter sa propre affaire de commerce de détail avec un ami était devenue réalité. Ce n'est pas ce à quoi elle s'attendait, mais elle soupçonne qu'apprendre à gérer sa propre affaire pourrait constituer une étape vers un avenir de channel professionnel, en lui enseignant tout à la fois à être au service des autres, à gérer l'argent, et d'autres compétences précieuses. Elle dit qu'elle apprend à faire confiance à ce qui arrive et à ne plus tenter de faire en sorte que tout se déroule d'une certaine manière.

Votre nouveau rôle avec vos amis

ORIN ET DABEN : Représentez votre guide et le travail que vous faites avec lui avec respect. La confiance et la compassion que vous projetez à travers votre channeling vont déterminer la façon dont les autres vont y répondre. Votre présentation du channeling — tout comme vos mots, votre attention aux détails et votre apparence — va indiquer aux autres la qualité de votre travail.

Prenez le temps de canaliser soigneusement, avec précision et exactitude, et présentez votre guide sous la meilleure lumière possible. Votre intégrité, votre amour et votre personnalité se reflètent aussi dans les consultations. Vous êtes le représentant de votre guide sur le plan terrestre.

Quand vous donnez une consultation aux gens, vous agissez comme un conseiller de vie. Votre rôle sera de les aider dans de nombreux aspects de leur existence, y compris dans leur développement spirituel. Ils vont vous considérer, vous et votre guide, comme un enseignant et un guérisseur. Pratiquer le channeling pour d'autres personnes occasionne souvent un changement dans votre identité. Votre guide va probablement parler avec plus d'autorité et de puissance que vous ne le faites normalement, vous risquez donc d'être perçu(e) par les autres comme étant l'autorité et la personne responsable.

Vous aurez besoin de vous habituer à parler avec sagesse. Certaines personnes trouvent qu'accepter ce nouveau rôle est ce qu'il y a de plus difficile lorsqu'elles pratiquent pour les autres. Ce rôle comporte à la fois l'opportunité de venir plus largement en aide à autrui et la responsabilité d'agir avec une grande intégrité.

N'ayez pas le sentiment que vous avez besoin de travailler dur pour que les gens viennent à vous. Demandez simplement que viennent à vous les personnes auxquelles vous pouvez le mieux rendre service, celles qui vont réellement tirer parti de votre travail au niveau de leur âme. Vous voulez attirer à vous des gens qui peuvent apprécier ce que vous avez à offrir. Au lieu de projeter votre énergie vers l'extérieur, faites en sorte d'attirer ces personnes vers vous. Vous allez attirer celles et ceux qui sont prêts à grandir et qui peuvent profiter de ce que vous offrez.

Lorsque vous pratiquez le channeling,
vous rayonnez davantage de lumière
et vous avez un effet magnétique sur les gens
qui peuvent répondre à cette lumière.

Vous allez naturellement commencer à attirer des personnes qui sont sur le même chemin de développement accéléré que vous et pour qui votre channeling a un sens. Il se peut que beaucoup de nouvelles personnes entrent dans votre vie. De vieux amis qui ne sont pas intéressés par le développement peuvent en sortir. Vous trouverez peut-être que vous avez de meilleures relations avec les autres à mesure que vous grandissez spirituellement et faites l'expérience de plus de sagesse et d'amour.

Comment parler du channeling ?

DUANE : *Nombre de celles et ceux qui ont appris à canaliser ont envie d'en parler et de l'expliquer à leurs amis. Le channeling est une expérience et, comme toute expérience, il est difficile à décrire. Il faut en faire soi-même l'expérience pour que cela ait un sens. Le mieux est de partir de votre propre expérience pour tenter de l'expliquer. Dites à vos ami(e)s ce qu'il signifie pour vous et parlez de certaines de vos expériences personnelles en ce domaine.*

Les gens avec lesquels vous en parlez peuvent avoir des réactions allant d'un très enthousiaste « C'est incroyable, je veux en savoir plus ! » à un « C'est impossible ! », voire « C'est dangereux ! » Puisque vous allez trouver un nouveau lien d'amitié avec les gens qui ont le premier type de réponse, laissez votre enthousiasme vous guider. Comme vous pouvez être surpris(e) ou à court de mots quand vous rencontrez le deuxième type de réaction, nous allons vous parler de notre expérience et vous donner les conseils d'Orin et de DaBen.

Tout d'abord, quand vous rencontrez le doute, soyez compréhensif(ve) et non pas sur la défensive. Souvenez-vous que vos amis ne sont pas les premiers à mettre en question ce phénomène de channeling ou à ne pas y croire. À un certain moment, vous-même avez probablement eu des doutes. Tenter de « prouver » le channeling à ceux qui n'en ont pas fait l'expérience ou qui ne le croient pas possible va donner l'impression que vos deux réalités sont encore plus séparées. Vous n'avez pas à prouver quoi que ce soit. Votre propre connaissance intérieure est votre source suprême d'autorité, et non pas les pensées ou les opinions des autres.

Restez fidèle à votre propre intégrité, car, en définitive, tout ce que chacun d'entre nous a à offrir à autrui, c'est l'exemple d'une vie qui fonctionne. Recourez à votre vérité intérieure et à votre channeling pour faire en sorte que votre vie fonctionne. Il est également important que vous permettiez aux autres d'avoir leur propre vérité. Certaines personnes devraient entièrement réorganiser leur vie pour accepter ces idées, perspective effrayante pour quiconque, comme vous vous en souvenez peut-être. Restez ouvert(e), demeurez dans le présent, écoutez les gens autour de vous qui accèdent à des niveaux plus élevés de conscience, car, en évoluant, ils peuvent vouloir s'adresser à vous pour discuter de ces idées-là.

Prouver que les guident existent et que le processus de channeling est « valide » présente de grandes difficultés. Nous avons appris qu'au bout du compte la preuve de quoi que ce soit n'est que ce qui constitue une preuve pour un individu donné. Quand nous acceptons quelque chose comme vrai, nous examinons et comparons les éléments de preuve en fonction de nos propres critères. S'ils passent nos tests avec succès, nous les acceptons, et basons notre vision de la réalité et nos actions sur eux. Dans notre vie quotidienne, nous acceptons beaucoup de choses comme étant prouvées, sans examiner les suppositions sous-jacentes. D'ailleurs, il serait difficile d'accomplir quoi que ce soit si nous devions consacrer du temps et de l'effort à prouver toutes les choses avec lesquelles nous entrons en contact.

Dans un sens très réel, nos croyances déterminent, sur une base individuelle, ce qu'est notre monde. Nous acceptons l'existence des atomes sans les avoir jamais vus nous-mêmes. Nous acceptons de l'information dans tous les domaines, depuis les conditions de circulation sur la route jusqu'aux nouvelles provenant de la planète entière.

Nous les acceptons sans demander de preuves, supposant en confiance que les personnes qui fournissent ces informations sont des observateurs attentifs et qu'elles comprennent suffisamment bien le sujet pour en tirer des conclusions fiables. Souvent, quand nous vérifions vraiment ces informations, nous découvrons que leurs conclusions ou observations diffèrent des nôtres. En définitive, c'est notre propre expérience en tant qu'individu qui compte le plus pour nous.

Il y a d'autres situations où nos croyances nous desservent si elles ne sont pas remises en question pendant trop longtemps. Croire que la Terre était plate a empêché la découverte de nouveaux territoires pendant de très nombreuses années. Le channeling est l'un de ces domaines; les croyances de la société en ce qui le concerne n'ont pas été réexaminées depuis trop longtemps, et elles commencent à l'être par beaucoup de gens comme vous.

Le channeling met les individus au défi d'examiner leurs croyances concernant la nature de la réalité et il offre un grand potentiel pour élargir la vision qu'a l'humanité de ce qui est possible. Le channeling met les gens en contact avec des idées qui sont à la frontière de ce que l'humanité peut prouver à ce stade de son évolution. Ces idées déterminent la façon dont nous nous voyons nous-mêmes et forment la base de notre philosophie, de notre religion et de notre science. Les modifications apportées à ces idées ont le pouvoir de conduire à des révolutions conceptuelles pour l'humanité.

Le channeling ouvre immédiatement à la transformation et à la transcendance de nos structures de pensée sur la vie après la mort, sur des formes de vie intelligente dans l'Univers, sur la nature de la matière et la nature des systèmes biologiques. Et ce n'est là que le début de l'ouverture au changement que peut apporter le channeling.

Les gens utilisent souvent la science comme test pour savoir si quelque chose est « réel ». Cela est dû en partie à la confiance que les scientifiques accordent aux découvertes de leurs collègues. Se fondant sur l'honnêteté et l'intégrité de leurs pairs dans la transmission d'informations correctes, ce sur quoi ils s'interrogent va rarement plus loin que les conclusions tirées à partir de ce genre de données. C'est particulièrement vrai si les conclusions correspondent à leur propre vision ou à celle de la société. Ces conclusions deviennent des hypothèses sous-jacentes, et souvent invisibles, sur lesquelles d'autres scientifiques basent leurs études. Par la suite, des gens découvrent parfois que ces hypothèses de base étaient fausses.

Celles et ceux qui connaissent l'histoire de la science savent que de nouvelles théories, qui par la suite se révèlent exactes et modifient grandement notre vision du monde, ont souvent été rejetées pendant des années par la science officielle sans un réel examen des questions qu'elles soulevaient.

Quelque chose de fascinant se produit quand des scientifiques se penchent sur le channeling. Ce dernier fait partie de ce que la science a largement appelé les « phénomènes paranormaux ». Le terme « paranormal » lui-même pose problème. Les gens emploient ce mot en général pour décrire tout phénomène qui sort de la réalité normale. Les scientifiques tentent de définir la nature de la réalité.

Puisque le label paranormal implique que quelque chose ne fait pas partie de la réalité normale, les phénomènes paranormaux vont clairement à l'encontre, dès le départ, de la logique des scientifiques. C'est ce que semble indiquer leur réaction typique : d'après eux, soit le paranormal n'existe pas, soit il existe mais, étant donné qu'on ne peut pas l'expliquer facilement, par égard pour notre santé mentale, il est préférable de l'ignorer. Ces deux réponses sont intéressantes, provenant de gens formés à promouvoir l'exploration et à fournir, au bout du compte, une explication à ce qui demeure inexpliqué.

Lorsque nous explorons de nouveaux domaines, nous rencontrons l'inconnu. Nous y réagissons souvent avec appréhension. Chaque individu a ses domaines de peur et d'excitation ; chaque société également. Il y a parfois des pressions sociales visant à empêcher que ces domaines inexpliqués soient portés à l'attention du public. Cependant, les gens dépassent leurs peurs et épousent souvent de nouvelles idées avec enthousiasme quand ce qui était inconnu devient connu et familier.

Quand j'ai commencé mes recherches sur le nouvel âge, j'étais assez profondément sceptique. Après plusieurs expériences particulièrement nettes, et une foule de visions sur la découverte de soi durant plusieurs années, le poids des preuves est cependant devenu trop important pour que je puisse continuer à l'ignorer et mes croyances ont commencé à changer. J'ai commencé à comprendre que, bien que mes expériences ne puissent pas être scientifiquement expliquées ou prouvées, elles étaient très utiles et, chose étrange, suffisamment cohérentes et fiables pour que je m'en serve. Bref, elles donnaient des résultats.

Vu les difficultés qu'il y a à prouver des phénomènes relevant de l'expérience, le plus important est peut-être de se souvenir de ce fait observable : le channeling, tel que nous l'avons défini, apporte aux gens une contribution positive et significative dans leurs activités spirituelles et leur monde réel. Les channels que nous avons observés sont productifs ; en fait, certains d'entre eux sont des membres prestigieux de la société. Beaucoup étaient prospères et connaissaient le succès avant de se mettre consciemment au channeling, et ils s'en servent de nombreuses manières, comme le montre leur histoire. Après avoir commencé à le pratiquer, les gens rencontrent plus de succès et font mieux fonctionner leur vie.

Quand, aujourd'hui, mon côté scientifique regarde le channeling, bien que je « connaisse » beaucoup de choses le concernant, je ne peux toujours pas le prouver scientifiquement. Il y a une abondance de données circonstancielles et indirectes, suffisamment nombreuses pour me prouver que quelque chose se passe, quelque chose que nous ne pouvons pas expliquer en nous fondant sur notre perspective actuelle de la réalité. Je peux observer que le channeling produit des résultats positifs sur une base cohérente. J'ai arrêté d'essayer de prouver que le channeling est réel et j'adopte maintenant une approche plus pragmatique : « Si ça marche, sers-t'en. »

Aller vers le public

SANAYA ET DUANE : *Certaines et certains d'entre vous peuvent avoir envie de pratiquer le channeling en public. Écoutez ce que vous ressentez par rapport à cela et n'ayez pas le sentiment de devoir offrir vos consultations à quiconque. Si vous voulez donner des consultations à des gens que vous ne connaissez pas encore, accordez-vous d'abord tout le temps dont vous avez besoin pour développer votre pratique. Les gens qui se tournent rapidement vers un large public ont souvent une expérience antérieure en tant que conseillers ou guérisseurs, et ont déjà l'habitude de s'adresser aux autres et de les aider ; ils ont peut-être même déjà un groupe constitué.*

Un établissement féminin de formation professionnelle avait demandé à une femme de donner une conférence. Elle avait fait du travail corporel, avait été consultante professionnelle et avait donné chaque année des conférences sur des sujets de son choix à un groupe de ce qu'elle pensait être des femmes assez conservatrices. Elle avait juste commencé le channeling un mois plus tôt, et son guide la poussait à partager les nombreuses expériences récentes qu'elle avait eues dans le domaine.

Au début, elle n'avait même pas envisagé de le faire, car elle ne voulait pas créer de résistance ni qu'on lui demande pourquoi elle avait décidé de devenir channel. Elle avait donc dit non à son guide et préparé une conférence classique. À la dernière minute, assise devant le public, un changement s'est opéré en elle. Elle a décidé de prendre un risque, de faire confiance à son guide, et elle s'est mise à parler aux femmes de son channeling.

La réaction a été incroyable. Les femmes étaient fascinées et voulaient apprendre tout ce qu'elles pouvaient. Loin d'être froides ou sceptiques, elles adoraient le sujet. Beaucoup d'entre elles ont commencé à parler d'expériences qu'elles avaient eues et qu'elles avaient gardées secrètes, craignant que les autres ne se moquent d'elles. Cette femme disait que la proximité et la chaleur qui en avaient résulté dépassaient tout ce qu'elle avait vécu auparavant.

Encouragée par cette réponse, elle a décidé de tenir une fois par mois des réunions chez elle et de servir de channel à son guide, Jason, pour ses clients. Son guide choisissait chaque semaine des sujets et transmettait à un groupe de personnes des informations les concernant. À partir de ces séances de channeling, cette femme a commencé à écrire un livre, tandis que de plus en plus de gens continuaient de venir la voir. Sa clientèle privée est devenue si nombreuse qu'elle a dû trouver des solutions pour s'occuper de tous.

En étudiant avec Duane, elle a aussi appris à voir avec clairvoyance. Elle a travaillé avec nous et a prêté assistance à beaucoup de participants à la formation « S'ouvrir au channeling », en les aidant à harmoniser leurs énergies.

Elle était prête à mettre sa pratique du channeling à la disposition du public, grâce à l'expérience acquise au cours de nombreuses années en conseillant et en animant des formations. Respectez le rythme qui vous convient, quel qu'il soit ; soyez patient(e). Votre travail avec votre guide va se déployer à sa vitesse naturelle.

Votre relation aux autres channels

ORIN ET DABEN : Beaucoup d'entre vous s'ouvrent au channeling, et il est important de soutenir et d'encourager les autres dans leur ouverture. Chacune et chacun de vous a une précieuse contribution à apporter. En vous ouvrant au channeling, vous devenez un élément de la communauté plus vaste de toutes celles et de tous ceux qui le pratiquent.

Comme vous pensez et agissez tous d'une nouvelle manière, vous répandez à travers le monde des formes-pensées plus élevées et plus aimantes. La forme arrive ensuite. De réels changements vont se produire sur Terre, à mesure que vous êtes de plus en plus nombreux à ouvrir votre canal aux dimensions supérieures, à l'affiner et à intégrer cet accroissement de lumière dans votre vie quotidienne. Dans les royaumes supérieurs, un groupe d'êtres dotés d'une même sensibilité peut accomplir de nombreuses choses en travaillant ensemble.

Tandis que davantage de personnes parmi vous s'ouvrent, vous formez un réseau de lumière tout autour de la planète, ce qui crée un potentiel plus élevé pour l'humanité. Lorsque vous œuvrez ensemble, en vous soutenant et en vous donnant de la force les uns aux autres, chacun de vous est propulsé encore plus loin dans la direction qui est la sienne, quelle qu'elle soit.

Célébrez mutuellement vos succès, gardez une vision positive et élevée les uns des autres.

Il se peut que des gens vous demandent ce que vous pensez des guides d'autres personnes. À chaque situation correspondent de nombreux points de vue. Une partie de votre développement va consister à trouver la perspective la plus élevée pour chaque situation de votre vie. Quand quelqu'un vous interroge à propos d'un guide, au lieu de juger si celui-ci est extrêmement bien ou totalement mauvais, à moins d'avoir une très solide opinion dans un sens ou dans l'autre, demandez plutôt « Sur quelles données particulières souhaitez-vous connaître mon opinion ou celle de mon guide ? » Puis répondez en commentant ces données-là.

Si vous entendez une information de seconde main, essayez d'apprendre ce que le guide a dit exactement. Même les guides les plus avancés vont de temps à autre dire des choses sur lesquelles vous ne savez rien, ou sur lesquelles vous avez un point de vue différent. Cela signifie simplement que vous suivez votre propre expérience, comme vous devez le faire, et non pas que le guide a tort. Utiliser cette approche va vous aider à ne pas avoir le sentiment que vous devez « juger » d'autres guides selon le schéma de qui a raison et qui a tort, et cela va vous permettre de répondre plutôt à la question selon la perspective qui est la vôtre ou celle de votre guide.

Les gens ont souvent le sentiment que cela ne sert à rien de faire connaître leur travail, d'écrire leurs livres ou de donner leurs enseignements, puisque tant d'autres personnes font déjà des choses similaires. Nous suggérons au contraire que toute personne qui rend public son travail vous aide à faire connaître le vôtre. Il y a un vaste plan d'évolution pour l'humanité, et chacune et chacun d'entre vous a un rôle spécial à y jouer. Une personne seule ne pourrait jamais créer la transition vers une conscience plus élevée qui est en train de se produire. Chacune et chacun de vous a une précieuse contribution à apporter.

Ne vous laissez pas arrêter par les nombreuses personnes qui font ce qui semble être la même chose que ce que vous voulez faire. Il y a toujours de la place pour un autre bon livre. Même si plusieurs ouvrages ont été écrits sur un sujet, écrivez le vôtre si vous vous sentez poussé(e) à le faire.

Votre message, la façon dont vous le formulez, l'énergie contenue dans vos mots vont toucher des personnes différentes de celles qui lisent les livres d'un autre auteur. Si vous vous apercevez que quelqu'un enseigne un sujet similaire à celui que vous voulez enseigner, donnez quand même votre cours. Il sera porteur de votre énergie, touchera les personnes qui ont besoin de votre enseignement, et les ouvrira d'une façon unique. Il y a largement assez de gens intéressés pour que chacun de vous puisse remplir ses cours, pour que vos livres soient achetés et pour que vous receviez un abondant soutien pour les services que vous rendez et les produits que vous proposez.

Pour amener une nouvelle forme-pensée, il faut que de nombreuses personnes provenant de tous horizons, et dans de nombreux domaines divers, diffusent des messages similaires. Plus les gens ont l'occasion de rencontrer ce genre d'idée, en particulier si le message est formulé de diverses manières par différentes personnes, plus cette idée va devenir réelle pour eux. Au fur et à mesure qu'elle devient plus réelle, beaucoup plus de gens peuvent faire l'expérience de cette modification de conscience. Allez-y, et faites connaître au monde votre travail si tel est votre vrai désir !

CHAPITRE 17

Le channeling, c'est maintenant

Le channeling dans le passé

SANAYA ET DUANE : *Ce n'est pas la première fois, aujourd'hui, que l'intérêt se porte sur la connexion avec des entités vivant sur d'autres plans. Les propos qui suivent sont destinés à vous fournir quelques informations de base concernant certains channels célèbres et un aperçu des temps forts de l'histoire récente du channeling.*

Il y a de nos jours beaucoup d'excellents channels, et nous vous encourageons à suivre votre inclination en découvrant leurs livres, leurs stages, leurs cours audio et vidéo et leurs programmes, qui sont un moyen d'en apprendre davantage sur le channeling et les guides. Dans le passé, les personnes qui se connectaient à des esprits se nommaient elles-mêmes des « médiums ».

Celles et ceux qui entraient en transe pour créer une connexion avec des esprits s'appelaient des « médiums de transe ». Cette désignation est actuellement remplacée par le mot « channel ». Dans la version mise à jour de ce livre, nous employons maintenant le terme « état de channeling » au lieu d'état de transe, car nous avons le sentiment que cette expression englobe de plus larges registres d'états de conscience auxquels il est possible d'accéder en tant que channel.

Vers le milieu du XIXe siècle, il y a eu un énorme intérêt pour le phénomène de communication avec un esprit. Les tables tournantes, la télékinésie (le déplacement d'objets par une force invisible), la matérialisation (l'apparition temporaire et visible de visages, d'yeux, de têtes ou de corps d'esprits tout entiers), la lévitation (élévation d'objets par une force invisible) et beaucoup d'autres faits inexplicables se produisaient.

Communiquer avec des esprits est devenu un sujet si populaire qu'on a rapporté en 1862 que Nettie Colburn, une jeune et puissante médium de transe, s'est rendue à la Maison-Blanche et a donné au président Abraham Lincoln une consultation en transe, la veille de la proclamation de la loi abolissant l'esclavage.

On prête à John Fox et à ses trois filles, les sœurs Fox, d'avoir éveillé un énorme intérêt pour le monde des esprits et d'avoir commencé le Mouvement spiritualiste au milieu des années 1800. Cela a apparemment débuté lorsqu'ils ont emménagé dans une maison où ils entendaient d'incessants battements, coups et autres bruits.

Une nuit, essayant de trouver un peu de repos face à ces bruits, Mme Fox a demandé s'il y avait une présence ; si c'était le cas, qu'elle veuille bien frapper deux fois pour oui et une fois pour non. La communication s'est immédiatement établie avec un esprit. À travers les coups frappés pour les oui et les non, il s'est avéré qu'il s'agissait d'un ancien locataire de la maison, âgé de 31 ans, qui affirmait avoir été assassiné et que son corps se trouvait dans la cave. En quelques semaines, des centaines de personnes vinrent pour entendre les coups. On trouva un squelette dans la cave, exactement là où il l'avait dit.

Mme Fox avait trois filles, connues par la suite sous le nom de Fox Sisters. Où qu'elles aillent, des coups frappés commençaient à se faire entendre, et les trois sœurs sont devenues médiums et ont pratiqué beaucoup de séances publiques. De nombreuses personnes célèbres assistaient à ces séances, et les Fox Sisters sont devenues un sujet d'intérêt public. Il est intéressant de noter que beaucoup de celles et de ceux qui venaient les observer sont eux-mêmes devenus médiums. Il semble qu'être simplement près d'elles déclenchait des ouvertures chez les autres.

Beaucoup d'autres médiums, comme on les appelait alors, ont éveillé l'attention du public. Daniel Douglas Home était considéré comme l'un des plus grands médiums à effets physiques, car il pouvait produire des lévitations, de la musique sans instruments et toutes sortes de manifestations télékinétiques. À l'occasion, on pouvait voir des mains fantômes, ainsi que d'autres manifestations visibles des esprits. Il fut étudié par certains des scientifiques les plus importants de l'époque, plusieurs d'entre eux perdirent quasiment leur réputation et leur poste à cause des déclarations écrites qu'ils firent par la suite, pour confirmer la réalité de ces phénomènes.

Plusieurs de ces scientifiques devaient eux-mêmes devenir ensuite des médiums. Home avait aussi la capacité de transmettre ses talents spéciaux aux personnes qui l'entouraient, pourvu qu'elles y prêtent foi. Un jour, il a transmis son immunité au feu en plaçant un morceau de braise rouge dans la main d'une femme pendant qu'il lui tenait la main. Elle dit que cela lui paraissait froid comme du marbre. Quelques secondes plus tard, sans l'aide de Home, elle est allée toucher la braise et a reculé promptement, disant que cela la brûlait.

Le révérend Stainton Moses était un autre médium bien connu qui produisit de nombreuses manifestations physiques attestées, telles que la lévitation de tables. Il pratiquait un channeling conscient lorsqu'il transmettait les écrits inspirants de son guide et veillait soigneusement à ce que ses propres pensées n'influencent pas l'écriture automatique. Il écrivait : « C'est un intéressant sujet de spéculation que de savoir si mes propres pensées prennent part au thème faisant l'objet des communications. Je me donne un mal fou pour empêcher un tel mélange. Au début, l'écriture était lente et il me fallait la suivre des yeux, mais, même ainsi, les pensées n'étaient pas mes pensées. Très vite, les messages ont pris un caractère dont il était clair pour moi que ces pensées étaient opposées aux miennes. Mais je cultivais le pouvoir d'occuper mon esprit à d'autres choses pendant le temps que durait l'écriture. » Stainton Moses transmettait une guidance élevée et inspirante, et il a beaucoup contribué à la crédibilité d'une guidance des esprits. De temps à autre, il perdait sa faculté à canaliser, à cause d'une maladie chronique.

Andrew Jackson Davis a eu un fort impact dans le spiritisme avec son livre Principles of Nature, Her Divine Revelations[7]. *Une nuit, il sortit de son lit en semi-transe, et se réveilla le lendemain dans les montagnes, à plus de 60 kilomètres de chez lui. Il disait qu'il avait rencontré deux philosophes, morts depuis longtemps, et que ceux-ci l'avaient aidé à réaliser un état d'illumination intérieure. Il passa ensuite quinze mois à dicter son œuvre majeure, qui couvre un large éventail de sujets. Cet ouvrage contenait des informations surprenantes, d'une portée considérable, dont l'exactitude a été par la suite démontrée par des moyens scientifiques.*

Ces écrits révélaient des choses que Jackson ne pouvait connaître, comme affirmer qu'il existait neuf planètes, à une époque où l'on pensait qu'il y en avait sept et où l'on soupçonnait à peine l'éventualité d'une huitième.

Mme Piper était une autre médium célèbre de cette même époque, et peut-être celle qu'on a le plus testée. Elle a commencé à pratiquer le channeling quand elle avait 22 ans, servant de channel à un premier guide pendant huit ans, avant qu'un autre ne se manifeste. Ses guides étaient capables de donner aux gens beaucoup de détails précis sur leur passé, sur des choses dont il était impossible que cette femme ait eu connaissance, mais elle semblait avoir du mal à fournir des dates et des informations spécifiques dans les conditions imposées par les tests.

Il faut remarquer que même les channels les plus réputés trouvaient difficile de donner des éléments spécifiques, comme des noms ou des dates, quand on les testait, mais ils étaient capables de fournir des informations détaillées sur ce qui paraissait important à leur guide ou sur ce qui contribuait à la vie des gens et à leur développement spirituel.

Un certain Dr Hodgson soumit Mme Piper à des tests, et il devint une sorte de Sherlock Holmes pour le monde des médiums, testant et vérifiant leur exactitude. Il la faisait suivre jour et nuit pour s'assurer qu'elle n'obtenait pas secrètement des informations sur les gens. Elle donnait ses consultations derrière un rideau, de

7. Les Principes de la nature, Ses révélations divines (N.d.T.).

manière à ce qu'elle ne puisse pas voir les personnes, celles-ci lui étant présentées uniquement sous le nom de Smith.

À maintes et maintes reprises ses informations détaillées sur les gens furent documentées et leur exactitude, vérifiée. Finalement, ses premiers guides sont partis et, par la suite, elle a transmis une guidance élevée, provenant d'une source qui s'identifiait elle-même comme le Groupe Impérator. On peut noter qu'à mesure qu'elle passait à des guides de plus en plus élevés le processus d'entrée en transe, qui auparavant lui était difficile, devint une transition aisée, calme et paisible.

Environ à la même époque, Allan Kardec, un Français, produisit de nombreux livres sur la communication avec les esprits, dont *Le Livre des médiums* et *Le Livre des Esprits*, tous deux encore publiés de nos jours. Si vous souhaitez lire plus de choses sur les débuts du channeling, le livre intitulé *An Encyclopédia of Psychic Science*, écrit par Nandor Fodor en 1934 et mis à jour récemment, vous sera sans doute précieux.

L'une des médiums qui a eu le plus d'influence et a été la plus controversée de tous les temps était Mme Helena Blavatsky, connue en tant que HPB. Elle naquit en 1831 en Ukraine, et ses voyages l'ont conduite entre autres en Angleterre, au Canada, en Inde, en Grèce, et, partout où elle allait, des phénomènes physiques inhabituels l'accompagnaient. Elle fut rejointe par Henry Olcott et ils fondèrent ensemble la Société théosophique.

Son premier livre, *Isis dévoilée*, qui demeure un classique, parle du retour en force des anciennes religions et les identifie comme la source sous-jacente des religions de son époque. Elle sentait qu'elle était inspirée par une hiérarchie secrète de Maîtres himalayens, dont les maîtres Morya et Kuthumi et le maître tibétain Djwhal Khul, et qu'elle travaillait avec eux.

Ces maîtres envoyaient de nombreuses lettres — connues par la suite sous le nom de *Lettres Mahatma* — à son ami, A.P. Sinnett, en Inde, ainsi qu'à plusieurs autres personnes. Les lettres arrivaient en tombant du plafond ou en apparaissant sur des plateaux ou dans des poches. L'existence réelle de ces maîtres et la question de savoir si l'auteur de ces lettres était HPB ou eux firent l'objet de nombreuses controverses. Mme Blavatsky allait affirmer plus tard qu'elle avait rédigé son œuvre majeure, La Doctrine secrète, sous la dictée de ces maîtres extrême-orientaux. Dans ce livre, elle affirme que toutes les religions et tous les systèmes de croyances occultes proviennent d'une seule et même source. Cette source serait cachée en un lieu secret que seuls des arcanes et symboles cryptiques peuvent révéler.

Hautement considérée, la Société théosophique existe encore de nos jours et HPB a eu un rôle très influent dans la croyance occidentale envers les grands maîtres. Son œuvre a été poursuivie par Annie Besant et Charles Leadbeater, qui ont publié des livres au début du XXe siècle sur de nombreux sujets ésotériques, y compris les formes-pensées, la vision clairvoyante, le karma, les chakras, les guides spirituels et beaucoup d'autres.

En 1919, Alice Bailey, une jeune femme très motivée, a commencé à recevoir des informations du maître tibétain Djwhal Khul et à écrire quotidiennement sous sa dictée, donnant naissance à toute une série de livres contenant de très précieuses données ésotériques. Elle a fondé sa propre Société théosophique qu'elle a rebaptisée École Arcane, en 1923.

Elle mit en place tout un ensemble d'organisations, y compris les Triangles, un réseau mondial de méditation ; le Lucis Trust ; et le Lucis Press pour publier ses livres. Ceux-ci décrivent le chemin d'un initié, la hiérarchie des maîtres et celle de la Fraternité blanche universelle, et les initiations dont on fait l'expérience à mesure que l'on progresse jusqu'à devenir un maître. On y insiste sur le fait de servir le monde. Le terme « nouvel âge » dérive de ses écrits.

Après la Première Guerre mondiale, avec la Grande Dépression de 1929 et l'accent mis sur la technologie et sur la science, l'enthousiasme du public faiblit et le spiritisme cessa de faire la une des journaux. Le cerveau gauche, logique et pensant, prit le dessus, avec un afflux d'inventions scientifiques et de nouvelles technologies.

C'est Edgar Cayce, appelé le « Prophète dormant », qui a fait renaître aux États-Unis, au milieu du XXe siècle, l'intérêt pour le phénomène du channeling. Sous hypnose, il était capable de fournir des informations surprenantes, dont des remèdes médicaux pour des personnes se trouvant à des kilomètres de lui. Il donnait de profonds discours philosophiques sur des sujets divers, que l'on *retrouve dans de nombreux livres portant sur son travail et sur sa vie.*

Il se consacrait au service de l'humanité, et la Fondation A.R.E.[8] *poursuit de nos jours son importante activité. La formule de ses remèdes et les informations qu'il transmit par channeling sont sur des fichiers encore accessibles au public, au siège de la fondation, à Virginia Beach, en Virginie.*

Jane Roberts a éveillé beaucoup de monde quant à la valeur des informations transmises par le channeling de qualité. Au début des années 60, elle et son guide, Seth, ont commencé à transmettre des volumes entiers d'informations et de discussions philosophiques sur une foule de sujets. Ses livres sont bien écrits, instructifs, et portent un regard positif sur de nombreux sujets métaphysiques ou ésotériques. Ils donnent à l'individu la force de croire en lui-même et d'accepter que chacun porte en soi le pouvoir de créer ce qu'il désire.

L'un de ses livres les plus populaires, La Nature de la réalité personnelle[9], *explique la nature de la réalité et met l'accent sur notre aptitude à changer ce qui advient en changeant nos croyances. Ses livres ont établi un standard de qualité et d'intégrité pour les informations transmises par channeling, et ils ont ouvert de nombreuses personnes à la possibilité de l'existence des guides; ils ont également inspiré beaucoup de gens à devenir eux-mêmes channels.*

On remarque que de moins en moins de médiums sont capables de produire des phénomènes physiques tels que la matérialisation de guides ou des tables qui se soulèvent. Interrogés sur ce point, Orin et DaBen nous ont dit que ces manifestations avaient été nécessaires à une certaine époque pour éveiller l'humanité à son aptitude à se connecter à d'autres plans de réalité et pour l'aider à commencer à croire aux guides et à une vie après la mort. Ces phénomènes saisissants, scientifiquement vérifiables et attestés par des photographies, étaient nécessaires pour éveiller les gens et mettre en place la phase servant au développement de l'humanité en ce domaine.

---

8. Association for Research and Enlightenment.
9. Mama Éditions, 2011.

Suffisamment de personnes croient à présent au channeling pour que ces sortes d'évènements spectaculaires ne soient plus aussi nécessaires que par le passé. De nos jours, certains channels célèbres qui sont spectaculaires dans la présentation de leurs guides ont souhaité qu'il en soit ainsi pour aider les gens à croire que les guides sont réels. Cela exige beaucoup d'énergie de la part des guides de créer ces phénomènes et, aujourd'hui, cette même énergie sert à éveiller les gens spirituellement. Orin et DaBen nous disent que le channeling conscient est la prochaine étape dans la faculté des humains à canaliser.

Channeling, le temps est venu pour l'humanité

ORIN ET DABEN : De plus en plus de gens s'éveillent à leur connexion avec l'Esprit universel et avec leur moi supérieur. Ils deviennent conscients des royaumes supérieurs de l'Univers. Tout au long de l'histoire que nous connaissons, il y a toujours eu des individus qui étaient en contact avec des mondes au-delà de l'Univers connu. La société leur a donné des noms divers : chaman(e)s, hommes et femmes médecine, voyant(e) s, prophètes(ses), oracles, télépathes, médiums, channels, guérisseurs et guérisseuses.

Cependant, ce n'est que depuis cent cinquante ans qu'un nombre significatif de personnes ont été capables de parvenir au-delà du plan terrestre et de transmettre une guidance provenant de royaumes supérieurs. L'énergie qui les rend aptes à accéder à ces royaumes supérieurs s'est intensifiée au cours des cinquante dernières années, comme le prouve l'afflux d'inventions scientifiques et technologiques.

Vous avez la faculté de voir des réalités situées
au-delà du visible et de l'Univers connu,
et de vous y connecter.

Beaucoup de grandes âmes choisissent de s'incarner en ce moment ; leur nombre a augmenté depuis soixante ans et il continue de croître. Comme de plus en plus de gens croient au channeling et à la faculté intuitive, le nombre de celles et ceux qui sont ouverts à ces niveaux-là et qui naissent avec des facultés psychiques, télépathiques et extrasensorielles va augmenter.

De plus en plus de gens
vont s'ouvrir au channeling.

Vous vivez une époque dans laquelle les personnes qui consacrent leur énergie à se développer spirituellement vont être abondamment récompensées. Elles vont pouvoir progresser rapidement, car la Terre est actuellement très énergisée. Ces personnes peuvent acquérir la capacité d'accéder à de nouveaux niveaux de conscience et de recueillir, consciemment et de façon contrôlable, des informations et des données provenant des royaumes supérieurs. Plus que jamais auparavant, il est possible d'avoir la capacité d'explorer le véritable moi, tel qu'il existe dans d'autres dimensions et dans des royaumes supérieurs.

Il n'y a jamais eu autant de personnes aptes à pratiquer le channeling, à explorer d'autres alternatives et futurs probables, à entrer dans de nouvelles compréhensions et de nouveaux concepts du temps, à contrôler l'esprit et à exploiter les pouvoirs de leur moi supérieur. À mesure que davantage de gens voyagent dans d'autres dimensions et dans des royaumes supérieurs, une porte est créée pour de nombreux individus qui n'auraient pas été capables d'effectuer de tels parcours auparavant.

Si tout cela se produit maintenant, ce n'est pas une coïncidence. De nombreuses forces sont en train de toucher l'humanité. Des changements se produisent dans des dimensions qui dépassent la Terre ; des portes sont créées vers d'autres plans de réalité qui n'ont jusque-là jamais été accessibles aux gens. Toutes celles et tous ceux qui le désirent peuvent accéder à des dimensions supérieures auxquelles seules pouvaient parvenir jusqu'à présent de rares personnes ayant une sensibilité exceptionnelle. Ces changements sont ressentis plus fortement par celles et ceux qui sont en contact avec leur moi spirituel, mais ils ont une incidence sur tout le monde à un niveau ou à un autre.

Il y a une élévation continue dans la vibration de la Terre. Certains la perçoivent comme une accélération. La nature du temps est en train de changer ; vous êtes en train de passer d'un temps linéaire à une perception plus intuitive du temps. La force de pesanteur se modifie légèrement et des changements se produisent aussi dans les fréquences électromagnétiques de la Terre.

Au cours des derniers cent cinquante ans, l'humanité a développé de nouvelles perceptions appelées « extrasensorielles ». Ces perceptions extrasensorielles incluent la précognition (l'aptitude à connaître le futur), la télépathie (le transfert de pensée) et la clairvoyance (la capacité de voir des énergies qui sont normalement invisibles et qui peuvent tout à fait se produire sur un autre plan d'existence). Ces facultés se développent du fait de l'activation de centres spirituels de l'humanité et des transformations de la Terre. Les transformations de la Terre vont avoir une incidence sur de nombreuses personnes et vont à coup sûr changer le potentiel et l'orientation du futur collectif.

La télépathie vous permet d'explorer des mondes invisibles. Vous avez tous plus de capacité télépathique que vous ne l'imaginez. La télépathie est l'aptitude à recevoir des impulsions-pensées provenant d'autres personnes, ainsi que l'aptitude à recevoir des pensées venant des maîtres et des guides, et de l'Esprit universel tout de connaissance et de sagesse. Tandis que votre aptitude à la télépathie évolue, vous développez un véhicule qui vous emmène plus rapidement et plus efficacement que les avions ou les voitures. La télépathie vous donne le moyen de voyager jusqu'à des lieux autrement inaccessibles.

Vos yeux ne voient que le spectre de l'arc-en-ciel et vous oubliez souvent qu'il existe beaucoup de fréquences électromagnétiques, telles qu'infrarouges et ultraviolettes, qui se trouvent juste en dehors du registre que vous détectez visuellement. Certaines personnes parmi vous sont en train de développer une aptitude à percevoir des fréquences subtiles situées au-delà du spectre de vos sens habituels. C'est dans ces fréquences que vous devenez conscient(e) des guides et des royaumes où existent d'autres entités vivantes telles que nous-mêmes. L'accroissement de votre perception télépathique vous donne la capacité de communiquer avec d'autres formes de vie, telles que les plantes et les cristaux, et des êtres d'autres royaumes, à mesure que vous l'affinez.

Croire qu'il est possible d'accéder à ces dimensions invisibles, mais néanmoins réelles, n'est pas encore très commun. Cependant, il y a dans le monde entier de plus en plus de gens qui croient possible l'existence de dimensions au-delà de la Terre, et qui croient en une vie au-delà de la mort. La science elle-même est en train de découvrir la possibilité d'univers parallèles, et de nombreuses découvertes commencent à recouper l'idée d'une conscience métaphysique et spirituelle.

L'ouverture à l'idée qu'il y ait des esprits guides est devenue beaucoup plus courante, et l'enthousiasme et l'excitation qui prévalent aujourd'hui à l'égard du channeling et des guides spirituels rendent les choses beaucoup plus faciles pour celles et ceux qui désirent se connecter consciemment à leur guide. La confiance accordée aux informations transmises par une conscience extrasensorielle augmente.

L'âge d'or de l'être humain est en train d'arriver.

Les énergies qui touchent actuellement la Terre stimulent et activent tout ce sur quoi vous vous focalisez. Pour celles et ceux d'entre vous qui sont sensibles et se centrent déjà sur leur cheminement spirituel, les énergies actuelles vont contribuer à ce que les choses aillent mieux que jamais. Des portes vont s'ouvrir; vos relations avec les autres vont s'améliorer. Vous allez sans doute regarder en vous et trouver les réponses que vous cherchiez. Il se peut que vous traversiez certaines difficultés temporaires pendant que vous vous défaites de ce qui est ancien et accueillez ce qui est nouveau.

Beaucoup d'entre vous sont déjà passés par cette phase d'ajustement. Lorsqu'elle est franchie, une vie meilleure vous attend, qui contient plus d'abondance, d'amour et de succès. Appréciez vos leçons actuelles telles qu'elles viennent, et sachez qu'elles vous préparent à vivre une vie plus élevée, dotée de plus de paix, d'harmonie, d'amour et de joie.

Vous voyez encore peut-être d'autres personnes dans la douleur ou dans la difficulté. Vous lisez encore les nouvelles d'évènements mondiaux qui vous perturbent. En accédant à ces royaumes supérieurs, le défi consiste à vous souvenir que votre équilibre va maintenant provenir d'une connexion aux royaumes supérieurs plutôt que des autres ou de la conscience de masse. Vous serez plus apte à procurer un équilibre et une stabilité aux autres en établissant cette connexion. Vous serez ainsi une lumière stable pour celles et ceux qui ont des difficultés à s'adapter aux nouvelles vibrations, au lieu d'être absorbé(e) par leurs problèmes.

En ouvrant votre canal, vous serez celui ou celle qui tient la lumière, et qui apporte aux autres encouragement et direction. Cette période est un moment de grande opportunité. Certaines des plus grandes œuvres d'expression musicale, artistique, littéraire et culturelle de l'humanité sont encore à venir, et elles seront produites sous l'influence de cette vibration supérieure.

Trouvez le bon moment pour commencer

SANAYA ET DUANE : *Cela fait maintenant de nombreuses années qu'Orin et DaBen nous ont suggéré pour la première fois d'enseigner le channeling. Nous avons vu des milliers de personnes devenir maîtres de leur vie en se connectant à leur guide, à leur moi supérieur, ou en s'éveillant à leur maître intérieur et en découvrant leur aptitude à se transformer elles-mêmes et à transformer les autres.*

Nous avons vu des gens réussir dans leur vie, devenir plus heureux, plus prospères, et découvrir le but de leur vie grâce au channeling. Notre propre expérience en ce domaine a considérablement enrichi notre vie. Nous avons trouvé en Orin et DaBen de constantes sources d'amour, de guidance et de développement.

Notre expérience comme celle des autres montre que le channeling est réellement un savoir-faire qui peut s'apprendre. Les guides viennent aux gens lorsque ceux-ci font la requête d'une connexion. Orin et DaBen avaient raison. Nous avons éprouvé une profonde satisfaction à voir des personnes s'ouvrir au channeling et à les y aider. Chacun peut atteindre l'illumination et parvenir à la conscience supérieure qu'il désire. Le channeling constitue l'une des portes le permettant, et nous avons de la gratitude pour l'opportunité que nous avons de vous l'offrir.

Avant de reposer ce livre, décidez quand vous voulez vous ouvrir au channeling et vous connecter à votre guide. Fermez les yeux, asseyez-vous tranquillement et demandez à votre moi supérieur de vous donner une date à laquelle vous pourriez débuter. Peut-être est-ce aujourd'hui même, ou dans un an. Une fois que vous avez une date à l'esprit, demandez-vous si vous avez l'intention de pratiquer le channeling à ce moment-là. Est-ce trop tôt ou cela vous donne-t-il plus de temps qu'il n'en faut pour être prêt(e) ?

Continuez à vous représenter des dates, jusqu'à ce que vous en ayez une qui vous paraisse meilleure que les autres. Ouvrez les yeux et marquez cette date sur un calendrier, puis passez à autre chose. Votre moi supérieur va maintenant commencer à susciter toutes les circonstances, coïncidences et opportunités de développement, tous les évènements nécessaires pour que cela se produise. Quand vous vous en remettez à vos messages intérieurs et que vous agissez en conséquence, tout ce que vous faites vous prépare à vous ouvrir au channeling.

REMERCIEMENTS

Du fond du cœur, nous souhaitons remercier Orin et DaBen pour leurs patience, guidance et sagesse infinies. Nous voulons aussi vous remercier tous, vous qui franchissez ce pas, pour votre courage, pour votre souhait de vous ouvrir à ce qui est nouveau, et pour toute la lumière que vous apportez au monde en établissant cette connexion avec votre guide et avec les êtres de lumière.

Nous adressons nos remerciements et notre reconnaissance à Edward Alpern pour les nombreuses années qu'il a consacrées à faire connaître le travail d'Orin et de DaBen, ainsi qu'à Ginny Porter pour ses idées, son travail et son aide très appréciée dans la mise au point de ce livre et d'autres ouvrages.

Nous sommes très reconnaissants envers les personnes qui ont apporté leurs nombreuses contributions à la publication du travail d'Orin et de DaBen : parmi elles, Trisha Studer, Marty Piter, et Greg Badger, ainsi que d'autres qui ont travaillé dans nos bureaux de LuminEssence et qui nous ont aidés de tant de manières. Merci à Jeff Haug pour les nombreuses heures qu'il a passées devant son ordinateur pour programmer et mettre en page notre site web, qui a largement contribué à la mise à disposition de la version e-book et audio de cet ouvrage.

Nous avons aussi beaucoup apprécié Mitch Posada, qui nous a fourni de magnifiques éléments artistiques, très inspirés, pour notre site web, les ouvrages audio et les couvertures de livres.

Je veux exprimer ma profonde gratitude à Hal et Linda Kramer pour le soutien qu'ils apportent à l'œuvre d'Orin et de DaBen en publiant ces livres. Je suis reconnaissante pour le soutien que j'ai reçu de l'équipe de la New World Library.

Un merci très particulier aux librairies, sites internet, diffuseurs de livres et à nos vingt-six éditeurs dans le monde, ainsi qu'à tous ceux grâce à qui il est possible d'avoir accès aux livres d'Orin à travers leurs sites web — tous ceux qui ont permis aux livres d'Orin d'être lus dans le monde entier.

Nous voulons enfin remercier celles et ceux qui nous ont précédés, en particulier Jane Roberts et Edgar Cayce ; et également tous les channels qui, à l'heure actuelle, diffusent leur travail dans le monde.

SOMMAIRE

Chez le même éditeur

COLLECTION CHAMANISMES
LES CLASSIQUES D'AUJOURD'HUI ET DE DEMAIN

Caverne et cosmos
Rencontres chamaniques avec une autre réalité
Michael Harner (Préface de Laurent Huguelit)

Trente ans après son grand classique *La Voie du chamane*, Michael Harner nous livre enfin *Caverne et cosmos*, un livre déjà culte.

La Voie du chamane
Un manuel de pouvoir & de guérison
Michael Harner (Préface de Laurent Huguelit)

Considéré comme une référence mondiale, ce manuel irremplaçable permet de comprendre et de pratiquer la transe chamanique sans plantes, avec pour seule aide un tambour. La présente édition a été entièrement mise à jour par Laurent Huguelit, auteur des *Huit Circuits de conscience*.

Les Huit Circuits de conscience

Chamanisme cybernétique & pouvoir créateur

Laurent Huguelit (Préambule d'Ervin Laszlo)

Dans ce livre audacieux et d'une grande clarté, Laurent Huguelit réussit à marier chamanisme traditionnel, channeling et récentes avancées scientifiques, notamment en psychologie, afin de défricher le futur. La cartographie de la pysché qu'il dévoile ainsi offre un précieux outil de décryptage d'un monde en pleine transformation.

Le Chamane & le Psy

Un dialogue entre deux mondes

Laurent Huguelit, Dr Olivier Chambon

Réalité des esprits, plantes rituelles, substances psychédéliques, vie après la mort, rapports entre chamanismes et psychothérapies sont au cœur de cette conversation éclairante. Un dialogue d'avant-garde. Avant-propos de Michael Harner.

Plantes & chamanisme

Conversations autour de l'ayahuasca & de l'iboga

Jan Kounen, Jeremy Narby, Vincent Ravalec

Réunies pour la première fois, trois personnalités témoignent librement d'une pratique qui échappe à l'ordinaire : la découverte et l'expérience du chamanisme par des Occidentaux.

COLLECTION CHANNELS

L'EXPANSION ACTUELLE D'UN PHÉNOMÈNE INTEMPOREL

Tuning in

De Bashar à Kryon, six grands channels d'aujourd'hui

David Thomas, Matthiew Klinck

Cette première anthologie du channeling réunit six des plus éminents channels actuels. Ils abordent la loi de l'attraction, le concept de Dieu, l'émergence d'un nouveau niveau de conscience humaine et la façon dont nous créons notre réalité. Un livre idéal pour s'initier au channeling.

S'ouvrir au channeling

Comment se relier à son guide

Sanaya Roman, Duane Packer

Un manuel qui permet de pratiquer le channeling; une approche sûre et progressive, que l'on cherche à se connecter à son moi supérieur ou à un guide spirituel. Une référence internationale enfin en français.

Abraham parle

Un nouveau commencement (TOMES I & II)

Un livre d'Abraham, par Jerry & Esther Hicks

Inédit en français, le tout premier des livres d'Abraham. De la loi de l'attraction au pouvoir de l'instant présent, retrouvez le plus célèbre des channels dans un manuel foisonnant de méthodes inédites.

COLLECTION LES LIVRES DE SETH

LES BIBLES DU CHANNELING

Seth parle

L'éternelle validité de l'âme (TOMES I & II)

Un livre de Seth, par Jane Roberts

Seth est considéré par des millions de lecteurs comme le maître spirituel qui leur a ouvert la porte vers d'autres niveaux de réalité. Dès les années 1960, avant Deepak Chopra ou Eckhart Tolle qu'il a inspirés, Seth se situe à la source d'une nouvelle vision du monde où chacun crée sa propre réalité.

La Nature de la réalité personnelle

Comment résoudre vos problèmes quotidiens et enrichir votre vie (TOMES I & II)

Un livre de Seth, par Jane Roberts

Un enseignement pratique, particulièrement en phase avec notre époque, et qui donne des clés pour modifier notre rapport au monde.

La Réalité « inconnue »

(TOMES I, II & III)

Un livre de Seth, par Jane Roberts

Avec humour et des analogies simples, Seth nous conduit au-delà de notre niveau de conscience ordinaire, dans une extraordinaire découverte de la nature multidimensionnelle de notre être.

Le Matériau de Seth

Une introduction (TOMES I & II)

Jane Roberts

Une introduction éclairante et d'accès particulièrement facile au message de Seth, l'entité considérée par des millions de lecteurs comme l'un des grands maîtres spirituels de notre époque. Le matériau de Seth est présenté par Jane Roberts, qui lui prêta sa voix.

COLLECTION LES ESSENTIELS

DES CONDENSÉS DE SAGESSE

Seth parle

L'Essentiel en 365 pensées

Jane Roberts (Une sélection de Tigrane Hadengue)

Réunis pour la première fois, ces 365 textes extraits du premier livre dicté par Seth permettent d'accéder directement au cœur de son enseignement métaphysique.

La Nature de la réalité personnelle

L'Essentiel en 365 pensées

Jane Roberts (Une sélection de Tigrane Hadengue)

Réunis pour la première fois, ces 365 textes extraits du deuxième livre dicté par Seth permettent d'accéder directement au cœur de son enseignement pratique.

Tuning in

L'Essentiel en 300 pensées

Bashar, Kryon, Chief Joseph, Tobias, Torah,
Les Pléiadiens (Une sélection de Tigrane Hadengue)

L'essentiel du channeling contemporain
condensé en 300 pensées clés.

COLLECTION TÉMOIGNAGES
DES AVENTURIERS DE LA CONSCIENCE

De la douleur à la douceur
Transmutation
Agnès Stevenin

Comment passer de la souffrance à la paix? L'inspirant parcours d'une guérisseuse nous ouvre les portes d'une autre perception.

De la main gauche
Une autobiographie
Livres 1, 2 & 3
Michka Seeliger-Chatelain

Un témoignage à cœur ouvert, éminemment féminin, audacieux et captivant. Une stimulante philosophie de l'existence.

De l'ombre à la lumière
Voyages d'un guérisseur chez les chamanes
Metsa (Préface de Jan Kounen)

C'est à la suite d'une expérience de mort imminente que François Demange découvre le chamanisme. Il nous livre ici le récit captivant d'une initiation hors du commun. D'abord adopté comme apprenti par des guérisseurs reconnus en Amazonie et en Amérique du Nord, ce Français s'immerge au sein de ces cultures traditionnelles et devient chamane.

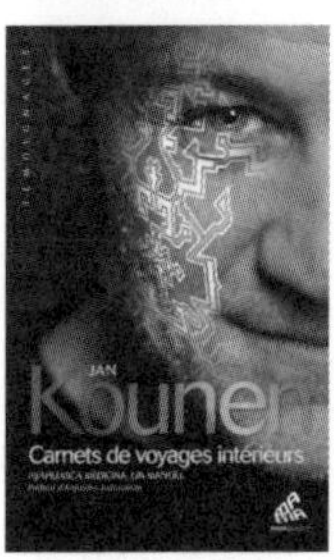

Carnets de voyages intérieurs
Ayahuasca medicina, un manuel
Jan Kounen (Préface d'Alejandro Jodorowsky)

Cinéaste frappadingue et infatigable explorateur de la psyché, Jan Kounen nous livre les différentes facettes de sa personnalité hors normes dans ces carnets intimes, sincères et téméraires, doublés du premier guide d'approche de la médecine traditionnelle de l'ayahuasca en Amazonie.

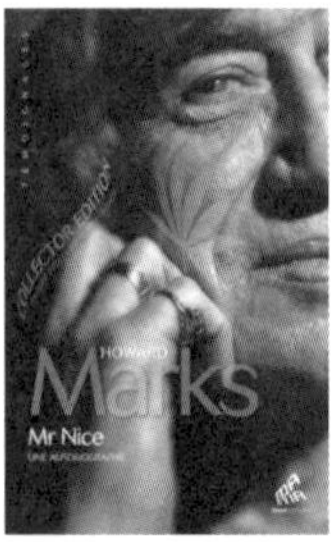

Mr Nice

Une autobiographie, Collector Edition

Howard Marks

Hier recherché par toutes les polices, aujourd'hui star internationale, Howard Marks, le contrebandier de hasch devenu héros d'un film, raconte. Confessions d'une légende vivante. (Photos et épilogue inédits).
Également disponible en format semi-poche.

De viandard à végane

Vive les animaux !

Bruno Blum

Écrivain rock et musicien devenu végane passionné, Bruno Blum nous livre sa transformation globale, dans un ouvrage à la fois plein d'humour et très documenté.

COLLECTION NAISSANCES

DES PRATIQUES HARMONIEUSES POUR UNE DIMENSION SPIRITUELLE

Le Guide de la naissance naturelle

Retrouver le pouvoir de son corps

Ina May Gaskin (Préface du Dr Michel Odent)

Accoucher chez soi, dans une maison de naissance ou dans une maternité... La sage-femme la plus célèbre au monde révèle les capacités insoupçonnées du corps de la femme. Un best-seller international enfin en français. *MamaScope* inclus (annuaire d'adresses utiles).

Le Guide de l'allaitement naturel

Nourrir son enfant en toute liberté

Ina May Gaskin (Préface du Dr Michel Odent)

Une mine d'informations précieuses et de témoignages réunis par la sage-femme la plus célèbre au monde, après quarante années d'expérience. Le best-seller de l'allaitement enfin en français. *MamaScope* inclus (annuaire d'adresses utiles).

Accoucher par soi-même
Le Guide de la naissance non assistée
Laura Kaplan Shanley (Préface du Dr Michel Odent)

Pendant des millénaires, les femmes ont enfanté avec la même facilité que les autres mammifères. Elles peuvent retrouver cette aisance aujourd'hui en se fiant à leur instinct. L'expérience de Laura Kaplan Shanley et les recherches qu'elle a menées le confirment brillamment. *MamaScope* inclus (annuaire d'adresses utiles).

COLLECTION JARDINAGES
DES RÉFÉRENCES PIONNIÈRES

Un potager dans la maison
Guide de jardinage indoor
Léon-Hugo Bonte, Nicolas Ribardiere

« Le » manuel innovant pour faire pousser chez soi des fruits et des légumes sains et savoureux, ou encore ses herbes aromatiques préférées... à tout moment de l'année !

Culture en intérieur
Master Edition: la bible du jardinage indoor
Jorge Cervantes

Plantes et fleurs exotiques sous lumière artificielle, été comme hiver: le manuel de référence pour l'horticulture high-tech, du jardin pour amateurs aux installations les plus sophistiquées. *JardinoScope* inclus (annuaire d'adresses utiles). Également disponible en édition Basic.

L'Hydroponie pour tous
Tout sur l'horticulture à la maison
William Texier (Préface de Lawrence Brooke)

Richement illustrée et enrichie d'un chapitre sur le jardinage urbain, cette bible du jardinage hydroponique va décupler vos récoltes indoor au-delà de ce que vous pensiez possible. *HydroScope* inclus (annuaire d'adresses utiles). Également disponible en anglais, allemand, espagnol, tchèque, italien...

Le Bio Grow Book

Jardinage biologique en intérieur & en extérieur

Karel Schelfhout & Mig (Préface de Michka)

Le premier manuel pratique présentant les nouvelles techniques du jardinage bio. Un condensé de secrets redécouverts et de techniques innovantes pour tout jardinier, cultivateur et agriculteur. Également disponible en anglais, néerlandais, allemand, espagnol...

Culture en intérieur

Mini Edition

Les Dix Clés du jardinage indoor

Jorge Cervantes

L'essentiel de l'horticulture en intérieur.
Un condensé de savoir-faire dans un format compact.

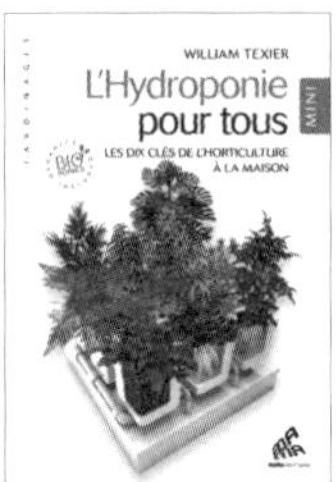

L'Hydroponie pour tous

Mini Edition

Les Dix Clés de l'horticulture à la maison

William Texier

Les conseils les plus avisés de William Texier pour débuter le jardinage hydroponique.

HORS COLLECTION

Cannabis médical

Du chanvre indien aux cannabinoïdes de synthèse

Édition Complète

Michka et collectif

À l'heure où un nombre croissant d'États autorise les patients à utiliser le cannabis pour se soigner, ce livre unique en son genre, écrit par les plus grands spécialistes internationaux, répond aux questions les plus fréquemment posées. *CannaScope* inclus (annuaire d'adresses utiles).
Également disponible en édition Poche.

Catalogue en ligne : www.mamaeditions.com

Achevé d'imprimer en décembre 2015 (quatrième tirage)
sur les presses de l'imprimerie Sepec à Péronnas (France)
pour le compte de Mama Éditions.

N° d'imprimeur 05913151008
Dépôt légal décembre 2012
ISBN 978-2-84594-072-7

L'imprimerie Sepec est titulaire des labels :